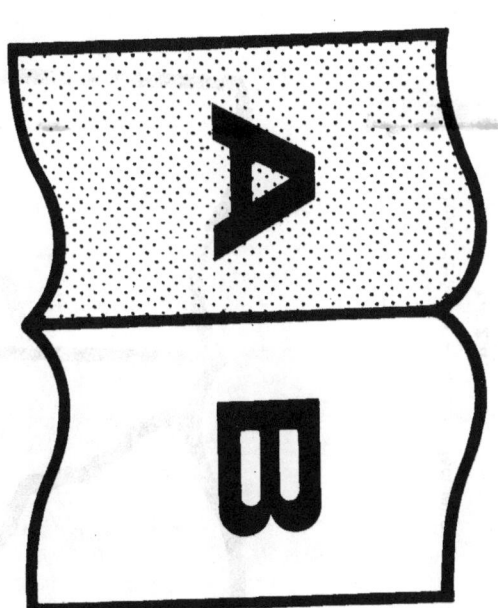

Contraste insuffisant
NF Z 43-120-14

Texte détérioré — reliure défectueuse

NF Z 43-120-11

LES MISÉRABLES

DEUXIÈME PARTIE

COSETTE

LES MISÉRABLES, PAR VICTOR HUGO

NOUVELLE ÉDITION ILLUSTRÉE

EUGÈNE HUGUES, ÉDITEUR, Rue du Hasard, 8. — PARIS

VICTOR HUGO

NOUVELLES ÉDITIONS ILLUSTRÉES
10 CENT. LA LIVRAISON. — 50 CENT. LA SÉRIE

En cours de publication

LES MISÉRABLES

NOUVELLE ÉDITION SPLENDIDEMENT ILLUSTRÉE
PAR
J.-P. LAURENS, G. BRION, DE NEUVILLE, BAYARD
LIX, E. MORIN, D. VIERGE, A. MARIE, H. SCOTT, VALNAY, — VICTOR HUGO

Les *Misérables* sont le roman le plus populaire de Victor Hugo. Ils ont été, il y a seize ans, le grand, l'immense succès des livraisons illustrées. La vente de ce chef-d'œuvre de l'illustre poète a dépassé alors trois cent mille exemplaires dans l'édition Hetzel, depuis longtemps épuisée.
  La Librairie Hugues publie avec un égal succès, une nouvelle et magnifique édition des *Misérables*. Deux volumes ont déjà paru. Ils contiennent 200 gravures, toutes signées des noms les plus célèbres les peintres contemporains, et reproduisant ces personnages devenus populaires : Jean Valjean, Javert, les Thénardier, Fantine, Cosette, Gavroche, etc.; et toutes ces scènes dramatiques et poignantes : *la Fuite du forçat, le Vol des flambeaux, le Corps de garde, la Mort de Fantine, l'Enlèvement de Cosette, la Chasse à l'homme, l'Enterrement de Jean Valjean vivant,* etc. Rien que pour l'épisode de *Waterloo*, il faut citer *le Dernier Carré* par Laurens, *Après la Bataille* par de Neuville, et *Cambronne* par Bayard.

Les *Misérables* forment cinq beaux volumes illustrés de plus de 500 dessins
Le premier volume, FANTINE, est en vente au prix de 5 fr.
Le deuxième volume, COSETTE, est en vente au prix de 4 fr. 50
Il suffit d'envoyer un mandat-poste à l'adresse de M. Hugues, éditeur, pour recevoir franco par toute la France soit un, soit deux volumes au gré du souscripteur.
Dix séries franco : 5 francs.

Ouvrages complets
DESSINS DE MM.
MEISSONIER, J.-P. LAURENS, BRION, DE NEUVILLE, RAFFET, BAYARD, DAUBIGNY, CHIFFLART
LIX, VIOLLET-LE-DUC, K. RODMER, TONY JOHANNOT, MORIN, D. VIERGE, JACQUE
FLAMENG, A. MARIE, LANÇON, H. SCOTT, FERAT, RIOU, FOULQUIER, LEMUD, MERYON — VICTOR HUGO

HISTOIRE D'UN CRIME
60 livraisons à 10 cent. — 12 Séries à 50 cent.
Broché, 6 fr. — Demi-reliure, tr. dorée, 10 fr.

NAPOLÉON LE PETIT
30 livraisons à 10 cent. — 6 séries à 50 cent.
Broché, 3 fr. — Demi-reliure, tr. dorée, 7 fr.

QUATREVINGT-TREIZE
60 livraisons à 10 cent. — 12 séries à 50 cent.
Broché, 6 fr. — Cart. toile, tr. dorée, 9 fr.
Demi-reliure, tranche dorée, 10 fr.

L'ANNÉE TERRIBLE
40 livraisons à 10 cent. — 8 séries à 50 cent.
Broché, 4 fr. — Cart. toile, tr. dorée, 7 fr. 50
Demi-reliure, tr. dorée, 8 fr. 50

NOTRE-DAME DE PARIS
85 Livr. à 10 c. 17 séries à 50 c. Le vol. br., 8 fr. 50. Cart. tr. dorée, 12 fr. Demi-rel. 13 fr.

LA SOUSCRIPTION RESTE PERMANENTE AUX LIVRAISONS ET SÉRIES DE TOUS CES OUVRAGES
Les cinq ouvrages complets sont envoyés *franco* contre le prix en un mandat-poste
à l'adresse de l'éditeur

Paris. — A. Quantin, imprimeur, 7, rue Saint-Benoît.

COSETTE

DEUXIÈME PARTIE

COSETTE

LIVRE PREMIER

WATERLOO

I

CE QU'ON RENCONTRE EN VENANT DE NIVELLES

L'an dernier (1861), par une belle matinée de mai, un passant, celui qui raconte cette histoire, arrivait de Nivelles et se dirigeait vers La Hulpe. Il allait à pied. Il suivait, entre deux rangées d'arbres, une large chaussée pavée ondulant sur des collines qui viennent l'une après l'autre, soulèvent la route et la laissent retomber, et font là comme des vagues énormes. Il avait dépassé Lillois et Bois-Seigneur-Isaac. Il apercevait, à l'ouest, le clocher d'ardoise de Braine-l'Alleud qui a la forme d'un vase renversé. Il venait de laisser derrière lui un bois sur une hauteur, et, à l'angle d'un chemin de traverse, à côté d'une espèce de potence vermoulue portant l'inscription : *Ancienne barrière n° 4*, un cabaret ayant sur sa façade cet écriteau : *Aux quatre vents. Échabeau, café de particulier.*

Un demi-quart de lieue plus loin que ce cabaret, il arriva au fond d'un petit vallon où il y a de l'eau qui passe sous une arche pratiquée dans le remblai de la route. Le bouquet d'arbres, clair-semé, mais très-vert, qui emplit le vallon d'un côté de la chaussée, s'éparpille de l'autre dans les prairies et s'en va avec grâce et comme en désordre vers Braine-l'Alleud.

Il y avait là, à droite, au bord de la route, une auberge, une charrette à quatre roues devant la porte, un grand faisceau de perches à houblon, une charrue, un tas de broussailles sèches près d'une haie vive, de la chaux qui fumait dans un trou carré, une échelle le long d'un vieux hangar à cloisons de paille. Une jeune fille sarclait dans un champ où une grande affiche jaune, probablement du spectacle forain de quelque kermesse, volait au vent. A l'angle de l'auberge, à côté d'une mare où naviguait une flottille de canards, un sentier mal pavé s'enfonçait dans les broussailles. Ce passant y entra.

Au bout d'une centaine de pas, après avoir longé un mur du quinzième siècle surmonté d'un pignon aigu à briques contrariées, il se trouva en présence d'une grande porte de pierre cintrée, avec imposte rectiligne, dans le grave style de Louis XIV, accostée de deux médaillons plans. Une façade sévère dominait cette porte; un mur perpendiculaire à façade venait presque toucher la porte et la flanquait d'un brusque angle droit. Sur le pré, devant la porte, gisaient trois herses à travers lesquelles poussaient pêle-mêle toutes les fleurs de mai. La porte était fermée. Elle avait pour clôture deux battants décrépits ornés d'un vieux marteau rouillé.

Le soleil était charmant; les branches avaient ce doux frémissement de mai qui semble venir des nids plus encore que du vent. Un brave petit oiseau, probablement amoureux, vocalisait éperdument dans un grand arbre.

Le passant se courba et considéra dans la pierre à gauche, au bas du pied-droit de la porte, une assez large excavation circulaire ressemblant à l'alvéole d'une sphère. En ce moment les battants s'écartèrent et une paysanne sortit.

Elle vit le passant et aperçut ce qu'il regardait.

— C'est un boulet français qui a fait ça, lui dit-elle.

Et elle ajouta :

— Ce que vous voyez là, plus haut, dans la porte, près d'un clou, c'est le trou d'un gros biscaïen. Le biscaïen n'a pas traversé le bois.

— Comment s'appelle cet endroit-ci? demanda le passant.

— Hougomont, dit la paysanne.

Le passant se redressa. Il fit quelques pas et s'en alla regarder au-dessus des haies. Il aperçut à l'horizon, à travers les arbres, une espèce de monticule et sur ce monticule quelque chose qui, de loin, ressemblait à un lion.

Il était dans le champ de bataille de Waterloo.

II

HOUGOMONT

Hougomont, ce fut là un lieu funèbre, le commencement de l'obstacle, la première résistance que rencontra à Waterloo ce grand bûcheron de l'Europe qu'on appelait Napoléon; le premier nœud sous le coup de hache.

C'était un château, ce n'est plus qu'une ferme. Hougomont, pour l'antiquaire, c'est *Hugomons*. Ce manoir fut bâti par Hugo, sire de Somerel, le même qui dota la sixième chapellenie de l'abbaye de Villiers.

Le passant poussa la porte, coudoya sous un porche une vieille calèche, et entra dans la cour.

La première chose qui le frappa dans ce préau, ce fut une porte du seizième siècle qui y simule une arcade, tout étant tombé autour d'elle. L'aspect monumental naît souvent de la ruine. Auprès de l'arcade s'ouvre dans un mur une autre porte aux claveaux du temps de Henri IV, laissant voir les arbres d'un verger. A côté de cette porte, un trou à fumier, des pioches et des pelles, quelques charrettes, un vieux puits avec sa dalle et son tourniquet de fer, un poulain qui saute, un dindon qui fait la roue, une chapelle que surmonte un petit clocher, un poirier en fleur en espalier sur le mur de la chapelle, voilà cette cour dont la conquête fut un rêve de Napoléon. Ce coin de terre, s'il eût pu le prendre, lui eût peut-être donné le monde. Des poules y éparpillent du bec la poussière. On entend un grondement, c'est un gros chien qui montre les dents et qui remplace les Anglais.

Les Anglais là ont été admirables. Les quatre compagnies des gardes de Cooke y ont tenu tête pendant sept heures à l'acharnement d'une armée.

Hougomont, vu sur la carte, en plan géométral, bâtiments et enclos compris, présente une espèce de rectangle irrégulier dont un angle aurait été entaillé. C'est à cet angle qu'est la porte méridionale, gardée par ce mur qui la fusille à bout portant. Hougomont a deux portes, la porte méridionale, celle du château, et la porte septentrionale, celle de la ferme. Napoléon envoya contre Hougomont son frère Jérôme, les divisions Guilleminot, Foy et Bachelu s'y heurtèrent, presque tout le corps de Reille y fut employé et y échoua, les boulets de Kellermann s'épuisèrent sur cet héroïque pan de mur. Ce ne fut pas trop de la brigade Bauduin pour forcer Hougomont au nord, et la brigade Soye ne put que l'entamer au sud, sans le prendre.

Les bâtiments de la ferme bordent la cour au sud. Un morceau de la porte nord, brisée par les Français, pend accroché au mur. Ce sont quatre planches clouées sur deux traverses, et où l'on distingue les balafres de l'attaque.

La porte septentrionale, enfoncée par les Français, et à laquelle on a mis une pièce pour remplacer le panneau suspendu à la muraille, s'entrebâille au fond du préau; elle est coupée carrément dans un mur, de pierre en bas, de brique en haut, qui ferme la cour au nord. C'est une simple porte charretière comme il y en a dans toutes les métairies, deux larges battants faits de planches rustiques; au delà, des prairies. La dispute de cette entrée a été furieuse. On a long-temps vu sur le montant de la porte toutes sortes d'empreintes de mains sanglantes. C'est là que Bauduin fut tué.

L'orage du combat est encore dans cette cour; l'horreur y est visible; le bouleversement de la mêlée s'y est pétrifié; cela vit, cela meurt; c'était hier. Les murs agonisent, les pierres tombent, les

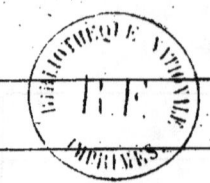

brèches crient; les trous sont des plaies; les arbres, penchés et frissonnants, semblent faire effort pour s'enfuir.

Cette cour, en 1815, était plus bâtie qu'elle ne l'est aujourd'hui. Des constructions qu'on a depuis jetées bas y faisaient des redans, des angles et des coudes d'équerre.

Les Anglais s'y étaient barricadés; les Français y pénétrèrent, mais ne purent s'y maintenir. A côté de la chapelle, une aile du château, le seul débris qui reste du manoir d'Hougomont, se dresse écroulée, on pourrait dire éventrée. Le château servit de donjon, la chapelle servit de blockhaus. On s'y extermina. Les Français, arquebusés de toutes parts, de derrière les murailles, du haut des greniers, du fond des caves, par toutes les croisées, par tous les soupiraux, par toutes les fentes des pierres, apportèrent des fascines et mirent le feu aux murs et aux hommes; la mitraille eut pour réplique l'incendie.

On entrevoit dans l'aile ruinée, à travers des fenêtres garnies de barreaux de fer, les chambres démantelées d'un corps de logis en brique; les gardes anglaises étaient embusquées dans ces chambres; la spirale de l'escalier, crevassé du rez-de-chaussée jusqu'au toit, apparaît comme l'intérieur d'un coquillage brisé. L'escalier a deux étages; les Anglais, assiégés dans l'escalier, et massés sur les marches supérieures, avaient coupé les marches inférieures. Ce sont de larges dalles de pierre bleue qui font un monceau dans les orties. Une dizaine de marches tiennent encore au mur; sur la première est entaillée l'image d'un trident. Ces degrés inaccessibles sont solides dans leurs alvéoles. Tout le reste ressemble à une mâchoire édentée. Deux vieux arbres sont là; l'un est mort, l'autre est blessé au pied, et reverdit en avril. Depuis 1815, il s'est mis à pousser à travers l'escalier.

On s'est massacré dans la chapelle. Le dedans, redevenu calme, est étrange. On n'y a plus dit la messe depuis le carnage. Pourtant l'autel y est resté, un autel de bois grossier adossé à un fond de pierre brute. Quatre murs lavés au lait de chaux, une porte vis-à-vis l'autel, deux petites fenêtres cintrées, sur la porte un grand crucifix de bois, au-dessus du crucifix un soupirail carré bouché d'une botte de foin, dans un coin, à terre, un vieux châssis vitré tout cassé, telle est cette chapelle. Près de l'autel est clouée une statue en bois de sainte Anne, du quinzième siècle; la tête de l'enfant Jésus a été emportée par un biscaïen. Les Français, maîtres un moment de la chapelle, puis délogés, l'ont incendiée. Les flammes ont rempli cette masure; elle a été fournaise; la porte a brûlé, le plancher a brûlé, le Christ en bois n'a pas brûlé. Le feu lui a rongé les pieds, dont on ne voit plus que les moignons noircis, puis s'est arrêté. Miracle, au dire des gens du pays. L'enfant Jésus, décapité, n'a pas été aussi heureux que le Christ.

Les murs sont couverts d'inscriptions. Près des pieds du Christ on lit ce nom : *Henquinez*. Puis ces autres : *Conde de Rio Maior. Marques y Marquesa de Almagro (Habana)*. Il y a des noms français avec des points d'exclamation, signes de colère. On a reblanchi le mur en 1849. Les nations s'y insultaient.

C'est à la porte de cette chapelle qu'a été ramassé un cadavre qui tenait une hache à la main. Ce cadavre était le sous-lieutenant Legros.

On sort de la chapelle, et à gauche on voit un puits. Il y en a deux dans cette cour. On demande : Pourquoi n'y a-t-il pas de seau et de poulie à celui-ci? C'est qu'on n'y puise plus d'eau. Pourquoi n'y puise-t-on plus d'eau? Parce qu'il est plein de squelettes.

Le dernier qui ait tiré de l'eau de ce puits se nommait Guillaume Van Kylsom. C'était un paysan qui habitait Hougomont et y était jardinier. Le 18 juin 1815, sa famille prit la fuite et s'alla cacher dans les bois.

La forêt autour de l'abbaye de Villiers abrita pendant plusieurs jours et plusieurs nuits toutes ces malheureuses populations dispersées. Aujourd'hui encore de certains vestiges reconnaissables, tels que de vieux troncs d'arbres brûlés, marquent la place de ces pauvres bivouacs tremblants au fond des halliers.

Guillaume Van Kylsom demeura à Hougomont « pour garder le château » et se blottit dans une cave. Les Anglais l'y découvrirent. On l'arracha de sa cachette, et, à coups de plats de sabre, les combattants se firent servir par cet homme effrayé. Ils avaient soif; ce Guillaume leur portait à boire. C'est à ce puits qu'il puisait l'eau. Beaucoup burent là leur dernière gorgée. Ce puits, où burent tant de morts, devait mourir lui aussi.

Après l'action, on eut une hâte, enterrer les cadavres. La mort a une façon à elle de harceler la victoire, et elle fait suivre la gloire par la peste. Le typhus est une annexe du triomphe. Ce puits était profond, on en fit un sépulcre. On y jeta trois cents morts. Peut-être avec trop d'empressement. Tous étaient-ils morts? La légende dit non. Il paraît que, la nuit qui suivit l'ensevelissement, on entendit sortir du puits des voix faibles qui appelaient.

Ce puits est isolé au milieu de la cour. Trois murs mi-partis pierre et brique, repliés comme les feuilles d'un paravent et simulant une tourelle carrée, l'entourent de trois côtés. Le quatrième côté est ouvert. C'est par là qu'on puisait l'eau. Le mur du fond a une façon d'œil-de-bœuf informe, peut-être un trou d'obus. Cette tourelle avait un plafond dont il ne reste que les poutres. La ferrure de soutènement du mur de droite dessine une croix. On se penche et l'œil se perd dans un profond cylindre de brique qu'emplit un entassement de ténèbres. Tout autour du puits, le bas des murs disparaît dans les orties.

Ce puits n'a point pour devanture la large dalle bleue qui sert de tablier à tous les puits de la Belgique. La dalle bleue y est remplacée par une traverse à laquelle s'appuient cinq ou six difformes tronçons de bois noueux et ankylosés qui ressemblent à de grands ossements. Il n'a plus ni seau, ni chaîne, ni poulie; mais il a encore la cuvette de pierre qui servait de déversoir. L'eau des pluies s'y amasse, et de temps en temps un oiseau des forêts voisines vient y boire et s'envole.

Une maison dans cette ruine, la maison de la ferme, est encore habitée. La porte de cette maison donne sur la cour. A côté d'une jolie plaque de serrure gothique, il y a sur cette porte une poignée de fer à trèfles, posée de biais. Au moment où le lieutenant hanovrien Wilda saisissait cette poignée pour se réfugier dans la ferme, un sapeur français lui abattit la main d'un coup de hache.

La famille qui occupe la maison a pour grand-père l'ancien jardinier Van Kylsom, mort depuis longtemps. Une femme en cheveux gris nous dit : J'étais là. J'avais trois ans. Ma sœur, plus grande, avait peur et pleurait. On nous a emportées dans les bois. J'étais dans les bras de ma mère. On se collait l'oreille à terre pour écouter. Moi, j'imitais le canon et je faisais *boum, boum*.

Une porte de la cour, à gauche, nous l'avons dit, donne dans le verger.

Le verger est terrible.

Il est en trois parties, on pourrait presque dire en trois actes. La

première partie est un jardin, la deuxième est le verger, la troisième est un bois. Ces trois parties ont une enceinte commune, du côté de l'entrée des bâtiments du château et de la ferme, à gauche une haie, à droite un mur, au fond un mur. Le mur de droite est en brique, le mur du fond est en pierre. On entre dans le jardin d'abord. Il est en contre-bas, planté de groseilliers, encombré de végétations sauvages, fermé d'un terrassement monumental en pierre de taille avec balustres à double renflement. C'était un jardin seigneurial dans ce premier style français qui a précédé Le Nôtre ; ruine et ronce aujourd'hui. Les pilastres sont surmontés de globes qui semblent des boulets de pierre.

On compte encore quarante-trois balustres sur leurs dés; les autres sont couchés dans l'herbe. Presque tous ont des éraflures de mousqueterie. Un balustre brisé est posé sur l'étrave comme une jambe cassée.

C'est dans ce jardin, plus bas que le verger, que six voltigeurs du 1er léger, ayant pénétré là et n'en pouvant plus sortir, pris et traqués comme des ours dans leur fosse, acceptèrent le combat avec deux compagnies hanovriennes, dont une était armée de carabines. Les Hanovriens bordaient ces balustres et tiraient d'en haut. Ces voltigeurs, ripostant d'en bas, six contre deux cents, intrépides, n'ayant pour abri que les groseilliers, mirent un quart d'heure à mourir.

On monte quelques marches, et du jardin on passe dans le verger proprement dit. Là, dans ces quelques toises carrées, quinze cents hommes tombèrent en moins d'une heure. Le mur semble prêt à recommencer le combat. Les trente-huit meurtrières, percées par les Anglais à des hauteurs irrégulières, y sont encore. Devant la seizième sont couchées deux tombes anglaises en granit. Il n'y a de meurtrières qu'au mur sud, l'attaque principale venait de là. Ce mur est caché au dehors par une grande haie vive; les Français arrivèrent, croyant n'avoir affaire qu'à la haie, la franchirent, et trouvèrent le mur, obstacle et embuscade, les gardes anglaises derrière, les trente-huit meurtrières faisant feu à la fois, un orage de mitraille et de balles; et la brigade Soye s'y brisa. Waterloo commença ainsi.

Le verger pourtant fut pris. On n'avait pas d'échelles, les Français grimpèrent avec les ongles. On se battit corps à corps sous les arbres. Toute cette herbe a été mouillée de sang. Un bataillon de Nassau, sept cents hommes, fut foudroyé là. Au dehors, le mur, contre lequel furent braquées les deux batteries de Kellermann, est rongé par la mitraille.

Ce verger est sensible comme un autre au mois de mai. Il a ses boutons d'or et ses pâquerettes, l'herbe y est haute, des chevaux de charrue y paissent, des cordes de crin où sèche du linge traversent les intervalles des arbres et font baisser la tête aux passants, on marche dans cette friche, et le pied enfonce dans les trous de taupes. Au milieu de l'herbe on remarque un tronc déraciné, gisant, verdissant. Le major Blackmann s'y est adossé pour expirer. Sous un grand arbre voisin est tombé le général allemand Duplat, d'une famille française réfugiée à la révocation de l'édit de Nantes. Tout à côté se penche un vieux pommier malade, pansé avec un bandage de paille et de terre glaise. Presque tous les pommiers tombent de vieillesse. Il n'y en a pas un qui n'ait sa balle ou son biscaïen. Les squelettes d'arbres morts abondent dans ce verger. Les corbeaux volent dans les branches; au fond il y a un bois plein de violettes.

Bauduin tué, Foy blessé, l'incendie, le massacre, le carnage, un ruisseau fait de sang anglais, de sang allemand et de sang français furieusement mêlés, un puits comblé de cadavres, le régiment de Nassau et le régiment de Brunswick détruits, Duplat tué, Blackmann tué, les gardes anglaises mutilées, vingt bataillons français, sur les quarante du corps de Reille, décimés, trois mille hommes, dans cette seule masure de Hougomont, sabrés, écharpés, égorgés, fusillés, brûlés; et tout cela pour qu'aujourd'hui un paysan dise à un voyageur : *Monsieur, donnez-moi trois francs; si vous aimez, je vous expliquerai la chose de Waterloo!*

III

LE 18 JUIN 1815

Retournons en arrière, c'est un des droits du narrateur, et replaçons-nous en l'année 1815, et même un peu avant l'époque où commence l'action racontée dans la première partie de ce livre.

S'il n'avait pas plu dans la nuit du 17 au 18 juin 1815, l'avenir de l'Europe était changé. Quelques gouttes d'eau de plus ou de moins ont fait pencher Napoléon. Pour que Waterloo fût la fin d'Austerlitz, la providence n'a eu besoin que d'un peu de pluie, et un nuage traversant le ciel à contre-sens de la saison a suffi pour l'écroulement d'un monde.

La bataille de Waterloo, et ceci a donné à Blücher le temps d'arriver, n'a pu commencer qu'à onze heures et demie. Pourquoi? Parce que la terre était mouillée. Il a fallu attendre un peu de raffermissement pour que l'artillerie pût manœuvrer.

Napoléon était officier d'artillerie et il s'en ressentait. Le fond de ce prodigieux capitaine, c'était l'homme qui, dans le rapport au Directoire sur Aboukir, disait : *Tel de nos boulets a tué six hommes.* Tous ses plans de bataille sont faits pour le projectile. Faire converger l'artillerie sur un point donné, c'était là sa clef de victoire. Il traitait la stratégie du général ennemi comme une citadelle, et il la battait en brèche. Il accablait le point faible de mitraille; il nouait et dénouait les batailles avec le canon. Il y avait du tir dans son génie. Enfoncer les carrés, pulvériser les régiments, rompre les lignes, broyer et disperser les masses, tout pour lui était là, frapper, frapper, frapper sans cesse, et il confiait cette besogne au boulet. Méthode redoutable, et qui, jointe au génie, a fait invincible pendant quinze ans ce sombre athlète du pugilat de la guerre.

Le 18 juin 1815, il comptait d'autant plus sur l'artillerie qu'il avait pour lui le nombre. Wellington n'avait que cent cinquante-neuf bouches à feu; Napoléon en avait deux cent quarante.

Supposez la terre sèche, l'artillerie pouvant rouler, l'action commençait à six heures du matin. La bataille était gagnée et finie à deux heures, trois heures avant la péripétie prussienne.

Quelle quantité de faute y a-t-il de la part de Napoléon dans la perte de cette bataille? le naufrage est-il imputable au pilote?

Le déclin physique évident de Napoléon se compliquait-il à cette époque d'une certaine diminution intérieure? les vingt ans de guerre avaient-ils usé la lame comme le fourreau, l'âme comme le corps? le vétéran se faisait-il fâcheusement sentir dans le capitaine? en un mot, ce génie, comme beaucoup d'historiens considérables l'ont cru, s'éclipsait-il? entrait-il en frénésie pour se déguiser à lui-même son affaiblissement? commençait-il à osciller sous l'égarement d'un souffle d'aventure? devenait-il, chose grave dans un général, inconscient du péril? Dans cette classe de grands hommes matériels qu'on peut appeler les géants de l'action, y a-t-il un âge pour la myopie du génie? La vieillesse n'a pas de prise sur les génies de l'idéal; pour les Dantes et les Michel-Anges, vieillir, c'est croître ; pour les Annibals et les Bonapartes, est-ce décroître? Napoléon avait-il perdu le sens direct de la victoire? en était-il à ne plus reconnaître l'écueil, à ne plus deviner le piége, à ne plus discerner le bord croulant des abîmes? manquait-il du flair des catastrophes? lui qui jadis savait toutes les routes du triomphe et qui, du haut de son char d'éclairs, les indiquait d'un doigt souverain, avait-il maintenant cet ahurissement sinistre de mener aux précipices son tumultueux attelage de légions? était-il pris, à quarante-six ans, d'une folie suprême? ce cocher titanique du destin n'était-il plus qu'un immense casse-cou?

Nous ne le pensons point.

Son plan de bataille était, de l'aveu de tous, un chef-d'œuvre. Aller droit au centre de la ligne alliée, faire un trou dans l'ennemi, le couper en deux, pousser la moitié britannique sur Hal et la moitié prussienne sur Tongres, faire de Wellington et de Blücher deux tronçons, enlever Mont-Saint-Jean, saisir Bruxelles, jeter l'Allemand dans le Rhin et l'Anglais dans la mer. Tout cela, pour Napoléon, était dans cette bataille. Ensuite on verrait.

Il va sans dire que nous ne prétendons pas faire ici l'histoire de Waterloo; une des scènes génératrices du drame que nous racontons se rattache à cette bataille, mais cette histoire n'est pas notre sujet; cette histoire d'ailleurs est faite, et faite magistralement, à un point de vue par Napoléon, à l'autre point de vue par toute une pléiade d'historiens[*]. Quant à nous, nous laissons les historiens aux prises; nous ne sommes qu'un témoin à distance, un passant dans la plaine, un chercheur penché sur cette terre pétrie de chair humaine, prenant peut-être des apparences pour des réalités; nous n'avons pas le droit de tenir tête, au nom de la science, à un ensemble de faits où il y a sans doute du mirage; nous n'avons ni la pratique militaire ni la compétence stratégique qui autorisent un système; selon nous, un enchaînement de hasards domine à Waterloo les deux capitaines, et quand il s'agit du destin, ce mystérieux accusé, nous jugeons comme le peuple, ce juge naïf.

IV

A

Ceux qui veulent se figurer nettement la bataille de Waterloo n'ont qu'à coucher sur le sol par la pensée un A majuscule. Le jambage gauche de l'A est la route de Nivelles, le jambage droit est la route de Genappe, la corde de l'A est le chemin creux d'Ohain à Braine-l'Alleud. Le sommet de l'A est Mont-Saint-Jean, là est Wellington; la pointe gauche inférieure est Hougomont, là est Reille

---

[*] Walter Scott, Lamartine, Vaulabelle, Charras, Quinet, Thiers.

avec Jérôme Bonaparte; la pointe droite inférieure est la Belle-Alliance, là est Napoléon. Un peu au-dessous du point où la corde de l'A rencontre et coupe le jambage droit est la Haie-Sainte. Au milieu de cette corde est le point précis où s'est dit le mot final de la bataille. C'est là qu'on a placé le lion, symbole involontaire du suprême héroïsme de la garde impériale.

Le triangle compris au sommet de l'A, entre les deux jambages et la corde, est le plateau du Mont-Saint-Jean. La dispute de ce plateau fut toute la bataille.

Les ailes des deux armées s'étendent à droite et à gauche des deux routes de Genappe et de Nivelles; d'Erlon faisant face à Picton, Reille faisant face à Hill.

Derrière la pointe de l'A, derrière le plateau de Mont-Saint-Jean, est la forêt de Soignes.

Quant à la plaine en elle-même, qu'on se représente un vaste terrain ondulant; chaque pli domine le pli suivant, et toutes les ondulations montent vers Mont-Saint-Jean, et y aboutissent à la forêt.

Deux troupes ennemies sur un champ de bataille sont deux lutteurs. C'est un bras-le-corps. L'une cherche à faire glisser l'autre. On se cramponne à tout; un buisson est un point d'appui; un angle de mur est un épaulement; faute d'une bicoque où s'adosser, un régiment lâche pied; un ravalement de la plaine, un mouvement de terrain, un sentier transversal à propos, un bois, un ravin, peuvent arrêter le talon de ce colosse qu'on appelle une armée et l'empêcher de reculer. Qui sort du champ est battu. De là, pour le chef responsable, la nécessité d'examiner la moindre touffe d'arbres et d'approfondir le moindre relief.

Les deux généraux avaient attentivement étudié la plaine de Mont-Saint-Jean, dite aujourd'hui plaine de Waterloo. Dès l'année précédente, Wellington, avec une sagacité prévoyante, l'avait examinée comme un en-cas de grande bataille. Sur ce terrain et pour ce duel, le 18 juin, Wellington avait le bon côté, Napoléon le mauvais. L'armée anglaise était en haut, l'armée française en bas.

Esquisser ici l'aspect de Napoléon, à cheval, sa lunette à la main, sur la hauteur de Rossomme, à l'aube du 18 juin 1815, cela est presque de trop. Avant qu'on le montre, tout le monde l'a vu. Ce profil calme sous le petit chapeau de l'école de Brienne, cet uniforme vert, le revers blanc cachant la plaque, la redingote cachant les épaulettes, l'angle du cordon rouge sous le gilet, la culotte de peau, le cheval blanc avec sa housse de velours pourpre ayant aux coins des N couronnés et des aigles, les bottes à l'écuyère sur des bas de soie, les éperons d'argent, l'épée de Marengo, toute cette figure du dernier César est debout dans les imaginations, acclamée des uns, sévèrement regardée par les autres.

Cette figure a été longtemps toute dans la lumière; cela tenait à un certain obscurcissement légendaire que la plupart des héros dégagent et qui voile toujours plus ou moins longtemps la vérité; mais aujourd'hui l'histoire et le jour se font.

Cette clarté, l'histoire, est impitoyable; elle a cela d'étrange et de divin que, toute lumière qu'elle est et précisément parce qu'elle est lumière, elle met souvent de l'ombre là où l'on voyait des rayons; du même homme elle fait deux fantômes différents, et l'un attaque l'autre, et en fait justice, et les ténèbres du despote luttent avec l'éblouissement du capitaine. De là une mesure plus vraie dans l'appréciation définitive des peuples. Babylone violée diminue Alexandre; Rome enchaînée diminue César; Jérusalem tuée diminue Titus. La tyrannie suit le tyran. C'est un malheur pour un homme de laisser derrière lui de la nuit qui a sa forme.

V

LE QUID OBSCURUM DES BATAILLES

Tout le monde connaît la première phase de cette bataille; début trouble, incertain, hésitant, menaçant pour les deux armées, mais pour les Anglais plus encore que pour les Français.

Il avait plu toute la nuit; la terre était défoncée par l'averse; l'eau s'était çà et là amassée dans les creux de la plaine comme dans des cuvettes; sur de certains points les équipages du train en avaient jusqu'à l'essieu; les sous-ventrières des attelages dégouttaient de boue liquide; si les blés et les seigles couchés par cette cohue de charrois en marche n'eussent comblé les ornières et fait litière sous les roues, tout mouvement, tout particulièrement dans les vallons du côté de Papelotte, eût été impossible.

L'affaire commença tard; Napoléon, nous l'avons expliqué, avait l'habitude de tenir toute l'artillerie dans sa main comme un pistolet, visant tantôt tel point, tantôt tel autre de la bataille, et il avait voulu attendre que les batteries attelées pussent rouler et galoper librement; il fallait pour cela que le soleil parût et séchât le sol. Mais le soleil ne parut pas. Ce n'était plus le rendez-vous d'Austerlitz. Quand le premier coup de canon fut tiré, le général anglais Colville regarda à sa montre et constata qu'il était onze heures trente-cinq minutes.

L'action s'engagea avec furie, plus de furie peut-être que l'empereur n'eût voulu, par l'aile gauche française sur Hougomont. En même temps Napoléon attaqua le centre en précipitant la brigade Quiot sur la Haie-Sainte, et Ney poussa l'aile droite française contre l'aile gauche anglaise qui s'appuyait sur Papelotte.

L'attaque sur Hougomont avait quelque simulation; attirer là Wellington, le faire pencher à gauche, tel était le plan. Ce plan eût réussi, si les quatre compagnies des gardes anglaises et les braves Belges de la division Perponcher n'eussent solidement gardé la position, et Wellington, au lieu de s'y masser, put se borner à y envoyer pour tout renfort quatre autres compagnies de gardes et un bataillon de Brunswick.

L'attaque de l'aile droite française sur Papelotte était à fond, culbuter la gauche anglaise, couper la route de Bruxelles, barrer le passage aux Prussiens possibles, forcer Mont-Saint-Jean, refouler Wellington sur Hougomont, de là sur Braine-l'Alleud, de là sur Hal, rien de plus net. A part quelques incidents, cette attaque réussit. Papelotte fut pris; la Haie-Sainte fut enlevée.

Détail à noter. Il y avait dans l'infanterie anglaise, particulièrement dans la brigade de Kempt, force recrues. Ces jeunes soldats, devant nos redoutables fantassins, furent vaillants; leur inexpérience se tira intrépidement d'affaire; ils firent surtout un excellent service de tirailleurs; le soldat en tirailleur, un peu livré à lui-même, devient pour ainsi dire son propre général; ces recrues montrèrent quelque chose de l'invention et de la furie françaises. Cette infanterie novice eut de la verve. Ceci déplut à Wellington.

Après la prise de la Haie-Sainte, la bataille vacilla.

Il y a dans cette journée, de midi à quatre heures, un intervalle obscur; le milieu de cette bataille est presque indistinct et participe du sombre de la mêlée. Le crépuscule s'y fait. On aperçoit de vastes fluctuations dans cette brume, un mirage vertigineux, l'attirail de guerre d'alors presque inconnu aujourd'hui, les colbacks à flamme, les sabretaches flottantes, les buffleteries croisées, les gibernes à grenades, les dolmans des hussards, les bottes rouges à mille plis, les lourds shakos enguirlandés de torsades, l'infanterie presque noire de Brunswick mêlée à l'infanterie écarlate d'Angleterre, les soldats anglais ayant aux entournures pour épaulettes de gros bourrelets blancs circulaires, les chevau-légers hanovriens avec leur casque de cuir oblong à bandes de cuivre et à crinières de crins rouges, les Écossais aux genoux nus et aux plaids quadrillés, les grandes guêtres blanches de nos grenadiers; des tableaux, non des lignes stratégiques, ce qu'il faut à Salvator Rosa, non ce qu'il faut à Gribeauval.

Une certaine quantité de tempête se mêle toujours à une bataille. *Quid obscurum, quid divinum.* Chaque historien trace un peu le linéament qui lui plaît dans ces pêle-mêle. Quelle que soit la combinaison des généraux, le choc des masses armées a d'incalculables reflux; dans l'action, les deux plans des deux chefs entrent l'un dans l'autre et se déforment l'un par l'autre. Tel point du champ de bataille dévore plus de combattants que tel autre, comme ces sols plus ou moins spongieux qui boivent plus ou moins vite l'eau qu'on y jette. On est obligé de renverser là plus de soldats qu'on ne voudrait. Dépenses qui sont l'imprévu. La ligne de bataille flotte et serpente comme un fil, les traînées de sang ruissellent illogiquement, les fronts des armées ondoient, les régiments entrant ou sortant font des caps ou des golfes, tous ces écueils remuent continuellement les uns devant les autres; où était l'infanterie, l'artillerie arrive; où était l'artillerie accourt la cavalerie; les bataillons sont des fumées. Il y avait là quelque chose, cherchez, c'est disparu; les éclaircies se déplacent; les plis sombres avancent et reculent; une sorte de vent du sépulcre pousse, refoule, enfle et disperse ces multitudes tragiques. Qu'est-ce qu'une mêlée? une oscillation. L'immobilité d'un plan mathématique exprime une minute et non une journée. Pour peindre une bataille, il faut de ces puissants peintres qui aient du chaos dans le pinceau; Rembrandt vaut mieux que Vandermeulen. Vandermeulen, exact à midi, ment à trois heures. La géométrie trompe, l'ouragan seul est vrai. C'est ce qui donne à Folard le droit de contredire Polybe. Ajoutons qu'il y a toujours un certain instant où la bataille dégénère en combat, se particularise, et s'éparpille en d'innombrables faits de détails qui, pour emprunter l'expression de Napoléon lui-même, « appartiennent plutôt à la biographie des régiments qu'à l'histoire de l'armée ». L'historien, en ce cas, a le droit évident de résumé. Il ne peut que saisir les contours principaux de la lutte, et il n'est donné à aucun narrateur, si consciencieux qu'il soit, de fixer absolument la forme de ce nuage horrible qu'on appelle une bataille.

Ceci, qui est vrai de tous les grands chocs armés, est particulièrement applicable à Waterloo.

Toutefois, dans l'après-midi, à un certain moment, la bataille se précisa.

VI

QUATRE HEURES DE L'APRÈS-MIDI

Vers quatre heures, la situation de l'armée anglaise était grave. Le prince d'Orange commandait le centre, Hill l'aile droite, Picton l'aile gauche. Le prince d'Orange, éperdu et intrépide, criait aux Hollando-Belges : *Nassau! Brunswick! jamais en arrière!* Hill, affaibli, venait s'adosser à Wellington, Picton était mort. Dans la même minute où les Anglais avaient enlevé aux Français le drapeau du 105ᵉ de ligne, les Français avaient tué aux Anglais le général Picton d'une balle à travers la tête. La bataille, pour Wellington, avait deux points d'appui, Hougomont et la Haie-Sainte; Hougomont tenait encore, mais brûlait; la Haie-Sainte était prise. Du bataillon allemand qui la défendait, quarante-deux hommes seulement survivaient; tous les officiers, moins cinq, étaient morts ou pris. Trois mille combattants s'étaient massacrés dans cette grange. Un sergent des gardes anglaises, le premier boxeur de l'Angleterre, réputé par ses compagnons invulnérable, y avait été tué par un petit tambour français. Baring était délogé, Alten était sabré. Plusieurs drapeaux étaient perdus, dont un de la division Alten, et un du bataillon de Lunebourg porté par un prince de la famille de Deux-Ponts. Les Écossais gris n'existaient plus; les gros dragons de Ponsomby étaient

hachés. Cette vaillante cavalerie avait plié sous les lanciers de Bro et sous les cuirassiers de Travers ; de douze cents chevaux il en restait six cents ; des trois lieutenants-colonels, deux étaient à terre, Hamilton blessé, Mater tué. Ponsomby était tombé, troué de sept coups de lance. Gordon était mort, Marsh était mort. Deux divisions, la cinquième et la sixième, étaient détruites.

Hougomont entamé, la Haie-Sainte prise, il n'y avait plus qu'un nœud, le centre. Ce nœud-là tenait toujours. Wellington le renforça. Il y appela Hill qui était à Merle-Braine, il y appela Chassé, qui était à Braine-l'Alleud.

Le centre de l'armée anglaise, un peu concave, très-dense et très-compacte, était fortement situé. Il occupait le plateau de Mont-Saint-Jean, ayant derrière lui le village et devant lui la pente, assez âpre alors. Il s'adossait à cette forte maison de pierre, qui était à cette époque un bien domanial de Nivelles et qui marque l'intersection des routes, masse du seizième siècle si robuste que les boulets y ricochaient sans l'entamer. Tout autour du plateau, les Anglais avaient taillé çà et là les haies, fait des embrasures dans les aubépines, mis une gueule de canon entre deux branches, crénelé les buissons. Leur artillerie était en embuscade sous les broussailles. Ce travail punique, incontestablement autorisé par la guerre qui admet le piége, était si bien fait que Haxo, envoyé par l'empereur à neuf heures du matin pour reconnaître les batteries ennemies, n'en avait rien vu, et était revenu dire à Napoléon qu'il n'y avait pas d'obstacle, hors les deux barricades barrant les routes de Nivelles et de Genappe. C'était le moment où la moisson est haute ; sur la lisière du plateau, un bataillon de la brigade Kempt, le 95e, armé de carabines, était couché dans les grands blés.

Ainsi assuré et contre-buté, le centre de l'armée anglo-hollandaise était en bonne posture.

Le péril de cette position était la forêt de Soignes, alors contiguë au champ de bataille et coupée par les étangs de Groenendael et de Boitsfort. Une armée n'eût pu y reculer sans se dissoudre ; les régiments s'y fussent tout de suite désagrégés. L'artillerie s'y fût perdue dans les marais. La retraite, selon l'opinion de plusieurs hommes du métier, contestée par d'autres, il est vrai, eût été là un sauve-qui-peut.

Wellington ajouta à ce centre une brigade de Chassé, ôtée à l'aile droite, et une brigade Wincke, ôtée à l'aile gauche, plus la division Clinton. A ses Anglais, aux régiments de Halkett, à la brigade de Mitchell, aux gardes de Maitland, il donna comme épaulements et contre-forts l'infanterie de Brunswick, le contingent de Nassau, les Hanovriens de Kielmansegge et les Allemands d'Ompteda. Cela lui mit sous la main vingt-six bataillons. *L'aile droite*, comme dit Charras, *fut rabattue derrière le centre*. Une batterie énorme était masquée par des sacs à terre à l'endroit où est aujourd'hui ce qu'on appelle « le musée de Waterloo ». Wellington avait en outre dans un pli de terrain les dragons-gardes de Sommerset, quatorze cents chevaux. C'était l'autre moitié de cette cavalerie anglaise, si justement célèbre. Ponsomby détruit, restait Somerset.

La batterie, qui, achevée, eût été presque une redoute, était disposée derrière un mur de jardin très-bas, revêtu à la hâte d'une chemise de sacs de sable et d'un large talus de terre. Cet ouvrage n'était pas fini ; on n'avait pas eu le temps de le palissader.

Wellington, inquiet, mais impassible, était à cheval, et y demeura toute la journée dans la même attitude, un peu en avant du vieux moulin de Mont-Saint-Jean, qui existe encore, sous un orme qu'un Anglais, depuis, vandale enthousiaste, a acheté deux cents francs, scié et emporté. Wellington fut là froidement héroïque. Les boulets pleuvaient. L'aide de camp Gordon venait de tomber à côté de lui. Lord Hill, lui montrant un obus qui éclatait, lui dit : — Milord, quelles sont vos instructions, et quels ordres nous laissez-vous, si vous vous faites tuer? — *De faire comme moi*, répondit Wellington. A Clinton, il dit laconiquement : — *Tenir ici jusqu'au dernier homme.* — La journée visiblement tournait mal. Wellington criait à ses anciens compagnons de Talavera, de Vittoria et de Salamanque : — *Boys* (garçons)! *est-ce qu'on peut songer à lâcher pied? Pensez à la vieille Angleterre!*

Vers quatre heures, la ligne anglaise s'ébranla en arrière. Tout à coup on ne vit plus sur la crête du plateau que l'artillerie et les tirailleurs, le reste disparut ; les régiments, chassés par les obus et les boulets français, se replièrent dans le fond que coupe encore aujourd'hui le sentier de service de la ferme de Mont-Saint-Jean ; un mouvement rétrograde se fit, le front de bataille anglais se déroba, Wellington recula. — Commencement de retraite! cria Napoléon.

VII

NAPOLÉON DE BELLE HUMEUR

L'empereur, quoique malade et gêné à cheval par une souffrance locale, n'avait jamais été de si bonne humeur que ce jour-là. Depuis le matin, son impénétrabilité souriait. Le 18 juin 1815, cette âme profonde, masquée de marbre, rayonnait aveuglément. L'homme qui avait été sombre à Austerlitz fut gai à Waterloo. Les plus grands prédestinés font de ces contre-sens. Nos joies sont de l'ombre. Le suprême sourire est à Dieu.

Ridet Cæsar, Pompeius flebit, disaient les légionnaires de la légion Fulminatrix. Pompée cette fois ne devait pas pleurer, mais il est certain que César riait.

Dès la veille, la nuit, à une heure, explorant à cheval, sous l'orage et la pluie, avec Bertrand, les communes qui avoisinent Rossomme, satisfait de voir la longue ligne des feux anglais illuminant tout l'horizon de Frischemont à Braine-l'Alleud, il lui avait semblé que le destin, assigné par lui à jour fixe sur le champ de Waterloo, était exact; il avait arrêté son cheval, et était demeuré quelque temps immobile, regardant les éclairs, écoutant le tonnerre; et on avait entendu ce fataliste jeter dans l'ombre cette parole mystérieuse : « Nous sommes d'accord. » Napoléon se trompait. Ils n'étaient plus d'accord.

Il n'avait pas pris une minute de sommeil; tous les instants de cette nuit-là avaient été marqués pour lui par une joie. Il avait parcouru toute la ligne des grand'gardes, en s'arrêtant çà et là pour parler aux vedettes. A deux heures et demie, près du bois d'Hougomont, il avait entendu le pas d'une colonne en marche; il avait cru un moment à la reculade de Wellington. Il avait dit : *C'est l'arrière-garde anglaise qui s'ébranle pour décamper. Je ferai prisonniers les six mille Anglais qui viennent d'arriver à Ostende.* Il causait avec expansion; il avait retrouvé cette verve du débarquement du 1ᵉʳ mars, quand il montrait au grand maréchal le paysan enthousiaste du golfe Juan, en s'écriant : — *Eh bien, Bertrand, voilà déjà du renfort!* La nuit du 17 au 18 juin, il raillait Wellington. — *Ce petit Anglais a besoin d'une leçon,* disait Napoléon. La pluie redoublait; il tonnait pendant que l'empereur parlait.

A trois heures et demie du matin, il avait perdu une illusion; des officiers envoyés en reconnaissance lui avaient annoncé que l'ennemi ne faisait aucun mouvement. Rien ne bougeait; pas un feu de bivouac n'était éteint. L'armée anglaise dormait. Le silence était profond sur la terre; il n'y avait de bruit que dans le ciel. A quatre heures, un paysan lui avait été amené par les coureurs; ce paysan avait servi de guide à une brigade de cavalerie anglaise, probablement la brigade Vivian, qui allait prendre position au village d'Ohain, à l'extrême gauche. A cinq heures, deux déserteurs belges lui avaient rapporté qu'ils venaient de quitter leur régiment, et que l'armée anglaise attendait la bataille. — *Tant mieux!* s'était écrié Napoléon. *J'aime encore mieux les culbuter que les refouler.*

Le matin, sur la berge qui fait l'angle du chemin de Plancenoit, il avait mis pied à terre dans la boue, s'était fait apporter de la ferme de Rossomme une table de cuisine et une chaise de paysan, s'était assis, avec une botte de paille pour tapis, et avait déployé sur la table la carte du champ de bataille, en disant à Soult : *Joli échiquier!*

Par suite des pluies de la nuit, les convois de vivres, empêtrés dans les routes défoncées, n'avaient pu arriver le matin ; le soldat n'avait pas dormi, était mouillé et à jeun ; cela n'avait pas empêché Napoléon de crier allègrement à Ney : *Nous avons quatrevingt-dix chances sur cent.* A huit heures, on avait apporté le déjeuner de l'empereur. Il y avait invité plusieurs généraux. Tout en déjeunant, on avait raconté que Wellington était l'avant-veille au bal à Bruxelles, chez la duchesse de Richmond, et Soult, rude homme de guerre avec sa figure d'archevêque, avait dit : *Le bal, c'est aujourd'hui.* L'empereur avait plaisanté Ney, qui disait : *Wellington ne sera pas assez simple pour attendre votre majesté.* C'était là d'ailleurs sa manière. *Il badinait volontiers*, dit Fleury de Chaboulon. *Le fond de son caractère était une humeur enjouée*, dit Gourgaud. *Il abondait en plaisanteries, plutôt bizarres que spirituelles*, dit Benjamin Constant. Ces gaietés de géant valent la peine qu'on y insiste. C'est lui qui avait appelé ses grenadiers « les grognards ; » il leur pinçait l'oreille, il leur tirait la moustache. *L'empereur ne faisait que nous faire des niches;* ceci est un mot de l'un d'eux. Pendant le mystérieux trajet de l'île d'Elbe en France, le 27 février, en pleine mer, le brick de guerre français *le Zéphyr* ayant rencontré le brick *l'Inconstant* où Napoléon était caché et ayant demandé à *l'Inconstant* des nouvelles de Napoléon, l'empereur, qui avait encore à ce moment-là à son chapeau la cocarde blanche et amarante semée d'abeilles, adoptée par lui à l'île d'Elbe, avait pris en riant le porte-voix et avait répondu lui-même : *L'empereur se porte bien.* Qui rit de la sorte est en familiarité avec les événements. Napoléon avait eu plusieurs accès de ce rire pendant le déjeuner de Waterloo. Après le déjeuner, il s'était recueilli un quart d'heure, puis deux généraux s'étaient assis sur la botte de paille, une plume à la main, une feuille de papier sur le genou, et l'empereur leur avait dicté l'ordre de bataille.

A neuf heures, à l'instant où l'armée française, échelonnée et mise en mouvement sur cinq colonnes, s'était déployée, les divisions sur deux lignes, l'artillerie entre les brigades, musique en tête ; battant aux champs, avec les roulements des tambours et les sonneries des trompettes, puissante, vaste, joyeuse, mer de casques, de sabres et de bayonnettes sur l'horizon, l'empereur, ému, s'était écrié à deux reprises : Magnifique ! magnifique !

De neuf heures à dix heures et demie, toute l'armée, ce qui semble incroyable, avait pris position et s'était rangée sur six lignes, formant, pour répéter l'expression de l'empereur, « la figure de six V ». Quelques instants après la formation du front en bataille, au milieu de ce profond silence de commencement d'orage qui précède les mêlées, voyant défiler les trois batteries de douze, détachées sur son ordre des trois corps de d'Erlon, de Reille et de Lobau, et destinées à commencer l'action en battant Mont-Saint-Jean où est l'intersection des routes de Nivelles et de Genappe, l'empereur avait frappé sur l'épaule de Haxo en lui disant : *Voilà vingt-quatre belles filles, général.*

Sûr de l'issue, il avait encouragé d'un sourire, à son passage devant lui, la compagnie de sapeurs du premier corps, désignée par lui pour se barricader dans Mont-Saint-Jean, sitôt le village enlevé. Toute cette sérénité n'avait été traversée que par un mot de pitié hautaine ; en voyant à sa gauche, à un endroit où il y a aujourd'hui une grande tombe, se masser avec leurs chevaux superbes ces admirables Écossais gris, il avait dit : *C'est dommage.*

Puis il était monté à cheval, s'était porté en avant de Rossomme, et avait choisi pour observatoire une étroite croupe de gazon à droite de la route de Genappe à Bruxelles qui fut sa seconde station pendant la bataille. La troisième station, celle de sept heures du soir, entre la Belle-Alliance et la Haie-Sainte, est redoutable ; c'est un tertre assez élevé qui existe encore, et derrière lequel la garde était massée dans une déclivité de la plaine. Autour de ce tertre, les boulets ricochaient sur le pavé de la chaussée jusqu'à Napoléon. Comme à Brienne, il avait sur sa tête le sifflement des balles et des biscaïens. On a ramassé, presque à l'endroit où étaient les pieds de son cheval, des boulets vermoulus, de vieilles lames de sabres et des projectiles informes, mangés de rouille. *Scabra rubigine.* Il y a quelques années, on y a déterré un obus de soixante, encore chargé, dont la fusée s'était brisée

au ras de la bombe. C'est à cette dernière station que l'empereur disait à son guide Lacoste, paysan hostile, effaré, attaché à la selle d'un hussard, se retournant à chaque paquet de mitraille, et tâchant de se cacher derrière Napoléon : — *Imbécile, c'est honteux. Tu vas te faire tuer dans le dos.* Celui qui écrit ces lignes a trouvé lui-même dans le talus friable de ce tertre, en creusant le sable, les restes du col d'une bombe, désagrégés par l'oxyde de quarante-six années, et de vieux tronçons de fer qui cassaient comme des bâtons de sureau entre ses doigts.

Les ondulations des plaines diversement inclinées où eut lieu la rencontre de Napoléon et de Wellington ne sont plus, personne ne l'ignore, ce qu'elles étaient le 18 juin 1815. En prenant à ce champ funèbre de quoi lui faire un monument, on lui a ôté son relief réel, et l'histoire déconcertée ne s'y reconnaît plus. Pour le glorifier, on l'a défiguré. Wellington, deux ans après, revoyant Waterloo, s'est écrié : *On m'a changé mon champ de bataille.* Là où est aujourd'hui la grosse pyramide de terre surmontée du lion, il y avait une crête qui vers la route de Nivelles s'abaissait en rampe praticable, mais qui du côté de la chaussée de Genappe était presque un escarpement. L'élévation de cet escarpement peut encore être mesurée aujourd'hui par la hauteur des deux tertres des deux grandes sépultures qui encaissent la route de Genappe à Bruxelles; l'une le tombeau anglais, à gauche; l'autre le tombeau allemand, à droite. Il n'y a point de tombeau français. Pour la France, toute cette plaine est sépulcre. Grâce aux mille et mille charretées de terre employées à la butte de cent cinquante pieds de haut et d'un demi-mille de circuit, le plateau de Mont-Saint-Jean est aujourd'hui accessible en pente douce; le jour de la bataille, surtout du côté de la Haie-Sainte, il était d'un abord âpre et abrupt. Le versant là était si incliné que les canons anglais ne voyaient pas au-dessous d'eux la ferme située au fond du vallon, centre du combat. Le 18 juin 1815, les pluies avaient encore raviné cette roideur, la fange compliquait la montée, et non-seulement on gravissait, mais on s'embourbait. Le long de la crête du plateau courait une sorte de fossé impossible à deviner pour un observateur lointain.

Qu'était-ce que ce fossé? Disons-le. Braine-l'Alleud est un village de Belgique, Ohain en est un autre. Ces villages, cachés tous les deux dans des courbes de terrain, sont joints par un chemin d'une lieue et demie environ qui traverse une plaine à niveau ondulant, et souvent entre et s'enfonce dans des collines comme un sillon, ce qui fait que sur divers points cette route est un ravin. En 1815, comme aujourd'hui, cette route coupait la crête du plateau de Mont-Saint-Jean entre les deux chaussées de Genappe et de Nivelles; seulement, elle est aujourd'hui de plain-pied avec la plaine; elle était alors chemin creux. On lui a pris ses deux talus pour la butte-monument. Cette route était et est encore une tranchée dans la plus grande partie de son parcours; tranchée creuse quelquefois d'une douzaine de pieds et dont les talus trop escarpés s'écroulaient çà et là, surtout en hiver, sous les averses. Des accidents y arrivaient. La route était si étroite à l'entrée de Braine-l'Alleud qu'un passant y avait été broyé par un chariot, comme le constate une croix de pierre debout près du cimetière, qui donne le nom du mort, *Monsieur Bernard Debrye, marchand à Bruxelles*, et la date de l'accident, *février 1637**. Elle était si profonde sur le plateau du Mont-Saint-Jean, qu'un paysan, Mathieu Nicaise, y avait été écrasé en 1783 par un éboulement du talus, comme le constatait une autre croix de pierre dont le faîte a disparu dans les défrichements, mais dont le piédestal renversé est encore visible aujourd'hui sur la pente du gazon à gauche de la chaussée entre la Haie-Sainte et la ferme de Mont-Saint-Jean.

Un jour de bataille, ce chemin creux dont rien n'avertissait, bordant la crête de Mont-Saint-Jean, fossé au sommet de l'escarpement, ornière cachée dans les terres, était invisible, c'est-à-dire terrible.

VIII

L'EMPEREUR FAIT UNE QUESTION AU GUIDE LACOSTE

Donc, le matin de Waterloo, Napoléon était content.

Il avait raison ; le plan de bataille, conçu par lui, nous l'avons constaté, était en effet admirable.

Une fois la bataille engagée, ses péripéties très-diverses, la résistance d'Hougomont, la ténacité de la Haie-Sainte, Bauduin tué, Foy mis hors de combat, la muraille inattendue où s'était brisée la brigade Soye, l'étourderie fatale de Guilleminot n'ayant ni pétards ni sacs à poudre, l'embourbement des batteries, les quinze pièces sans escorte culbutées par Uxbridge dans un chemin creux, le peu d'effet des bombes tombant dans les lignes anglaises, s'y enfouissant dans le sol

---

* Voici l'inscription :
D. O. M.
CY A ETE ECRASE
PAR MALHEUR
SOUS UN CHARIOT
MONSIEUR BERNARD
DE BRYE MARCHAND.
A BRUXELLE LE (illisible)
FEBVRIER 1637

détrempé par les pluies et ne réussissant qu'à y faire des volcans de boue, de sorte que la mitraille se changeait en éclaboussure, l'inutilité de la démonstration de Piré sur Braine-l'Alleud, toute cette cavalerie, quinze escadrons, à peu près annulée, l'aile droite anglaise mal inquiétée, l'aile gauche mal entamée, l'étrange malentendu de Ney massant, au lieu de les échelonner, les quatre divisions du premier corps, des épaisseurs de vingt-sept rangs et des fronts de deux cents hommes livrés de la sorte à la mitraille, l'effrayante trouée des boulets dans ces masses, les colonnes d'attaque désunies, la batterie d'écharpe brusquement démasquée sur leur flanc, Bourgeois, Donzelot et Durutte compromis, Quiot repoussé, le lieutenant Vieux, cet hercule sorti de l'école polytechnique, blessé au moment où il enfonçait à coups de hache la porte de la Haie-Sainte sous le feu plongeant de la barricade anglaise barrant le coude de la route de Genappe à Bruxelles, la division Marcognet, prise entre l'infanterie et la cavalerie, fusillée à bout portant dans les blés par Best et Pack, sabrée par Ponsomby, sa batterie de sept pièces enclouée, le prince de Saxe-Weymar tenant et gardant, malgré le comte d'Erlon, Frischemont et Smohain, le drapeau du 105º pris, le drapeau du 45º pris, ce hussard noir prussien arrêté par les coureurs de la colonne volante de trois cents chasseurs battant l'estrade entre Wavre et Plancenoit, les choses inquiétantes que ce prisonnier avait dites, le retard de Grouchy, les quinze cents hommes tués en moins d'une heure dans le verger d'Hougomont, les dix-huit cents hommes couchés en moins de temps encore autour de la Haie-Sainte, tous ces incidents orageux, passant comme les nuées de la bataille devant Napoléon, avaient à peine troublé son regard et n'avaient point assombri cette face impériale de la certitude. Napoléon était habitué à regarder la guerre fixement; il ne faisait jamais chiffre à chiffre l'addition poignante du détail; les chiffres lui importaient peu, pourvu qu'ils donnassent ce total : Victoire; que les commencements s'égarassent, il ne s'en alarmait point, lui qui se croyait maître et possesseur de la fin; il savait attendre, se supposant hors de question, et il traitait le destin d'égal à égal. Il paraissait dire au sort : Tu n'oserais pas.

Mi-parti lumière et ombre, Napoléon se sentait protégé dans le bien et toléré dans le mal. Il avait, ou croyait avoir pour lui, une connivence, on pourrait presque dire une complicité des événements, équivalente à l'antique invulnérabilité.

Pourtant, quand on a derrière soi la Bérésina, Leipsick et Fontainebleau, il semble qu'on pourrait se défier de Waterloo. Un mystérieux froncement de sourcil devient visible au fond du ciel.

Au moment où Wellington rétrograda, Napoléon tressaillit. Il vit subitement le plateau de Mont-Saint-Jean se dégarnir et le front de l'armée anglaise disparaître. Elle se ralliait, mais se dérobait. L'empereur se souleva à demi sur ses étriers. L'éclair de la victoire passa dans ses yeux.

Wellington acculé à la forêt de Soignes et détruit, c'était le terrassement définitif de l'Angleterre par la France; c'était Crécy, Poitiers, Malplaquet et Ramillies vengés. L'homme de Marengo raturait Azincourt.

L'empereur alors, méditant la péripétie terrible, promena une dernière fois sa lunette sur tous les points du champ de bataille. Sa garde, l'arme au pied derrière lui, l'observait d'en bas avec une sorte de religion. Il songeait; il examinait les versants, notait les pentes, scrutait le bouquet d'arbres, le carré de seigles, le sentier; il semblait compter chaque buisson. Il regarda avec quelque fixité les barricades anglaises des deux chaussées, deux larges abatis d'arbres, celle de la chaussée de Genappe au-dessus de la Haie-Sainte, armée de deux canons, les seuls de toute l'artillerie anglaise qui vissent le fond du champ de bataille, et celle de la chaussée de Nivelles où étincelaient les bayonnettes hollandaises de la brigade Chassé. Il remarqua près de cette barricade la vieille chapelle de Saint-Nicolas peinte en blanc qui est à l'angle de la traverse vers Braine-l'Alleud. Il se pencha et parla à demi-voix au guide Lacoste. Le guide fit un signe de tête négatif, probablement perfide.

L'empereur se redressa et se recueillit.

Wellington avait reculé.

Il ne restait plus qu'à achever ce recul par un écrasement.

Napoléon, se retournant brusquement, expédia une estafette à franc étrier à Paris pour y annoncer que la bataille était gagnée.

Napoléon était un de ces génies d'où sort le tonnerre.

Il venait de trouver son coup de foudre.

Il donna l'ordre aux cuirassiers de Milhaud d'enlever le plateau de Mont-Saint-Jean.

IX

L'INATTENDU

Ils étaient trois mille cinq cents. Ils faisaient un front d'un quart de lieue. C'étaient des hommes géants sur des chevaux colosses. Ils étaient vingt-six escadrons; et ils avaient derrière eux, pour les appuyer, la division de Lefebvre-Desnouettes, les cent six gendarmes d'élite, les chasseurs de la garde, onze cent quatrevingt-dix-sept hommes, et les lanciers de la garde, huit cent quatrevingts lances. Ils portaient le casque sans crins et la cuirasse de fer battu, avec les pistolets d'arçon dans les fontes et le long sabre-épée. Le matin toute l'armée les avait admirés, quand, à neuf heures, les clairons sonnant, toutes les musiques chantant : *Veillons au salut de l'empire*, ils étaient venus, colonne épaisse, une de leurs batteries à leur flanc, l'autre à leur centre, se déployer sur deux rangs entre la chaussée de Genappe et Frischemont, et prendre leur place de bataille dans cette puissante deuxième ligne, si savamment composée par Napoléon, laquelle, ayant à son extrémité de gauche les cuirassiers de Kellermann et à son extrémité de droite les cuirassiers de Milhaud, avait, pour ainsi dire, deux ailes de fer.

L'aide de camp Bernard leur porta l'ordre de l'empereur. Ney tira son épée et prit la tête. Les escadrons énormes s'ébranlèrent.

Alors on vit un spectacle formidable.

Toute cette cavalerie, sabres levés, étendards et trompettes au vent, formée en colonne par division, descendit, d'un même mouvement et comme un seul homme, avec la précision d'un bélier de bronze qui ouvre une brèche, la colline de la Belle-Alliance, s'enfonça dans le fond redoutable où tant d'hommes déjà étaient tombés, y disparut dans la fumée, puis, sortant de cette ombre, reparut de l'autre côté du vallon, toujours compacte et serrée, montant au grand trot, à travers un nuage de mitraille crevant sur elle, l'épouvantable pente de boue du plateau de Mont-Saint-Jean. Ils montaient, graves, menaçants, imperturbables; dans les intervalles de la mousqueterie et de l'artillerie, on entendait ce piétinement colossal. Étant deux divisions, ils étaient deux colonnes; la division Wathier avait la droite, la division Delort avait la gauche. On croyait voir de loin s'allonger vers la crête du plateau deux immenses couleuvres d'acier. Cela traversa la bataille comme un prodige.

Rien de semblable ne s'était vu depuis la prise de la grande redoute de la Moskowa par la grosse cavalerie; Murat y manquait, mais Ney s'y retrouvait. Il semblait que cette masse était devenue monstre et n'eût qu'une âme. Chaque escadron ondulait et se gonflait comme un anneau du polype. On les apercevait à travers une vaste fumée déchirée çà et là. Pêle-mêle de casques, de cris, de sabres, bondissement orageux des croupes des chevaux dans le canon et la fanfare, tumulte discipliné et terrible ; là-dessus les cuirasses, comme les écailles sur l'hydre.

Ces récits semblent d'un autre âge. Quelque chose de pareil à cette vision apparaissait sans doute dans les vieilles épopées orphiques racontant les hommes-chevaux, les antiques hippanthropes, ces titans à face humaine et à poitrail équestre dont le galop escalada l'Olympe, horribles, invulnérables, sublimes ; dieux et bêtes.

Bizarre coïncidence numérique, vingt-six bataillons allaient recevoir ces vingt-six escadrons. Derrière la crête du plateau, à l'ombre de la batterie masquée, l'infanterie anglaise, formée en treize carrés, deux bataillons par carré, et sur deux lignes, sept sur la première, six sur la seconde, la crosse à l'épaule, couchant en joue ce qui allait venir, calme, muette, immobile, attendait. Elle ne voyait pas les cuirassiers et les cuirassiers ne la voyaient pas. Elle écoutait monter cette marée d'hommes. Elle entendait le grossissement du bruit des trois mille chevaux, le frappement alternatif et symétrique des sabots au grand trot, le froissement des cuirasses, le cliquetis des sabres, et une sorte de grand souffle farouche. Il y eut un silence redoutable ; puis, subitement, une longue file de bras levés brandissant des sabres apparut au-dessus de la crête, et les casques, et les trompettes, et les étendards, et trois mille têtes à moustaches grises criant : Vive l'empereur ! Toute cette cavalerie déboucha sur le plateau, et ce fut comme l'entrée d'un tremblement de terre.

Tout à coup, chose tragique, à la gauche des Anglais, à notre droite, la tête de colonne des cuirassiers se cabra avec une clameur effroyable. Parvenus au point culminant de la crête, effrénés, tout à leur furie et à leur course d'extermination sur les carrés et les canons, les cuirassiers venaient d'apercevoir entre eux et les Anglais un fossé, une fosse. C'était le chemin creux d'Ohain.

L'instant fut épouvantable. Le ravin était là, inattendu, béant, à pic sous les pieds des chevaux, profond de deux toises entre son double talus ; le second rang y poussa le premier, et le troisième y poussa le second ; les chevaux se dressaient, se rejetaient en arrière, tombaient sur la croupe, glissaient les quatre pieds en l'air, pilant et bouleversant les cavaliers, aucun moyen de reculer, toute la colonne n'était plus qu'un projectile, la force acquise pour écraser les Anglais écrasa les Français, le ravin inexorable ne pouvait se rendre que comblé ; cavaliers et chevaux y roulèrent pêle-mêle se broyant les uns les autres, ne faisant qu'une chair dans ce gouffre, et, quand cette fosse fut pleine d'hommes vivants, on marcha dessus et le reste passa. Presque un tiers de la brigade Dubois croula dans cet abîme.

Ceci commença la perte de la bataille.

Une tradition locale, qui exagère évidemment, dit que deux mille chevaux

et quinze cents hommes furent ensevelis dans le chemin creux d'Ohain. Ce chiffre vraisemblablement comprend tous les autres cadavres qu'on jeta dans ce ravin le lendemain du combat.

Notons en passant que c'était cette brigade Dubois, si funestement éprouvée, qui, une heure auparavant, chargeant à part, avait enlevé le drapeau du bataillon de Lunebourg.

Napoléon, avant d'ordonner cette charge de cuirassiers de Milhaud, avait scruté le terrain, mais n'avait pu voir ce chemin creux qui ne faisait pas même une ride à la surface du plateau. Averti pourtant et mis en éveil par la petite chapelle blanche qui en marque l'angle sur la chaussée de Nivelles, il avait fait, probablement sur l'éventualité d'un obstacle, une question au guide Lacoste. Le guide avait répondu non. On pourrait presque dire que de ce signe de tête d'un paysan est sortie la catastrophe de Napoléon.

LE CHEMIN CREUX D'OHAIN

D'autres fatalités encore devaient surgir.

Était-il possible que Napoléon gagnât cette bataille? Nous répondons non. Pourquoi? A cause de Wellington? à cause de Blücher? Non. A cause de Dieu.

Bonaparte vainqueur à Waterloo, ceci n'était plus dans la loi du dix-neuvième siècle. Une autre série de faits se préparait, où Napoléon n'avait plus de place. La mauvaise volonté des événements s'était annoncée de longue date.

Il était temps que cet homme vaste tombât.

L'excessive pesanteur de cet homme dans la destinée humaine troublait l'équilibre. Cet individu comptait à lui seul plus que le groupe universel. Ces pléthores de toute la vitalité humaine concentrée dans une seule tête, le monde montant au cerveau d'un homme, cela serait mortel à la civilisation, si cela durait. Le moment était venu pour l'incorruptible équité suprême d'aviser. Probablement les principes et les éléments d'où dépendent les gravitations régulières dans l'ordre moral comme dans l'ordre matériel, se plaignaient. Le sang qui fume, le trop-plein des cimetières, les mères en larmes, ce sont des plaidoyers redoutables. Il y a, quand la terre souffre d'une surcharge, de mystérieux gémissements de l'ombre, que l'abîme entend.

Napoléon avait été dénoncé dans l'infini, et sa chute était décidée.

Il gênait Dieu.

Waterloo n'est point une bataille; c'est le changement de front de l'univers.

X

LE PLATEAU DE MONT SAINT-JEAN

En même temps que le ravin, la batterie s'était démasquée.

Soixante canons et les treize carrés foudroyèrent les cuirassiers à bout portant. L'intrépide général Delort fit le salut militaire à la batterie anglaise.

Toute l'artillerie volante anglaise était rentrée au galop dans les carrés. Les cuirassiers n'eurent pas même un temps d'arrêt. Le désastre du chemin creux les avait décimés, mais non découragés. C'étaient de ces hommes qui, diminués de nombre, grandissent de cœur.

La colonne Wathier seule avait souffert du désastre; la colonne Delort, que Ney avait fait obliquer à gauche, comme s'il pressentait l'embûche, était arrivée entière.

Les cuirassiers se ruèrent sur les carrés anglais.

Ventre à terre, brides lâchées, sabre aux dents, pistolets au poing, telle fut l'attaque.

Il y a des moments dans les batailles où l'âme durcit l'homme jusqu'à changer le soldat en statue, et où toute cette chair se fait granit. Les bataillons anglais, éperdument assaillis, ne bougèrent pas.

Alors ce fut effrayant.

Toutes les faces des carrés anglais furent attaquées à la fois. Un tournoiement frénétique les enveloppa. Cette froide infanterie demeura impassible. Le premier rang, genou en terre, recevait les cuirassiers sur les baïonnettes, le second rang les fusillait; derrière le second rang, les canonniers chargeaient les pièces, le front du carré s'ouvrait, laissait passer une éruption de mitraille, et se refermait. Les cuirassiers répondaient par l'écrasement. Leurs grands chevaux se cabraient, enjambaient les rangs, sautaient par-dessus les baïonnettes et tombaient, gigantesques, au milieu de ces quatre murs vivants. Les boulets faisaient des trouées dans les cuirassiers, les cuirassiers faisaient des brèches dans les carrés. Des files d'hommes disparaissaient broyées sous les chevaux. Les baïonnettes s'enfonçaient dans les ventres de ces centaures. De là une difformité de blessures qu'on n'a pas vue peut-être ailleurs. Les carrés, rongés par cette cavalerie forcenée, se rétrécissaient sans broncher. Inépuisables en mitraille, ils faisaient explosion au milieu des assaillants. La figure de ce combat était monstrueuse. Ces carrés n'étaient plus des bataillons, c'étaient des cratères; ces cuirassiers n'étaient plus une cavalerie, c'était une tempête. Chaque carré était un volcan attaqué par un nuage; la lave combattait la foudre.

Le carré extrême de droite, le plus exposé de tous, étant en l'air, fut presque anéanti dès les premiers chocs. Il était formé du

75ᵉ régiment de highlanders. Le joueur de cornemuse au centre, pendant qu'on s'exterminait autour de lui, baissant dans une inattention profonde son œil mélancolique plein du reflet des forêts et des lacs, assis sur un tambour, son pibroch sous le bras, jouait les airs de la montagne. Ces Écossais mouraient en pensant au Ben Lothian, comme les Grecs en se souvenant d'Argos. Le sabre d'un cuirassier, abattant le pibroch et le bras qui le portait, fit cesser le chant en tuant le chanteur.

Les cuirassiers, relativement peu nombreux, amoindris par la catastrophe du ravin, avaient là contre eux presque toute l'armée anglaise, mais ils se multipliaient, chaque homme valant dix. Cependant quelques bataillons hanovriens plièrent. Wellington le vit, et songea à sa cavalerie. Si Napoléon, en ce moment-là même, eût songé à son infanterie, il eût gagné la bataille. Cet oubli fut sa grande faute fatale.

Tout à coup les cuirassiers assaillants se sentirent assaillis. La cavalerie anglaise était sur leur dos. Devant eux les carrés, derrière eux Somerset; Somerset, c'étaient les quatorze cents dragons-gardes. Somerset avait à sa droite Dornberg avec les chevau-légers allemands, et à sa gauche Trip avec les carabiniers belges; les cuirassiers, attaqués en flanc et en tête, en avant et en arrière, par l'infanterie et par la cavalerie, durent faire face de tous les côtés. Que leur importait? ils étaient tourbillon. La bravoure devint inexprimable.

En outre, ils avaient derrière eux la batterie toujours tonnante. Il fallait cela pour que ces hommes fussent blessés dans le dos. Une de leurs cuirasses, trouée à l'omoplate gauche d'un biscaïen, est dans la collection du musée de Waterloo.

Pour de tels Français, il ne fallait pas moins que de tels Anglais.

Ce ne fut plus une mêlée, ce fut une ombre, une furie, un vertigineux emportement d'âmes et de courages, un ouragan d'épées-éclairs. En un instant les quatorze cents dragons-gardes ne furent plus que huit cents; Fuller, leur lieutenant-colonel, tomba mort. Ney accourut avec les lanciers et les chasseurs de Lefebvre-Desnouettes. Le plateau de Mont-Saint-Jean fut pris, repris, pris encore. Les cuirassiers quittaient la cavalerie pour retourner à l'infanterie, ou, pour mieux dire, toute cette cohue formidable se colletait sans que l'un lâchât l'autre. Les carrés tenaient toujours.

Il y eut douze assauts. Ney eut quatre chevaux tués sous lui. La moitié des cuirassiers resta sur le plateau. Cette lutte dura deux heures.

L'armée anglaise en fut profondément ébranlée. Nul doute que, s'ils n'eussent été affaiblis dans leur premier choc par le désastre du chemin creux, les cuirassiers n'eussent culbuté le centre et décidé la victoire. Cette cavalerie extraordinaire pétrifia Clinton qui avait vu Talavera et Badajoz. Wellington, aux trois quarts vaincu, admirait héroïquement. Il disait à demi-voix : Sublime! *

* *Splendid!* mot textuel.

Les cuirassiers anéantirent sept carrés sur treize, prirent où enclouèrent soixante pièces de canon, et enlevèrent aux régiments anglais six drapeaux, que trois cuirassiers et trois chasseurs de la garde allèrent porter à l'empereur devant la ferme de la Belle-Alliance.

La situation de Wellington avait empiré. Cette étrange bataille était comme un duel entre deux blessés acharnés qui, chacun de leur côté, tout en combattant et en se résistant toujours, perdent tout leur sang. Lequel des deux tombera le premier?

La lutte du plateau continuait.

Jusqu'où sont allés les cuirassiers? personne ne saurait le dire. Ce qui est certain, c'est que, le lendemain de la bataille, un cuirassier et son cheval furent trouvés morts dans la charpente de la bascule du pesage des voitures à Mont-Saint-Jean, au point même où s'entrecoupent et se rencontrent les quatre routes de Nivelles, de Genappe, de La Hulpe et de Bruxelles. Ce cavalier avait percé les lignes anglaises. Un des hommes qui ont relevé ce cadavre vit encore à Mont-Saint-Jean. Il se nomme Dehaze. Il avait alors dix-huit ans.

Wellington se sentait pencher. La crise était proche.

Les cuirassiers n'avaient point réussi, en ce sens que le centre n'était pas enfoncé. Tout le monde ayant le plateau, personne ne l'avait, et en somme il restait pour la grande part aux Anglais. Wellington avait le village et la plaine culminante; Ney n'avait que la crête et la pente. Des deux côtés on semblait enraciné dans ce sol funèbre.

Mais l'affaiblissement des Anglais paraissait irrémédiable. L'hémorragie de cette armée était horrible. Kempt, à l'aile gauche, réclamait du renfort. — *Il n'y en a pas*, répondait Wellington, *qu'il se fasse tuer!* — Presque à la même minute, rapprochement singulier qui peint l'épuisement des deux armées, Ney demandait de l'infanterie à Napoléon, et Napoléon s'écriait : *De l'infanterie! où veut-il que j'en prenne? Veut-il que j'en fasse?*

Pourtant l'armée anglaise était la plus malade. Les poussées furieuses de ces grands escadrons à cuirasses de fer et à poitrines d'acier avaient broyé l'infanterie. Quelques hommes autour d'un drapeau marquaient la place d'un régiment, tel bataillon n'était plus commandé que par un capitaine ou par un lieutenant; la division Alten, déjà si maltraitée à la Haie-Sainte, était presque détruite; les intrépides Belges de la brigade Van Kluze jonchaient les seigles le long de la route de Nivelles; il ne restait presque rien de ces grenadiers hollandais qui, en 1811, mêlés en Espagne à nos rangs, combattaient Wellington, et qui, en 1815, ralliés aux Anglais, combattaient Napoléon. La perte en officiers était considérable. Lord Uxbridge, qui le lendemain fit enterrer sa jambe, avait le genou fracassé. Si, du côté des Français, dans cette lutte des cuirassiers, Delort, l'Héritier, Colbert, Dnop, Travers et Blancard étaient hors de combat, du côté des Anglais, Alten était blessé, Barne était blessé, Delancey était tué, Van Meeren était tué, Ompteda était tué, tout l'état-major de Wellington était décimé, et l'Angleterre avait le pire partage dans ce sanglant équilibre. Le 2ᵉ régiment des gardes à pied avait perdu cinq lieutenants-colonels, quatre capitaines et trois enseignes; le premier bataillon du 30ᵉ d'infanterie avait perdu vingt-quatre officiers et cent douze soldats; le 79ᵉ montagnards avait vingt-quatre officiers blessés, dix-huit officiers morts, quatre cent cinquante soldats tués. Les hussards hanovriens de Cumberland, un régiment tout entier, ayant à sa tête son colonel Hacke, qui devait plus tard être jugé et cassé, avaient tourné bride devant la mêlée et étaient en fuite dans la forêt de Soignes, semant la déroute jusqu'à Bruxelles. Les charrois, les prolonges, les bagages, les fourgons pleins de blessés, voyant les Français gagner du terrain et s'approcher de la forêt, s'y précipitaient; les Hollandais, sabrés par la cavalerie française, criaient : Alarme! De Vert-Coucou jusqu'à Groenendael, sur une longueur de près de deux lieues dans la direction de Bruxelles, il y avait, au dire des témoins qui existent encore, un encombrement de fuyards. Cette panique fut telle qu'elle gagna le prince de Condé à Malines et Louis XVIII à Gand. A l'exception de la faible réserve échelonnée derrière l'ambulance établie dans la ferme de Mont-Saint-Jean et des brigades Vivian et Vandeleur qui flanquaient l'aile gauche, Wellington n'avait plus de cavalerie. Nombre de batteries gisaient démontées. Ces faits sont avoués par Siborne; et Pringle, exagérant le désastre, va jusqu'à dire que l'armée anglo-hollandaise était réduite à trente-quatre mille hommes. Le duc-de-fer demeurait calme, mais ses lèvres avaient blêmi. Le commissaire autrichien Vincent, le commissaire espagnol Alava, présents à la bataille dans l'état-major anglais, croyaient le duc perdu. A cinq heures, Wellington tira sa montre, et on l'entendit murmurer ce mot sombre : *Blücher, ou la nuit!*

Ce fut vers ce moment-là qu'une ligne lointaine de bayonnettes étincela sur les hauteurs du côté de Frischemont.

Ici est la péripétie de ce drame géant.

XI

MAUVAIS GUIDE A NAPOLÉON, BON GUIDE A BULOW

On connaît la poignante méprise de Napoléon; Grouchy espéré, Blücher survenant; la mort au lieu de la vie.

La destinée a de ces tournants; on s'attendait au trône du monde; on aperçoit Sainte-Hélène.

Si le petit pâtre, qui servait de guide à Bülow, lieutenant de Blücher, lui eût conseillé de déboucher de la forêt au-dessus de Frischemont plutôt qu'au-dessous de Plancenoit, la forme du dix-neuvième siècle eût peut-être été différente. Napoléon eût gagné la bataille de Waterloo. Par tout autre chemin qu'au-dessous de Plancenoit, l'armée prussienne aboutissait à un ravin infranchissable à l'artillerie, et Bülow n'arrivait pas.

Or, une heure de retard, c'est le général prussien Muffling qui le déclare, et Blücher n'aurait plus trouvé Wellington debout; « la bataille était perdue. »

Il était temps, on le voit, que Bülow arrivât. Il avait du reste été fort retardé. Il avait bivouaqué à Dion-le-Mont et était parti dès l'aube. Mais les chemins étaient impraticables et ses divisions s'étaient embourbées. Les ornières venaient au moyeu des canons. En outre, il avait fallu passer la Dyle sur l'étroit pont de Wavre; la rue menant au pont avait été incendiée par les Français; les caissons et les fourgons de l'artillerie, ne pouvant passer entre deux rangs de maisons en feu, avaient dû attendre que l'incendie fût éteint. Il était midi que l'avant-garde de Bülow n'avait pu encore atteindre Chapelle-Saint-Lambert.

L'action, commencée deux heures plus tôt, eût été finie à quatre heures, et Blücher serait tombé sur la bataille gagnée par Napoléon. Tels sont ces immenses hasards, proportionnés à un infini qui nous échappe.

Dès midi, l'empereur, le premier, avec sa longue-vue, avait aperçu à l'extrême horizon quelque chose qui avait fixé son attention. Il avait dit : — Je vois là-bas un nuage qui me paraît être des troupes. Puis il avait demandé au duc de Dalmatie : — Soult, que voyez-vous vers Chapelle-Saint-Lambert? — Le maréchal braquant sa lunette avait répondu : — Quatre ou cinq mille hommes, sire. Évidemment Grouchy. — Cependant cela restait immobile dans la brume. Toutes les lunettes de l'état-major avaient étudié « le nuage » signalé par l'empereur. Quelques-uns avaient dit : Ce sont des colonnes qui font halte. La plupart avaient dit : Ce sont des arbres. La vérité est que le nuage ne remuait pas. L'empereur avait détaché en reconnaissance vers ce point obscur la division de cavalerie légère de Domon.

Bülow en effet n'avait pas bougé. Son avant-garde était très faible, et ne pouvait rien. Il devait attendre le gros du corps d'armée et il avait l'ordre de se concentrer avant d'entrer en ligne; mais à cinq heures, voyant le péril de Wellington, Blücher ordonna à Bülow d'attaquer, et dit ce mot remarquable : « Il faut donner de l'air à l'armée anglaise. »

Peu après, les divisions Losthin, Hiller, Hacke et Ryssel se déployaient devant le corps de Lobau, la cavalerie du prince Guillaume de Prusse débouchait du bois de Paris, Plancenoit était en flammes et les boulets prussiens commençaient à pleuvoir jusque dans les rangs de la garde en réserve derrière Napoléon.

XII

LA GARDE

On sait le reste; l'irruption d'une troisième armée, la bataille disloquée, quatrevingt-six bouches à feu tonnant tout à coup, Pirch 1ᵉʳ survenant avec Bülow, la cavalerie de Zieten menée par Blücher en personne, les Français refoulés, Marcognet balayé du plateau d'Ohain, Durutte délogé de Papelotte, Donzelot et Quiot reculant, Lobau pris en écharpe, une nouvelle bataille se précipitant à la nuit tombante sur nos régiments démantelés, toute la ligne anglaise reprenant l'offensive et poussée en avant, la gigantesque trouée faite dans l'armée française, la mitraille anglaise et la mitraille prussienne s'entr'aidant, l'extermination, le désastre de front, le désastre en flanc, la garde entrant en ligne sous cet épouvantable écroulement.

Comme elle sentait qu'elle allait mourir, elle cria : Vive l'empereur! L'histoire n'a rien de plus émouvant que cette agonie éclatant en acclamations.

Le ciel avait été couvert toute la journée. Tout à coup, en ce moment-là même, il était huit heures du soir, les nuages de l'horizon s'écartèrent et laissèrent passer, à travers les ormes de la route de Nivelles, la grande rougeur sinistre du soleil qui se couchait. On l'avait vu se lever à Austerlitz.

Chaque bataillon de la garde, pour ce dénouement, était commandé par un général. Friant, Michel, Roguet, Harlet, Mallet, Poret de Morvan, étaient là. Quand les hauts bonnets des grenadiers de la garde avec la large plaque à l'aigle apparurent, symétriques, alignés, tranquilles, dans la brume de cette mêlée, l'ennemi sentit le respect de la France; on crut voir vingt victoires entrer sur le champ de bataille, ailes déployées, et ceux qui étaient vainqueurs, s'estimant vaincus, reculèrent; mais Wellington cria : *Debout, gardes, et visez juste!* Le régiment rouge des gardes anglaises, couché derrière les haies, se leva, une nuée de mitraille cribla le drapeau tricolore frissonnant autour de nos aigles, tous se ruèrent et le suprême carnage commença. La garde impériale sentit dans l'ombre l'armée lâchant pied autour d'elle, et le vaste ébranlement de la déroute, elle entendit le sauve-qui-peut! qui avait remplacé le vive l'empereur! et, avec la fuite derrière elle, elle continua d'avancer, de plus en plus foudroyée et mourant davantage à chaque pas qu'elle faisait. Il n'y eut point d'hésitants ni de timides. Le soldat dans cette troupe était aussi héros que le général. Pas un homme ne manqua au suicide.

Ney, éperdu, grand de toute la hauteur de la mort acceptée, s'offrait à tous les coups dans cette tourmente. Il eut là son cinquième cheval tué sous lui. En sueur, la flamme aux yeux, l'écume aux lèvres, l'uniforme déboutonné, une de ses épaulettes à demi coupée par le coup de sabre d'un horse-guard, sa plaque de grand-aigle bosselée par une balle, sanglant, fangeux, magnifique, une épée cassée à la main, il disait : *Venez voir comment meurt un maréchal de France sur le champ de bataille!* Mais en vain; il ne mourut pas.

Il était hagard et indigné. Il jetait à Drouet d'Erlon cette question : *Est-ce que tu ne te fais pas tuer, toi?* Il criait au milieu de toute cette artillerie écrasant une poignée d'hommes : — *Il n'y a donc rien pour moi! Oh! je voudrais que tous ces boulets anglais m'entrassent dans le ventre!* — Tu étais réservé à des balles françaises, infortuné!

XIII

LA CATASTROPHE

La déroute derrière la garde fut lugubre.

L'armée plia brusquement de tous les côtés à la fois, de Hougomont, de la Haie-Sainte, de Papelotte, de Plancenoit. Le cri : Trahison! fut suivi du cri : Sauve-qui-peut! Une armée qui se débande, c'est un dégel. Tout fléchit, se fêle, craque, flotte, roule, tombe, se heurte, se hâte, se précipite. Désagrégation inouïe. Ney emprunte un cheval, saute dessus, et, sans chapeau, sans cravate, sans épée, se met en travers de la chaussée de Bruxelles, arrêtant à la fois les Anglais et les Français. Il tâche de retenir l'armée, il la rappelle, il l'insulte, il se cramponne à la déroute. Il est débordé. Les soldats le fuient, en criant : *Vive le maréchal Ney!* Deux régiments de Durutte vont et viennent effarés et comme ballottés entre le sabre des uhlans et la fusillade des brigades de Kempt, de Best, de Pack et de Rylandt; la pire des mêlées, c'est la déroute; les amis s'entre-tuent pour fuir; les escadrons et les bataillons se brisent et se dispersent les uns contre les autres, énorme écume de la bataille. Lobau à une extrémité comme Reille à l'autre sont roulés dans le flot. En vain Napoléon fait des murailles avec ce qui lui reste de la garde; en vain il dépense à un dernier effort ses escadrons de service. Quiot recule devant Vivian, Kellermann devant Vandeleur, Lobau devant Bülow, Morand devant Pirch, Domon et Subervic devant le prince Guillaume de Prusse. Guyot, qui a mené à la charge les escadrons de l'empereur, tombe sous les pieds des dragons anglais. Napoléon court au galop le long des fuyards, les harangue, presse, menace, supplie.

Toutes les bouches qui criaient le matin vive l'empereur restent béantes; c'est à peine si on le connaît. La cavalerie prussienne, fraîche venue, s'élance, vole, sabre, taille, hache, tue, extermine. Les attelages se ruent, les canons se sauvent; les soldats du train dételent les caissons et en prennent les chevaux pour s'échapper; des fourgons culbutés les quatre roues en l'air entravent la route et sont des occasions de massacre. On s'écrase, on se foule, on marche sur les morts et sur les vivants. Les bras sont éperdus. Une multitude vertigineuse emplit les routes, les sentiers, les ponts, les plaines, les collines, les vallées, les bois, encombrés par cette évasion de quarante mille hommes. Cris, désespoir, sacs et fusils jetés dans les seigles, passages frayés à coups d'épée, plus de camarades, plus d'officiers, plus de généraux, une inexprimable épouvante. Zieten sabrant la France à son aise. Les lions devenus chevreuils. Telle fut cette fuite.

A Genappe, on essaya de se retourner, de faire front, d'enrayer. Lobau rallia trois cents hommes. On barricada l'entrée du village, mais, à la première volée de la mitraille prussienne, tout se remit à fuir, et Lobau fut pris. On voit encore aujourd'hui cette volée de mitraille empreinte sur le vieux pignon d'une masure en brique à droite de la route, quelques minutes avant d'entrer à Genappe. Les Prussiens s'élancèrent dans Genappe, furieux sans doute d'être si peu vainqueurs. La poursuite fut monstrueuse. Blücher ordonna l'extermination. Roguet avait donné ce lugubre exemple de menacer de mort tout grenadier français qui lui amènerait un prisonnier prussien. Blücher dépassa Roguet. Le général de la jeune garde, Duhesme, acculé sur la porte d'une auberge de Genappe, rendit son épée à un hussard de la mort qui prit l'épée et tua le prisonnier. La victoire s'acheva par l'assassinat des vaincus. Punissons, puisque nous sommes l'histoire : le vieux Blücher se déshonora. Cette férocité mit le comble au désastre. La déroute désespérée traversa Genappe, traversa les Quatre-Bras, traversa Gosselies, traversa Frasnes, traversa Charleroi, traversa Thuin, et ne s'arrêta qu'à la frontière. Hélas! et qui donc fuyait de la sorte? la grande armée.

Ce vertige, cette terreur, cette chute en ruine de la plus haute bravoure qui ait jamais étonné l'histoire, est-ce que cela est sans cause? Non. L'ombre d'une droite énorme se projette sur Waterloo. C'est la journée du destin. La force au-dessus de l'homme a donné ce jour-là. De là, le pli épouvanté des têtes; de là, toutes ces grandes âmes rendant leur épée. Ceux qui avaient vaincu l'Europe sont tombés terrassés, n'ayant plus rien à dire ni à faire, sentant dans l'ombre une présence terrible. *Hoc erat in fatis.* Ce jour-là, la perspective du genre humain a changé. Waterloo, c'est le gond du dix-neuvième siècle. La disparition du grand homme était nécessaire à l'avénement du grand siècle. Quelqu'un à qui on ne réplique pas s'en est chargé. La panique des héros s'explique. Dans la bataille de Waterloo, il y a plus que du nuage, il y a du météore. Dieu a passé.

A la nuit tombante, dans un champ près de Genappe, Bernard et Bertrand saisirent par un pan de sa redingote et arrêtèrent un homme hagard, pensif, sinistre, qui, entraîné jusque-là par le courant de la déroute, venait de mettre pied à terre, avait passé sous son bras la bride de son cheval, et, l'œil égaré, s'en retournait seul vers Waterloo. C'était Napoléon, essayant encore d'aller en avant, immense somnambule de ce rêve écroulé.

XIV

LE DERNIER CARRÉ

Quelques carrés de la garde, immobiles dans le ruissellement de la déroute comme des rochers dans de l'eau qui coule, tinrent jusqu'à la nuit. La nuit venant, la mort aussi, ils attendirent cette ombre double, et, inébranlables, s'en laissèrent envelopper. Chaque régiment, isolé des autres et n'ayant plus le lien avec l'armée rompue de toutes parts, mourait pour son compte. Ils avaient pris position, pour faire cette dernière action, les uns sur les hauteurs de Rossomme, les autres dans la plaine de Mont-Saint-Jean. Là, abandonnés, vaincus, terribles, ces carrés sombres agonisaient formidablement. Ulm, Wagram, Iéna, Friedland, mouraient en eux.

Au crépuscule, vers neuf heures du soir, au bas du plateau de Mont-Saint-Jean, il en restait un. Dans ce vallon funeste, au pied de cette pente gravie par les cuirassiers, inondée maintenant par les masses anglaises, sous les feux convergents de l'artillerie ennemie victorieuse, sous une effroyable densité de projectiles, ce carré luttait. Il était commandé par un officier obscur, nommé Cambronne. A chaque décharge, le carré diminuait et ripostait. Il répliquait à la mitraille par la fusillade, rétrécissant continuellement ses quatre murs. De loin les fuyards, s'arrêtant par moment essoufflés, écoutaient dans les ténèbres ce sombre tonnerre décroissant.

Quand cette légion ne fut plus qu'une poignée, quand leur drapeau ne fut plus qu'une loque, quand leurs fusils, épuisés de balles, ne furent plus que des bâtons, quand le tas de cadavres fut plus grand que le groupe vivant, il y eut parmi les vainqueurs une sorte de terreur sacrée autour de ces mourants sublimes, et l'artillerie anglaise, reprenant haleine, fit silence. Ce fut une espèce de répit. Ces combattants avaient autour d'eux comme un fourmillement de spectres, des silhouettes d'hommes à cheval, le profil noir des canons, le ciel blanc aperçu à travers les roues et les affûts; la colossale tête de mort que les héros entrevoient toujours dans la fumée, au fond de la bataille, s'avançait sur eux et les regardait. Ils purent entendre dans l'ombre crépusculaire qu'on chargeait les pièces; les mèches allumées, pareilles à des yeux de tigre dans la nuit, firent un cercle autour de leurs têtes; tous les boute-feu des batteries anglaises s'approchèrent des canons; et alors, ému, tenant la minute suprême suspendue au-dessus de ces hommes, un général anglais, Colville selon les uns, Maitland selon les autres, leur cria : Braves Français, rendez-vous ! Cambronne répondit : Merde !

XV

CAMBRONNE

Le lecteur français voulant être respecté, le plus beau mot peut-être qu'un Français ait jamais dit ne peut lui être répété. Défense de déposer du sublime dans l'histoire.

A nos risques et périls, nous enfreignons cette défense.

Donc, parmi ces géants, il y eut un titan, Cambronne.

Dire ce mot et mourir ensuite, quoi de plus grand! car c'est mourir que de le vouloir, et ce n'est pas la faute de cet homme, si, mitraillé, il a survécu.

L'homme qui a gagné la bataille de Waterloo, ce n'est pas Napoléon en déroute, ce n'est pas Wellington pliant à quatre heures, désespéré à cinq, ce n'est pas Blücher, qui ne s'est point battu; l'homme qui a gagné la bataille de Waterloo, c'est Cambronne.

Foudroyer d'un tel mot le tonnerre qui vous tue, c'est vaincre.

Faire cette réponse à la catastrophe, dire cela au destin, donner cette base au lion futur, jeter cette réplique à la pluie de la nuit, au mur traître de Hougomont, au chemin creux d'Ohain, au retard de Grouchy, à l'arrivée de Blücher, être l'ironie dans le sépulcre, faire en sorte de rester debout après qu'on sera tombé, noyer dans deux syllabes la coalition européenne, offrir aux rois ces latrines déjà connues des Césars, faire du dernier des mots le premier, en y mêlant l'éclair de la France, clore insolemment Waterloo par le mardi gras, compléter Léonidas par Rabelais, résumer cette victoire dans une parole suprême impossible à prononcer, perdre le terrain et garder l'histoire, après ce carnage avoir pour soi les rieurs, c'est immense.

C'est l'insulte à la foudre, cela atteint la grandeur eschylienne.

CAMBRONNE

Le mot de Cambronne fait l'effet d'une fracture. C'est la fracture d'une poitrine par le dédain; c'est le trop plein de l'agonie qui fait explosion. Qui a vaincu? Est-ce Wellington? Non. Sans Blücher il était perdu. Est-ce Blücher? Non. Si Wellington n'eût pas commencé, Blücher n'aurait pu finir. Ce Cambronne, ce passant de la dernière heure, ce soldat ignoré, cet infiniment petit de la guerre, sent qu'il y a là un mensonge dans une catastrophe, redoublement poignant; et au moment où il en éclate de rage, on lui offre cette dérision, la vie! Comment ne pas bondir? Ils sont là, tous les rois de l'Europe, les généraux heureux, les Jupiters tonnants, ils ont cent mille soldats victorieux, et, derrière les cent mille, un million; leurs canons, mèches allumées, sont béants, ils ont sous leurs talons la garde impériale et la grande armée, ils viennent d'écraser Napoléon, il ne reste plus que Cambronne; il n'y a plus pour protester que ce ver de terre. Il protestera. Alors il cherche un mot comme on cherche une épée. Il lui vient de l'écume, et cette écume, c'est le mot. Devant cette victoire prodigieuse et médiocre, devant cette victoire sans victorieux, ce désespéré se redresse; il en subit l'énormité, mais il en constate le néant; et il fait plus que cracher sur elle; et sous l'accablement du nombre, de la force et de la matière, il trouve à l'âme une expression, l'excrément. Nous le répétons, dire cela, faire cela, trouver cela, c'est être le vainqueur.

L'esprit des grands jours entra dans cet homme inconnu à cette minute fatale. Cambronne trouve le mot de Waterloo comme Rouget de l'Isle trouve la *Marseillaise*, par visitation du souffle d'en haut. Une effluve de l'ouragan divin se détache et vient passer à travers ces hommes, et ils tressaillent, et l'un chante le chant suprême, et l'autre pousse le cri terrible. Cette parole du dédain titanique, Cambronne ne la jette pas seulement à l'Europe au nom de l'empire, ce serait peu; il la jette au passé au nom de la Révolution. On l'entend, et l'on reconnaît dans Cambronne la vieille âme des géants. Il semble que c'est Danton qui parle ou Kléber qui rugit.

Au mot de Cambronne, la voix anglaise répondit : feu! les batteries flamboyèrent, la colline trembla, de toutes ces bouches d'airain sortit un dernier vomissement de mitraille, épouvantable, une vaste fumée, vaguement blanchie du lever de la lune, roula, et, quand la fumée se dissipa, il n'y avait plus rien. Ce reste formidable était anéanti, la garde était morte. Les quatre murs de la redoute vivante gisaient, à peine distinguait-on çà et là un tressaillement parmi les cadavres; et c'est ainsi que les légions françaises, plus grandes que les légions romaines, expirèrent à Mont-Saint-Jean, sur la terre mouillée de pluie et de sang, dans les blés sombres, à l'endroit où passe maintenant, à quatre heures du matin, en sifflant et en fouettant gaiement son cheval, Joseph, qui fait le service de la malle-poste de Nivelles.

XVI

QUOT LIBRAS IN DUCE?

La bataille de Waterloo est une énigme. Elle est aussi obscure pour ceux qui l'ont gagnée que pour celui qui l'a perdue. Pour Napoléon, c'est une panique[*]; Blücher n'y voit que du feu; Wellington n'y comprend rien. Voyez les rapports. Les bulletins sont confus, les commentaires sont embrouillés. Ceux-ci balbutient, ceux-là bégayent. Jomini partage la bataille de Waterloo en quatre moments; Muffling la coupe en trois péripéties; Charras, quoique sur quelques points nous ayons une autre appréciation que lui, a seul saisi de son fier coup d'œil les linéaments caractéristiques de cette catastrophe du génie humain aux prises avec le hasard divin. Tous les autres historiens ont un certain éblouissement, et dans cet éblouissement ils tâtonnent. Journée fulgurante, en effet, écroulement de la monarchie militaire qui, à la grande stupeur des rois, a entraîné tous les royaumes, chute de la force, déroute de la guerre.

Dans cet événement, empreint de nécessité surhumaine, la part des hommes n'est rien.

Retirer Waterloo à Wellington et à Blücher, est-ce ôter quelque chose à l'Angleterre et à l'Allemagne? Non. Ni cette illustre Angleterre, ni cette auguste Allemagne ne sont en question dans le problème de Waterloo. Grâce au ciel, les peuples sont grands en dehors des lugubres aventures de l'épée. Ni l'Allemagne, ni l'Angleterre, ni la France ne tiennent dans un fourreau. Dans cette époque où Waterloo

---

[*] « Une bataille terminée, une journée finie, de fausses mesures réparées, de plus grands succès assurés pour le lendemain, tout fut perdu par un moment de terreur panique. » (NAPOLÉON, *Dictées de Sainte-Hélène*.)

LE DERNIER CARRÉ.

n'est qu'un cliquetis de sabres; au-dessus de Blücher, l'Allemagne a Schiller, et au-dessus de Wellington l'Angleterre a Byron. Un vaste lever d'idées est propre à notre siècle, et dans cette aurore l'Angleterre et l'Allemagne ont une lueur magnifique. Elles sont majestueuses parce qu'elles pensent. L'élévation de niveau qu'elles apportent à la civilisation leur est intrinsèque; il vient d'elles-mêmes, et non d'un accident. Ce qu'elles ont d'agrandissement au dix-neuvième siècle n'a point Waterloo pour source. Il n'y a que les peuples barbares qui aient des crues subites après une victoire. C'est la vanité passagère des torrents enflés d'un orage. Les peuples civilisés, surtout au temps où nous sommes, ne se haussent ni ne s'abaissent par la bonne ou mauvaise fortune d'un capitaine. Leur poids spécifique dans le genre humain résulte de quelque chose de plus qu'un combat. Leur honneur, Dieu merci! leur dignité, leur lumière, leur génie, ne sont pas des numéros que les héros et les conquérants, ces joueurs, peuvent mettre à la loterie des batailles. Souvent bataille perdue, progrès conquis. Moins de gloire, plus de liberté. Le tambour se tait, la raison prend la parole. C'est le jeu à qui perd gagne. Parlons donc de Waterloo froidement des deux côtés. Rendons au hasard ce qui est au hasard et à Dieu ce qui est à Dieu. Qu'est-ce que Waterloo? Une victoire? Non. Un quine.

Quine gagné par l'Europe, payé par la France.

Ce n'était pas beaucoup la peine de mettre là un lion.

Waterloo, du reste, est la plus étrange rencontre qui soit dans l'histoire. Napoléon et Wellington. Ce ne sont pas des ennemis, ce sont des contraires. Jamais Dieu, qui se plaît aux antithèses, n'a fait un plus saisissant contraste et une confrontation plus extraordinaire. D'un côté la précision, la prévision, la géométrie, la prudence, la retraite assurée, les réserves ménagées, un sang-froid opiniâtre, une méthode imperturbable, la stratégie qui profite du terrain, la tactique qui équilibre les bataillons, le carnage tiré au cordeau, la guerre réglée montre en main, rien laissé volontairement au hasard, le vieux courage classique, la correction absolue; de l'autre, l'intuition, la divination, l'étrangeté militaire, l'instinct surhumain, le coup d'œil flamboyant, on ne sait quoi qui regarde comme l'aigle et qui frappe comme la foudre, un art prodigieux dans une impétuosité dédaigneuse, tous les mystères d'une âme profonde, l'association avec le destin; le fleuve, la plaine, la forêt, la colline, sommés et en quelque sorte forcés d'obéir, le despote allant jusqu'à tyranniser le champ de bataille; la foi à l'étoile mêlée à la science stratégique, la grandissant, mais la troublant. Wellington était le Barême de la guerre, Napoléon en était le Michel-Ange, et cette fois le génie fut vaincu par le calcul.

Des deux côtés on attendait quelqu'un. Ce fut le calculateur exact qui réussit. Napoléon attendait Grouchy; il ne vint pas. Wellington attendait Blücher; il vint.

Wellington, c'est la guerre classique qui prend sa revanche. Bonaparte, à son aurore, l'avait rencontrée en Italie, et superbement battue. La vieille chouette avait fui devant le jeune vautour. L'ancienne tactique avait été non seulement foudroyée, mais scandalisée. Qu'était-ce que ce Corse de vingt-six ans, que signifiait cet ignorant splendide qui, ayant tout contre lui, rien pour lui, sans vivres, sans munitions, sans canons, sans souliers, presque sans armée, avec une poignée d'hommes contre des masses, se ruait sur l'Europe coalisée, et gagnait absurdement des victoires dans l'impossible? D'où sortait ce forcené foudroyant qui, presque sans reprendre haleine, et avec le même jeu de combattants dans la main, pulvérisait l'une après l'autre les cinq armées de l'empereur d'Allemagne, culbutant Beaulieu sur Alvinzi, Wurmser sur Beaulieu, Mélas sur Wurmser, Mack sur Mélas? Qu'était-ce que ce nouveau venu de la guerre ayant l'effronterie d'un astre? L'école académique militaire l'excommuniait en lâchant pied. De là une implacable rancune du vieux césarisme contre le nouveau, du sabre correct contre l'épée flamboyante, et de l'échiquier contre le génie. Le 18 juin 1815, cette rancune eut le dernier mot, et, au-dessous de Lodi, de Montebello, de Montenotte, de Mantoue, de Marengo, d'Arcole, elle écrivit : Waterloo. Triomphe des médiocres doux aux majorités. Le destin consentit à cette ironie. A son déclin, Napoléon retrouva devant lui Wurmser jeune.

Pour avoir Wurmser en effet, il suffit de blanchir les cheveux de Wellington.

Waterloo est une bataille du premier ordre gagnée par un capitaine du second.

Ce qu'il faut admirer dans la bataille de Waterloo, c'est l'Angleterre, c'est la fermeté anglaise, c'est la résolution anglaise, c'est le sang anglais; ce que l'Angleterre a eu là de superbe, ne lui en déplaise, c'est elle-même. Ce n'est pas son capitaine, c'est son armée.

Wellington, bizarrement ingrat, déclare dans une lettre à lord Bathurst que son armée, l'armée qui a combattu le 18 juin 1815, était une « détestable armée ». Qu'en pense cette sombre mêlée d'ossements enfouis sous les sillons de Waterloo?

L'Angleterre a été trop modeste vis-à-vis de Wellington. Faire Wellington si grand, c'est faire l'Angleterre petite. Wellington n'est qu'un héros comme un autre. Ces Écossais gris, ces horse-guards, ces régiments de Maitland et de Mitchell, cette infanterie de Pack et de Kempt, cette cavalerie de Ponsomby et de Somerset, ces highlanders jouant du pibroch sous la mitraille, ces bataillons de Rylandt, ces recrues toutes fraîches qui savaient à peine manier le mousquet tenant tête aux vieilles bandes d'Essling et de Rivoli, voilà ce qui est grand. Wellington a été tenace, ce fut là son mérite, et nous ne le lui marchandons pas; mais le moindre de ses fantassins et de ses cavaliers a été tout aussi solide que lui. L'iron-soldier vaut l'iron-duke. Quant à nous, toute notre glorification va au soldat anglais, à l'armée anglaise, au peuple anglais. Si trophée il y a, c'est à l'Angleterre que le trophée est dû. La colonne de Waterloo serait plus juste si, au lieu de la figure d'un homme, elle élevait dans la nue la statue d'un peuple.

Mais cette grande Angleterre s'irritera de ce que nous disons ici. Elle a encore, après son 1688 et notre 1789, l'illusion féodale. Elle croit à l'hérédité et à la hiérarchie. Ce peuple, qu'aucun ne dépasse en puissance et en gloire, s'estime comme nation, non comme peuple. En tant que peuple, il se subordonne volontiers et prend un lord pour une tête. Workman, il se laisse dédaigner; soldat, il se laisse bâtonner.

On se souvient qu'à la bataille d'Inkermann un sergent qui, à ce qu'il paraît, avait sauvé l'armée, ne put être mentionné par lord Raglan, la hiérarchie militaire anglaise ne permettant de citer dans un rapport aucun héros au-dessous du grade d'officier.

Ce que nous admirons par-dessus tout, dans une rencontre du genre de celle de Waterloo, c'est la prodigieuse habileté du hasard. Pluie nocturne, mur de Hougomont, chemin creux d'Ohain, Grouchy sourd au canon, guide de Napoléon qui le trompe, guide de Bülow qui l'éclaire; tout ce cataclysme est merveilleusement conduit.

Au total, disons-le, il y eut à Waterloo plus de massacre que de bataille.

Waterloo est de toutes les batailles rangées celle qui a le plus petit front sur un tel nombre de combattants. Napoléon, trois quarts de lieue, Wellington, une demi-lieue; soixante-douze mille combattants de chaque côté. De cette épaisseur vint le carnage.

On a fait ce calcul et établi cette proportion : Perte d'hommes : à Austerlitz, Français, quatorze pour cent; Russes, trente pour cent; Autrichiens, quarante-quatre pour cent. A Wagram, Français, treize pour cent; Autrichiens, quatorze. A la Moskowa, Français, trente-sept pour cent; Russes, quarante-quatre. A Bautzen, Français, treize pour cent; Russes et Prussiens, quatorze. A Waterloo, Français, cinquante-six pour cent; alliés, trente et un. Total pour Waterloo, quarante et un pour cent. Cent quarante-quatre mille combattants; soixante mille morts.

Le champ de Waterloo aujourd'hui a le calme qui appartient à la terre, support impassible de l'homme, et il ressemble à toutes les plaines.

La nuit pourtant, une espèce de brume visionnaire s'en dégage, et si quelque voyageur s'y promène, s'il regarde, s'il écoute, s'il rêve comme Virgile dans les funestes plaines de Philippes, l'hallucination de la catastrophe le saisit. L'effrayant 18 juin revit; la fausse colline-monument s'efface, ce lion quelconque se dissipe, le champ de bataille reprend sa réalité; des lignes d'infanterie ondulent dans la plaine, des galops furieux traversent l'horizon; le songeur effaré voit l'éclair des sabres, l'étincelle des bayonnettes, le flamboiement des bombes, l'entre-croisement monstrueux des tonnerres; il entend, comme un râle au fond d'une tombe, la clameur vague de la bataille-fantôme; ces ombres, ce sont les grenadiers; ces lueurs, ce sont les cuirassiers; ce squelette, c'est Napoléon; ce squelette, c'est Wellington; tout cela n'est plus et se heurte et combat encore; et les ravins s'empourprent, et les arbres frissonnent, et il y a de la furie jusque dans les nuées, et, dans les ténèbres, toutes ces hauteurs farouches, Mont-Saint-Jean, Hougomont, Frischemont, Papelotte, Plancenoit, apparaissent confusément couronnées de tourbillons de spectres s'exterminant.

XVII

FAUT-IL TROUVER BON WATERLOO?

Il existe une école libérale très respectable qui ne hait point Waterloo. Nous n'en sommes pas. Pour nous, Waterloo n'est que la date stupéfaite de la liberté. Qu'un tel aigle sorte d'un tel œuf, c'est à coup sûr l'inattendu.

Waterloo, si l'on se place au point de vue culminant de la question, est intentionnellement une victoire contre-révolutionnaire. C'est l'Europe contre la France, c'est Pétersbourg, Berlin et Vienne contre Paris, c'est le *statu quo* contre l'initiative, c'est le 14 juillet 1789 attaqué à travers le 20 mars 1815, c'est le branle-bas des monarchies contre l'indomptable émeute française. Éteindre enfin ce vaste peuple en éruption depuis vingt-six ans, tel était le rêve. Solidarité des Brunswick, des Nassau, des Romanoff, des Hohenzollern, des Habsbourg avec les Bourbons. Waterloo porte en croupe le droit divin. Il est vrai que, l'empire ayant été despotique, la royauté, par la réaction naturelle des choses, devait forcément être libérale, et qu'un ordre constitutionnel à contre-cœur est sorti de Waterloo, au grand regret des vainqueurs. C'est que la révolution ne peut être vraiment vaincue, et qu'étant providentielle et absolument fatale, elle reparaît toujours, avant Waterloo, dans Bonaparte jetant bas les vieux trônes, après Waterloo, dans Louis XVIII octroyant et subissant la charte. Bonaparte met un postillon sur le trône de Naples et un sergent sur le trône de Suède, employant l'inégalité à démontrer l'égalité; Louis XVIII, à Saint-Ouen, contre-signe la déclaration des droits de l'homme. Voulez-vous vous rendre compte de ce que c'est que la révolution, appelez-la Progrès; et voulez-vous vous rendre compte de ce que c'est que le progrès, appelez-le Demain. Demain fait irrésistiblement son œuvre, et il la fait dès aujourd'hui. Il arrive toujours à son but, étrangement. Il emploie Wellington à faire de Foy, qui n'était qu'un soldat, un orateur. Foy tombe à Hougomont et se relève à la tribune. Ainsi procède le progrès. Pas de mauvais outil pour cet ouvrier-là. Il ajuste à son travail divin, sans se déconcerter, l'homme qui a enjambé les Alpes et le bon vieux malade chancelant du père Élysée. Il se sert du podagre comme du conquérant ; du conquérant au dehors, du podagre au dedans. Waterloo, en coupant court à la démolition des trônes européens par l'épée, n'a eu d'autre effet que de faire continuer le travail révolutionnaire d'un autre côté. Les sabreurs ont fini, c'est le tour des penseurs. Le siècle que Waterloo voulait arrêter a marché dessus et a poursuivi sa route. Cette victoire sinistre a été vaincue par la liberté.

En somme, et incontestablement, ce qui triomphait à Waterloo, ce qui souriait derrière Wellington, ce qui lui apportait tous les bâtons de maréchal de l'Europe, y compris, dit-on, le bâton de maréchal de France, ce qui roulait joyeusement les brouettes de terre pleine d'ossements pour élever la butte du lion, ce qui a triomphalement écrit sur ce piédestal cette date : 18 *juin* 1815, ce qui encourageait Blücher sabrant la déroute, ce qui du haut du plateau de Mont-Saint-Jean se penchait sur la France comme sur une proie, c'était la contre-révolution. C'est la contre-révolution, qui murmurait ce mot infâme : Démembrement. Arrivée à Paris, elle a vu le cratère de près, elle a senti que cette cendre lui brûlait les pieds, et elle s'est ravisée. Elle est revenue au bégayement d'une charte.

Ne voyons dans Waterloo que ce qui est dans Waterloo. De liberté intentionnelle, point. La contre-révolution était involontairement libérale, de même que, par un phénomène correspondant, Napoléon était involontairement révolutionnaire. Le 18 juin 1815, Robespierre à cheval fut désarçonné.

XVIII

RECRUDESCENCE DU DROIT DIVIN

Fin de la dictature. Tout un système d'Europe croula.

L'empire s'affaissa dans une ombre qui ressembla à celle du monde romain expirant. On revit de l'abîme comme au temps des Barbares. Seulement la barbarie de 1815, qu'il faut nommer, de son petit nom, la contre-révolution, avait peu d'haleine, s'essouffla vite, et resta court. L'empire, avouons-le, fut pleuré, et pleuré par des yeux héroïques. Si la gloire est dans le glaive fait sceptre, l'empire avait été la gloire même. Il avait répandu sur la terre toute la lumière que

la tyrannie peut donner; lumière sombre. Disons plus : lumière obscure. Comparée au jour vrai, c'est de la nuit. Cette disparition de la nuit fit l'effet d'une éclipse.

Louis XVIII rentra dans Paris. Les danses en rond du 8 juillet effacèrent les enthousiasmes du 20 mars. Le corse devint l'antithèse du béarnais. Le drapeau du dôme des Tuileries fut blanc. L'exil trôna. La table de sapin de Hartwell prit place devant le fauteuil fleurdelysé de Louis XIV. On parla de Bouvines et de Fontenoy comme d'hier, Austerlitz ayant vieilli. L'autel et le trône fraternisèrent majestueusement. Une des formes les plus incontestées du salut de la société au dix-neuvième siècle s'établit sur la France et sur le continent. L'Europe prit la cocarde blanche. Trestaillon fut célèbre. La devise *non pluribus impar* reparut dans des rayons de pierre figurant un soleil sur la façade de la caserne du quai d'Orsay. Où il y avait eu une garde impériale, il y eut une maison rouge. L'arc du carrousel, tout chargé de victoires mal portées, dépaysé dans ces nouveautés, un peu honteux peut-être de Marengo et d'Arcole, se tira d'affaire avec la statue du duc d'Angoulême. Le cimetière de la Madeleine, redoutable fosse commune de 93, se couvrit de marbre et de jaspe, les os de Louis XVI et de Marie-Antoinette étant dans cette poussière. Dans le fossé de Vincennes, un cippe sépulcral sortit de terre, rappelant que le duc d'Enghien était mort dans le mois même où Napoléon avait été couronné. Le pape Pie VII, qui avait fait ce sacre très près de cette mort, bénit tranquillement la chute comme il avait béni l'élévation. Il y eut à Schœnbrunn une petite ombre âgée de quatre ans qu'il fut séditieux d'appeler le roi de Rome. Et ces choses se sont faites, et ces rois ont repris leurs trônes, et le maître de l'Europe a été mis dans une cage, et l'ancien régime est devenu le nouveau, et toute l'ombre et toute la lumière de la terre ont changé de place, parce que, dans l'après-midi d'un jour d'été, un pâtre a dit à un prussien dans un bois : Passez par ici et non par là!

Ce 1815 fut une sorte d'avril lugubre. Les vieilles réalités malsaines et vénéneuses se couvrirent d'apparences neuves. Le mensonge épousa 1789, le droit divin se masqua d'une charte, les fictions se firent constitutionnelles, les préjugés, les superstitions et les arrière-pensées, avec l'art. 14 au cœur, se vernirent de libéralisme. Changement de peau des serpents.

L'homme avait été à la fois agrandi et amoindri par Napoléon.

L'idéal, sous ce règne de la matière splendide, avait reçu le nom étrange d'idéologie. Grave imprudence d'un grand homme, tourner en dérision l'avenir! Les peuples cependant, cette chair à canon si amoureuse du canonnier, le cherchaient des yeux. Où est-il? Que fait-il? Napoléon est mort, disait un passant à un invalide de Marengo et de Waterloo. — *Lui mort!* s'écria ce soldat, *vous le connaissez bien!* — Les imaginations déifiaient cet homme terrassé. Le fond de l'Europe, après Waterloo, fut ténébreux. Quelque chose d'énorme resta longtemps vide par l'évanouissement de Napoléon.

Les rois se mirent dans ce vide. La vieille Europe en profita pour se reformer. Il y eut une Sainte-Alliance. Belle-Alliance! avait dit d'avance le champ fatal de Waterloo.

En présence et en face de cette antique Europe refaite, les linéaments d'une France nouvelle s'ébauchèrent. L'avenir, raillé par l'empereur, fit son entrée. Il avait sur le front cette étoile, Liberté. Les yeux ardents des jeunes générations se tournèrent vers lui. Chose singulière! on s'éprit en même temps de cet avenir, Liberté, et de ce passé, Napoléon. La défaite avait grandi le vaincu. Bonaparte tombé semblait plus haut que Napoléon debout. Ceux qui avaient triomphé eurent peur. L'Angleterre le fit garder par Hudson Lowe, et la France le fit guetter par Montchenu. Ses bras croisés devinrent l'inquiétude des trônes. Alexandre le nommait : mon insomnie. Cet effroi venait de la quantité de révolution qu'il avait en lui. C'est ce qui explique et excuse le libéralisme bonapartiste. Ce fantôme donnait le tremblement au vieux monde. Les rois régnèrent mal à leur aise, avec le rocher de Sainte-Hélène à l'horizon.

Pendant que Napoléon agonisait à Longwood, les soixante mille hommes tombés dans le champ de Waterloo pourrirent tranquillement, et quelque chose de leur paix se répandit dans le monde. Le congrès de Vienne en fit les traités de 1815, et l'Europe nomma cela la restauration.

Voilà ce que c'est que Waterloo.

Mais qu'importe à l'infini? toute cette tempête, tout ce nuage, cette guerre, puis cette paix, toute cette ombre ne troubla pas un moment la lueur de l'œil immense devant lequel un puceron, sautant d'un brin d'herbe à l'autre, égale l'aigle volant de clocher en clocher aux tours de Notre-Dame.

XIX

LE CHAMP DE BATAILLE LA NUIT

Revenons, c'est une nécessité de ce livre, sur ce fatal champ de bataille.

Le 18 juin 1815, c'était pleine lune. Cette clarté favorisa la poursuite féroce de Blücher, dénonça les traces des fuyards, livra cette masse désastreuse à la cavalerie prussienne acharnée et aida au massacre. Il y a parfois dans les catastrophes de ces tragiques complaisances de la nuit.

Après le dernier coup de canon tiré, la plaine de Mont-Saint-Jean resta déserte.

Les Anglais occupèrent le campement des Français; c'est la constatation habituelle de la victoire; coucher sur le lit des vaincus. Ils établirent leur bivouac au delà de Rossomme. Les Prussiens, lâchés sur la déroute, poussèrent en avant. Wellington alla au village de Waterloo rédiger son rapport à lord Bathurst.

Si jamais le *sic vos non vobis* a été applicable, c'est, à coup sûr, à ce village de Waterloo. Waterloo n'a rien fait, et est resté à une demi-lieue de l'action. Mont-Saint-Jean a été canonné, Hougomont a été brûlé, Papelotte a été brûlé, Plancenoit a été brûlé, la Haie-Sainte a été prise d'assaut, la Belle-Alliance a vu l'embrassement des deux vainqueurs; on sait à peine ces noms, et Waterloo qui n'a point travaillé dans la bataille en a tout l'honneur.

Nous ne sommes pas de ceux qui flattent la guerre; quand l'occasion s'en présente, nous lui disons ses vérités. La guerre a d'affreuses beautés que nous n'avons point cachées; elle a aussi, convenons-en, quelques laideurs. Une des plus surprenantes, c'est le prompt dépouillement des morts après la victoire. L'aube qui suit une bataille se lève toujours sur des cadavres nus.

Qui fait cela? Qui souille ainsi le triomphe? Quelle est cette hideuse main furtive qui se glisse dans la poche de la victoire? Quels sont ces filous faisant leur coup derrière la gloire? Quelques philosophes, Voltaire entre autres, affirment que ce sont précisément ceux-là qui ont fait la gloire. Ce sont les mêmes, disent-ils, il n'y a pas de rechange; ceux qui sont debout pillent ceux qui sont à terre. Le héros du jour est le vampire de la nuit. On a bien le droit, après tout, de détrousser un peu un cadavre dont on est l'auteur. Quant à nous, nous ne le croyons pas. Cueillir des lauriers et voler les souliers d'un mort, cela nous semble impossible à la même main.

Ce qui est certain, c'est que, d'ordinaire, après les vainqueurs viennent les voleurs. Mais mettons le soldat, surtout le soldat contemporain, hors de cause.

Toute armée a une queue, et c'est là ce qu'il faut accuser. Des êtres chauves-souris, mi-partis brigands et valets, toutes les espèces de vespertilio qu'engendre ce crépuscule qu'on appelle la guerre, des porteurs d'uniformes qui ne combattent pas, de faux malades, des éclopés redoutables, des cantiniers interlopes trottant, quelquefois avec leurs femmes, sur de petites charrettes et volant ce qu'ils revendent, des mendiants s'offrant pour guides aux officiers, des goujats, des maraudeurs, les armées en marche autrefois, — nous ne parlons pas du temps présent, — traînaient tout cela, si bien que, dans la langue spéciale, cela s'appelait « les traînards ». Aucune armée ni aucune nation n'étaient responsables de ces êtres; ils parlaient italien et suivaient les Allemands; ils parlaient français et suivaient les Anglais. C'est par un de ces misérables, traînard espagnol qui parlait français, que le marquis de Fervacques, trompé par son baragouin picard, et le prenant pour un des nôtres, fut tué en traître et volé sur le champ de bataille même, dans la nuit qui suivit la victoire de Cerisoles. De la maraude naissait le maraud. La détestable maxime : *Vivre sur l'ennemi*, produisait cette lèpre, qu'une forte discipline pouvait seule guérir. Il y a des renommées qui trompent; on ne sait pas toujours pourquoi de certains généraux, grands d'ailleurs, ont été si populaires. Turenne était adoré de ses soldats parce qu'il tolérait le pillage; le mal permis fait partie de la bonté; Turenne était si bon qu'il a laissé mettre à feu et à sang le Palatinat. On voyait à la suite des armées moins ou plus de maraudeurs selon que le chef était plus ou moins sévère. Hoche et Marceau n'avaient point de traînards;

Wellington, nous lui rendons volontiers cette justice, en avait peu.

Pourtant, dans la nuit du 18 au 19 juin, on dépouilla les morts. Wellington fut rigide; ordre de passer par les armes quiconque serait pris en flagrant délit; mais la rapine est tenace. Les maraudeurs volaient dans un coin du champ de bataille pendant qu'on les fusillait dans l'autre.

La lune était sinistre sur cette plaine.

Vers minuit, un homme rôdait, ou plutôt rampait du côté du chemin creux d'Ohain. C'était, selon toute apparence, un de ceux que nous venons de caractériser, ni Anglais, ni Français, ni paysan, ni soldat, moins homme que goule, attiré par le flair des morts, ayant pour victoire le vol, venant dévaliser Waterloo. Il était vêtu d'une blouse qui était un peu une capote, il était inquiet et audacieux, il allait devant lui et regardait derrière lui. Qu'était-ce que cet homme? La nuit probablement en savait plus sur son compte que le jour. Il n'avait point de sac, mais évidemment de larges poches sous sa capote. De temps en temps il s'arrêtait, examinait la plaine autour de lui comme pour voir s'il n'était pas observé, se penchait brusquement, dérangeait à terre quelque chose de silencieux et d'immobile, puis se redressait et s'esquivait. Son glissement, ses attitudes, son geste rapide et mystérieux le faisaient ressembler à ces larves crépusculaires qui hantent les ruines et que les anciennes légendes normandes appellent les Alleurs.

De certains échassiers nocturnes font de ces silhouettes dans les marécages.

Un regard qui eût sondé attentivement toute cette brume eût pu remarquer, à quelque distance, arrêté et comme caché derrière la masure qui borde, sur la chaussée de Nivelles, à l'angle de la route de Mont-Saint-Jean à Braine-l'Alleud, une façon de petit fourgon de vivandier à coiffe d'osier goudronnée, attelé d'une haridelle affamée broutant l'ortie à travers son mors, et dans le fourgon une espèce de femme assise sur des coffres et des paquets. Peut-être y avait-il un lien entre ce fourgon et ce rôdeur.

L'obscurité était sereine. Pas un nuage au zénith. Qu'importe que la terre soit rouge, la lune reste blanche. Ce sont là les indifférences du ciel. Dans les prairies, des branches d'arbre cassées par la mitraille, mais non tombées, et retenues par l'écorce se balançaient doucement au vent de la nuit. Une haleine, presque une respiration, remuait les broussailles. Il y avait dans l'herbe des frissons qui ressemblaient à des départs d'âmes.

On entendait vaguement au loin aller et venir les patrouilles et les rondes-major du campement anglais.

Hougomont et la Haie-Sainte continuaient de brûler, faisant, l'une à l'ouest, l'autre à l'est, deux grosses flammes auxquelles venaient se rattacher, comme un collier de rubis dénoué ayant à ses extrémités deux escarboucles, le cordon de feux du bivouac anglais étalé en demi-cercle immense sur les collines de l'horizon.

Nous avons dit la catastrophe du chemin d'Ohain. Ce qu'avait été cette mort pour tant de braves, le cœur s'épouvante d'y songer.

Si quelque chose est effroyable, s'il existe une réalité qui dépasse le rêve, c'est ceci : vivre, voir le soleil, être en pleine possession de la force virile, avoir la santé et la joie, rire vaillamment, courir vers une gloire qu'on a devant soi, éblouissante, se sentir dans la poitrine un poumon qui respire, un cœur qui bat, une volonté qui raisonne, parler, penser, espérer, aimer, avoir une mère, avoir une femme, avoir des enfants, avoir la lumière, et tout à coup, le temps d'un cri, en moins d'une minute, s'effondrer dans un abîme, tomber, rouler, écraser, être écrasé, voir des épis de blé, des fleurs, des feuilles, des branches, ne pouvoir se retenir à rien, sentir son sabre inutile, des hommes sous soi, des chevaux sur soi, se débattre en vain, les os brisés par quelque ruade dans les ténèbres, sentir un talon qui vous fait jaillir les yeux, mordre avec rage des fers de chevaux, étouffer, hurler, se tordre, être là-dessous et se dire : tout à l'heure j'étais un vivant!

Là où avait râlé ce lamentable désastre, tout faisait silence maintenant. L'encaissement du chemin creux était comblé de chevaux et de cavaliers inextricablement amoncelés. Enchevêtrement terrible. Il n'y avait plus de talus, les cadavres nivelaient la route avec la plaine et venaient au ras du bord comme un boisseau d'orge bien mesuré. Un tas de morts dans la partie haute, une rivière de sang dans la partie basse; telle était cette route le soir du 18 juin 1815. Le sang coulait jusque sur la chaussée de Nivelles et s'y extravasait en une large mare devant l'abatis d'arbres qui barrait la chaussée, à un endroit qu'on montre encore.

C'est, on s'en souvient, au point opposé, vers la chaussée de Genappe, qu'avait eu lieu l'effondrement des cuirassiers. L'épaisseur des cadavres se proportionnait à la profondeur du chemin creux. Vers le milieu, à l'endroit où il devenait plane, là où avait passé la division Delort, la couche des morts s'amincissait.

Le rôdeur nocturne que nous venons de faire entrevoir au lecteur allait de ce côté. Il furetait cette immense tombe. Il regardait. Il passait on ne sait quelle hideuse revue des morts. Il marchait les pieds dans le sang.

Tout à coup il s'arrêta.

A quelques pas devant lui, dans le chemin creux, au point où finissait le monceau des morts, de dessous cet amas d'hommes et de chevaux, sortait une main ouverte, éclairée par la lune.

Cette main avait au doigt quelque chose qui brillait, et qui était un anneau d'or.

L'homme se courba, demeura un moment accroupi, et, quand il se releva, il n'y avait plus d'anneau à cette main.

Il ne se releva pas précisément; il resta dans une attitude fausse et effarouchée, tournant le dos au tas de morts, scrutant l'horizon, à genoux, tout l'avant du corps portant sur les deux index appuyés à terre, la tête guettant par-dessus le bord du chemin creux. Les quatre pattes du chacal conviennent à de certaines actions.

Puis, prenant son parti, il se dressa.

En ce moment, il eut un soubresaut. Il sentit que par derrière on le tenait.

Il se retourna; c'était la main ouverte qui s'était refermée et qui avait saisi le pan de sa capote.

Un honnête homme eût eu peur. Celui-ci se mit à rire.

— Tiens, dit-il, ce n'est que le mort. J'aime mieux un revenant qu'un gendarme.

Cependant la main défaillit et le lâcha. L'effort s'épuise vite dans la tombe.

— Ah çà! reprit le rôdeur, est-il vivant, ce mort? Voyons donc.

Il se pencha de nouveau, fouilla le tas, écarta ce qui faisait obstacle, saisit la main, empoigna le bras, dégagea la tête, tira le corps, et quelques instants après il traînait dans l'ombre du chemin creux un homme inanimé, au moins évanoui. C'était un cuirassier, un officier, un officier même d'un certain rang; une grosse épaulette d'or sortait de dessous la cuirasse; cet officier n'avait plus de casque. Un furieux coup de sabre balafrait son visage où l'on ne voyait que du sang.

Du reste, il ne semblait pas qu'il eût de membre cassé, et, par quelque hasard heureux, si ce mot est possible ici, les morts s'étaient arc-boutés au-dessus de lui de façon à le garantir de l'écrasement. Ses yeux étaient fermés.

Il avait sur sa cuirasse la croix d'argent de la légion d'honneur.

Le rôdeur arracha cette croix qui disparut dans un des gouffres qu'il avait sous sa capote.

Après quoi, il tâta le gousset de l'officier, y sentit une montre et la prit.

Puis il fouilla le gilet, y trouva une bourse et l'empocha.

Comme il en était à cette phase des secours qu'il portait à ce mourant, l'officier ouvrit les yeux.

— Merci, dit-il faiblement.

La brusquerie des mouvements de l'homme qui le maniait, la fraîcheur de la nuit, l'air respiré librement, l'avaient tiré de sa léthargie.

Le rôdeur ne répondit point. Il leva la tête. On entendait un bruit de pas dans la plaine; probablement quelque patrouille qui approchait.

L'officier murmura, car il y avait encore de l'agonie dans sa voix :

— Qui a gagné la bataille?

— Les anglais, répondit le rôdeur.

L'officier reprit :

— Cherchez dans mes poches. Vous y trouverez une bourse et une montre. Prenez-les.

C'était déjà fait.

Le rôdeur exécuta le semblant demandé, et dit :

— Il n'y a rien.

— On m'a volé, reprit l'officier, j'en suis fâché. C'eût été pour vous.

Les pas de la patrouille devenaient de plus en plus distincts.

— Voici qu'on vient, dit le rôdeur, faisant le mouvement d'un homme qui s'en va.

L'officier, soulevant péniblement le bras, le retint.

— Vous m'avez sauvé la vie. Qui êtes-vous?

Le rôdeur répondit vite et bas :

— J'étais comme vous de l'armée française. Il faut que je vous quitte. Si l'on me prenait, on me fusillerait. Je vous ai sauvé la vie. Tirez-vous d'affaire maintenant.

— Quel est votre grade?
— Sergent.
— Comment vous appelez-vous?
— Thénardier.
— Je n'oublierai pas ce nom, dit l'officier. Et vous, retenez le mien. Je me nomme Pontmercy.

LIVRE DEUXIÈME

LE VAISSEAU L'*ORION*

I

LE NUMÉRO 24,601 DEVIENT LE NUMÉRO 9,430

Jean Valjean avait été repris.

On nous saura gré de passer rapidement sur des détails douloureux. Nous nous bornons à transcrire deux entrefilets publiés par les journaux du temps, quelques mois après les événements surprenants accomplis à M.— sur M.—.

Ces articles sont un peu sommaires. On se souvient qu'il n'existait pas encore à cette époque de *Gazette des Tribunaux*.

Nous empruntons le premier au *Drapeau blanc*. Il est daté du 25 juillet 1823 :

« — Un arrondissement du Pas-de-Calais vient d'être le théâtre
« d'un événement peu ordinaire. Un homme étranger au département
« et nommé M. Madeleine avait relevé depuis quelques années, grâce
« à des procédés nouveaux, une ancienne industrie locale, la fabrica-
« tion des jais et des verroteries noires. Il y avait fait sa fortune, et,
« disons-le, celle de l'arrondissement. En reconnaissance de ses ser-
« vices, on l'avait nommé maire. La police a découvert que M. Made-
« leine n'était autre qu'un ancien forçat en rupture de ban, condamné

« en 1796 pour vol, et nommé Jean Valjean. Jean Valjean a été réin-
« tégré au bagne. Il paraît qu'avant son arrestation il avait réussi à
« retirer de chez M. Laffitte une somme de plus d'un demi-million
« qu'il y avait placée, et qu'il avait, du reste, très légitimement, dit-
« on, gagnée dans son commerce. On n'a pu savoir où Jean Valjean
« avait caché cette somme depuis sa rentrée au bagne de Toulon. »

Le deuxième article, un peu plus détaillé, est extrait du *Journal de Paris*, même date :

« — Un ancien forçat libéré, nommé Jean Valjean, vient de com-
« paraître devant la cour d'assises du Var dans des circonstances
« faites pour appeler l'attention. Ce scélérat était parvenu à tromper
« la vigilance de la police ; il avait changé de nom et avait réussi à
« se faire nommer maire d'une de nos petites villes du Nord. Il avait
« établi dans cette ville un commerce assez considérable. Il a été
« enfin démasqué et arrêté, grâce au zèle infatigable du ministère
« public. Il avait pour concubine une fille publique qui est morte de
« saisissement au moment de son arrestation. Ce misérable, qui est
« doué d'une force herculéenne, avait trouvé moyen de s'évader ;
« mais, trois ou quatre jours après son évasion, la police mit de nou-
« veau la main sur lui, à Paris même, au moment où il montait dans
« une de ces petites voitures qui font le trajet de la capitale au village
« de Montfermeil (Seine-et-Oise). On dit qu'il avait profité de l'inter-
« valle de ces trois ou quatre jours de liberté pour retirer une somme
« considérable placée par lui chez un de nos principaux banquiers.
« On évalue cette somme à six ou sept cent mille francs. A en croire
« l'acte d'accusation, il l'aurait enfouie en un lieu connu de lui seul
« et l'on n'a pas pu la saisir. Quoi qu'il en soit, le nommé Jean Val-
« jean vient d'être traduit aux assises du département du Var comme
« accusé d'un vol de grand chemin commis à main armée, il y a huit
« ans environ, sur la personne d'un de ces honnêtes enfants qui,
« comme l'a dit le patriarche de Ferney en vers immortels,

« ... De Savoie arrivent tous les ans
« Et dont la main légèrement essuie
« Ces longs canaux engorgés par la suie.

« Ce bandit a renoncé à se défendre. Il a été établi, par l'habile et
« éloquent organe du ministère public, que le vol avait été commis
« de complicité et que Jean Valjean faisait partie d'une bande de

« voleurs dans le Midi. En conséquence, Jean Valjean, déclaré cou-
« pable, a été condamné à la peine de mort. Ce criminel avait refusé
« de se pourvoir en cassation. Le roi, dans son inépuisable clémence, a
« daigné commuer sa peine en celle des travaux forcés à perpétuité.
« Jean Valjean a été immédiatement dirigé sur le bagne de Toulon. »

On n'a pas oublié que Jean Valjean avait à M.— sur M.— des habitudes religieuses. Quelques journaux, entre autres le *Constitutionnel*, présentèrent cette commutation comme un triomphe du parti prêtre.

Jean Valjean changea de chiffre au bagne. Il s'appela 9,430.

Du reste, disons-le pour n'y plus revenir, avec M. Madeleine la prospérité de M.— sur M.— disparut; tout ce qu'il avait prévu dans sa nuit de fièvre et d'hésitation se réalisa; lui de moins, ce fut en effet *l'âme de moins*. Après sa chute, il se fit à M.— sur M.— ce partage égoïste des grandes existences tombées, ce fatal dépècement des choses florissantes qui s'accomplit tous les jours obscurément dans la communauté humaine et que l'histoire n'a remarqué qu'une fois, parce qu'il s'est fait après la mort d'Alexandre. Les lieutenants se couronnent rois; les contre-maîtres s'improvisèrent fabricants. Les rivalités envieuses surgirent. Les vastes ateliers de M. Madeleine furent fermés; les bâtiments tombèrent en ruine, les ouvriers se dispersèrent. Les uns quittèrent le pays, les autres quittèrent le métier. Tout se fit désormais en petit, au lieu de se faire en grand; pour le lucre, au lieu de se faire pour le bien. Plus de centre; la concurrence partout et l'acharnement. M. Madeleine dominait tout et dirigeait. Lui tombé, chacun tira à soi; l'esprit de lutte succéda à l'esprit d'organisation, l'âpreté à la cordialité, la haine de l'un contre l'autre à la bienveillance du fondateur pour tous; les fils noués par M. Madeleine se brouillèrent et se rompirent, on falsifia les procédés, on avilit les produits, on tua la confiance; les débouchés diminuèrent, moins de commandes; le salaire baissa, les ateliers chômèrent, la faillite vint. Et puis plus rien pour les pauvres. Tout s'évanouit.

L'état lui-même s'aperçut que quelqu'un avait été écrasé quelque part. Moins de quatre ans après l'arrêt de la cour d'assises constatant au profit du bagne l'identité de M. Madeleine et de Jean Valjean, les frais de perception de l'impôt étaient doublés dans l'arrondissement de M.— sur M.—; et M. de Villèle en faisait l'observation à la tribune au mois de février 1827.

II

OU ON LIRA DEUX VERS QUI SONT PEUT-ÊTRE DU DIABLE

Avant d'aller plus loin, il est à propos de raconter avec quelque détail un fait singulier qui se passa vers la même époque à Montfermeil, et qui n'est peut-être pas sans coïncidence avec certaines conjectures du ministère public.

Il y a dans le pays de Montfermeil une superstition très ancienne, d'autant plus curieuse et d'autant plus précieuse qu'une superstition populaire dans le voisinage de Paris est comme un aloès en Sibérie. Nous sommes de ceux qui respectent tout ce qui est à l'état de plante rare. Voici donc la superstition de Montfermeil : on croit que le diable a, de temps immémorial, choisi la forêt pour y cacher ses trésors. Les bonnes femmes affirment qu'il n'est pas rare de rencontrer, à la chute du jour, dans les endroits écartés du bois, un homme noir, ayant la mine d'un charretier ou d'un bûcheron, chaussé de sabots, vêtu d'un pantalon et d'un sarrau de toile, et reconnaissable en ce que, au lieu de bonnet ou de chapeau, il a deux immenses cornes sur la tête. Ceci doit le rendre reconnaissable en effet. Cet homme est habituellement occupé à creuser un trou. Il y a trois manières de tirer parti de cette rencontre. La première, c'est d'aborder l'homme et de lui parler. Alors on s'aperçoit que cet homme est tout bonnement un paysan, qu'il paraît noir parce qu'on est au crépuscule, qu'il ne creuse pas le moindre trou, mais qu'il coupe de l'herbe pour ses vaches, et que ce qu'on avait pris pour des cornes n'est autre chose qu'une fourche à fumier qu'il porte sur son dos et dont les dents, grâce à la perspective du soir, semblaient lui sortir de la tête. On rentre chez soi, et l'on meurt dans la semaine. La seconde manière, c'est de l'observer, d'attendre qu'il ait creusé son trou, qu'il l'ait refermé et qu'il s'en soit allé; puis de courir bien vite à la fosse, de la rouvrir et d'y prendre le « trésor » que l'homme noir y a nécessairement déposé. En ce cas, on meurt dans le mois. Enfin la troisième manière, c'est de ne point parler à l'homme noir, de ne point le regarder et de s'enfuir à toutes jambes. On meurt dans l'année.

Comme les trois manières ont leurs inconvénients, la seconde, qui offre du moins quelques avantages, entre autres celui de posséder un trésor, ne fût-ce qu'un mois, est la plus généralement adoptée. Les hommes hardis que toutes les chances tentent ont donc, assez souvent, à ce qu'on assure, rouvert les trous creusés par l'homme noir et essayé de voler le diable. Il paraît que l'opération est médiocre. Du moins, s'il faut en croire la tradition et en particulier les deux vers énigmatiques en latin barbare qu'a laissés sur ce sujet un mauvais moine normand, un peu sorcier, appelé Tryphon. Ce Tryphon est enterré à l'abbaye Saint-Georges de Bocherville, près Rouen, et il naît des crapauds sur sa tombe.

On fait donc des efforts énormes, ces fosses-là sont ordinairement très-creuses, on sue, on fouille, on travaille toute une nuit, car c'est la nuit que cela se fait; on mouille sa chemise, on brûle sa chandelle, on ébrèche sa pioche, et, lorsqu'on est arrivé enfin au fond du trou, lorsqu'on met la main sur le « trésor, » que trouve-t-on ? qu'est-ce que c'est que le trésor du diable? Un sou, parfois un écu, une pierre, un squelette, un cadavre saignant, quelquefois un spectre plié en quatre comme une feuille de papier dans un portefeuille, quelquefois rien. C'est ce que semblent annoncer aux curieux indiscrets les vers de Tryphon :

> Fodit, et in fossa thesauros condit opaca,
> As, nummos, lapides, cadaver, simulacra, nihilque.

Il paraît que de nos jours on y trouve aussi, tantôt une poire à poudre avec des balles, tantôt un vieux jeu de cartes gras et roussi qui a évidemment servi au diable. Tryphon n'enregistre point ces deux trouvailles, attendu que Tryphon vivait au douzième siècle, et qu'il ne semble point que le diable ait eu l'esprit d'inventer la poudre avant Roger Bacon et les cartes avant Charles VI.

Du reste, si l'on joue avec ces cartes, on est sûr de perdre tout ce qu'on possède; et, quant à la poudre qui est dans la poire, elle a la propriété de vous faire éclater votre fusil à la figure.

Or, fort peu de temps après l'époque où il sembla au ministère public que le forçat libéré Jean Valjean, pendant son évasion de quelques jours, avait rôdé autour de Montfermeil, on remarqua dans ce même village qu'un certain vieux cantonnier appelé Boulatruelle avait « des allures » dans le bois. On croyait savoir dans le pays que ce Boulatruelle avait été au bagne; il était soumis à de certaines surveillances de police, et, comme il ne trouvait d'ouvrage nulle part, l'administration l'employait au rabais comme cantonnier sur le chemin de traverse de Gagny à Lagny.

Ce Boulatruelle était un homme vu de travers par les gens de l'endroit, trop respectueux, trop humble, prompt à ôter son bonnet à tout le monde, tremblant et souriant devant les gendarmes, probablement affilié à des bandes, disait-on, suspect d'embuscade au coin des taillis à la nuit tombante. Il n'avait que cela pour lui qu'il était ivrogne.

Voici ce qu'on croyait avoir remarqué :

Depuis quelque temps, Boulatruelle quittait de fort bonne heure sa besogne d'empierrement et d'entretien de la route et s'en allait dans la forêt avec sa pioche. On le rencontrait vers le soir dans les clairières les plus désertes, dans les fourrés les plus sauvages, ayant l'air de chercher quelque chose, quelquefois creusant des trous. Les bonnes femmes qui passaient le prenaient d'abord pour Belzébuth, puis elles reconnaissaient Boulatruelle, et n'étaient guère plus rassurées. Ces rencontres paraissaient contrarier vivement Boulatruelle. Il était visible qu'il cherchait à se cacher, et qu'il y avait un mystère dans ce qu'il faisait.

On disait dans le village : — C'est clair que le diable a fait quelque apparition. Boulatruelle l'a vu, et cherche. Au fait, il est fichu pour empoigner le magot de Lucifer. — Les voltairiens ajoutaient : Sera-ce Boulatruelle qui attrapera le diable, ou le diable qui attrapera Boulatruelle? — Les vieilles femmes faisaient beaucoup de signes de croix.

Cependant les manéges de Boulatruelle dans le bois cessèrent, et il reprit régulièrement son travail de cantonnier. On parla d'autre chose.

Quelques personnes, toutefois, étaient restées curieuses, pensant qu'il y avait probablement dans ceci, non point les fabuleux trésors de la légende, mais quelque bonne aubaine plus sérieuse et plus palpable que les billets de banque du diable, et dont le cantonnier avait sans doute surpris à moitié le secret. Les plus « intrigués » étaient le maître d'école et le gargotier Thénardier, lequel était l'ami de tout le monde et n'avait point dédaigné de se lier avec Boulatruelle.

— Il a été aux galères, disait Thénardier. Eh! mon Dieu! on ne sait ni qui y est, ni qui y sera.

Un soir le maître d'école affirmait qu'autrefois la justice se serait enquis de ce que Boulatruelle allait faire dans le bois, et qu'il aurait bien fallu qu'il parlât, et qu'on l'aurait mis à la torture au besoin, et que Boulatruelle n'aurait point résisté, par exemple, à la question de l'eau. — Donnons-lui la question du vin, dit Thénardier.

On se mit à quatre et l'on fit boire le vieux cantonnier. Boulatruelle but énormément et parla peu. Il combina, avec un art admirable et dans une proportion magistrale, la soif d'un goinfre avec la discrétion d'un juge. Cependant, à force de revenir à la charge et de rapprocher et de presser les quelques paroles obscures qui lui échappèrent, voici ce que Thénardier et le maître d'école crurent comprendre :

Boulatruelle, un matin, en se rendant au point du jour à son ouvrage, aurait été surpris de voir, dans un coin du bois, sous une broussaille, une pelle et une pioche, *comme qui dirait cachées*. Cependant, il aurait pensé que c'était probablement la pelle et la pioche du père Six-Fours, le porteur d'eau, et il n'y aurait plus songé. Mais le soir même du jour, il aurait vu, sans pouvoir être vu lui-même, étant masqué par un gros arbre, se diriger de la route vers le plus épais du bois « un particulier qui n'était pas du tout du pays, et que lui, Boulatruelle, connaissait très-bien. » Traduction par Thénardier : *Un camarade du bagne*. Boulatruelle s'était obstinément refusé à dire le nom. Ce particulier portait un paquet, quelque chose de carré, comme une grande boîte ou un petit coffre. Surprise de Boulatruelle. Ce ne serait pourtant qu'au bout de sept ou huit minutes que l'idée de suivre « le particulier » lui serait venue. Mais il était trop tard, le particulier était déjà dans le fourré, la nuit s'était faite, et Boulatruelle n'avait pu le rejoindre. Alors il avait pris le parti d'observer la lisière du bois. « Il faisait lune. » Deux ou trois heures après, Boulatruelle avait vu ressortir du taillis son particulier portant maintenant, non plus le petit coffre-malle, mais une pioche et une pelle. Boulatruelle avait laissé passer le particulier et n'avait pas eu l'idée de l'aborder, parce qu'il s'était dit que l'autre était trois fois plus fort que lui, et armé d'une pioche, et l'assommerait probablement en le reconnaissant et en se voyant reconnu. Touchante effusion de deux vieux camarades qui se retrouvent. Mais la pelle et la pioche avaient été un trait de lumière pour Boulatruelle; il avait couru à la broussaille du matin, et n'y avait plus trouvé ni pelle ni pioche. Il en avait conclu que son particulier, entré dans le bois, y avait creusé un

trou avec la pioche, avait enfoui le coffre, et avait refermé le trou avec la pelle. Or, le coffre était trop petit pour contenir un cadavre, donc il contenait de l'argent. De là ses recherches. Boulatruelle avait exploré, sondé et fureté toute la forêt, et fouillé partout où la terre lui avait paru fraîchement remué. En vain.

Il n'avait rien « déniché. » Personne n'y pensa plus dans Montfermeil. Il y eut seulement quelques braves commères qui dirent : Tenez pour certain que le cantonnier de Gagny n'a pas fait tout ce triquemaque pour rien ; il est sûr que le diable est venu.

III

QU'IL FALLAIT QUE LA CHAINE DE LA MANILLE EUT SUBI UN CERTAIN TRAVAIL PRÉPARATOIRE POUR ÊTRE AINSI BRISÉE D'UN COUP DE MARTEAU.

Vers la fin d'octobre de cette même année 1823, les habitants de Toulon virent rentrer dans leur port, à la suite d'un gros temps et pour réparer quelques avaries, le vaisseau l'*Orion*, qui a été plus tard employé à Brest comme vaisseau-école et qui faisait alors partie de l'escadre de la Méditerranée.

Ce bâtiment, tout éclopé qu'il était, car la mer l'avait malmené, fit de l'effet en entrant dans la rade. Il portait je ne sais plus quel pavillon qui lui valut un salut réglementaire de onze coups de canon, rendus par lui coup pour coup; total : vingt-deux. On a calculé qu'en salves, politesses royales et militaires, échanges de tapages courtois, signaux d'étiquette, formalités de rades et de citadelles, levers et couchers de soleil salués tous les jours par toutes les forteresses et tous les navires de guerre, ouvertures et fermeture des portes, etc., etc., le monde civilisé tirait à poudre par toute la terre, toutes les vingt-quatre heures, cent cinquante mille coups de canon inutiles. A six francs le coup de canon, cela fait neuf cent mille francs par jour, trois cents millions par an, qui s'en vont en fumée. Ceci n'est qu'un détail. Pendant ce temps-là, les pauvres meurent de faim.

L'année 1823 était ce que la restauration a appelé « l'époque de la guerre d'Espagne. »

Cette guerre contenait beaucoup d'événements dans un seul, et force singularités. Une grosse affaire de famille pour la maison de Bourbon; la branche de France secourant et protégeant la branche de Madrid, c'est-à-dire faisant acte d'aînesse; un retour apparent à nos traditions nationales compliqué de servitude et de sujétion aux cabinets du Nord; M. le duc d'Angoulême, surnommé par les feuilles libérales *le héros d'Andujar*, comprimant, dans une attitude triomphale un peu contrariée par son air paisible, le vieux terrorisme fort réel du saint-office aux prises avec le terrorisme chimérique des libéraux; les sans-culottes ressuscités au grand effroi des douairières sous le nom de *descamisados*; le monarchisme faisant obstacle au progrès qualifié anarchie; les théories de 89 brusquement interrompues dans la sape; un holà européen intimé à l'idée française faisant son tour du monde; à côté du fils de France généralissime, le prince de Carignan, depuis Charles-Albert, s'enrôlant dans cette croisade des rois contre les peuples comme volontaire avec des épaulettes de grenadier en laine rouge; les soldats de l'empire se remettant en campagne, mais après huit années de repos, vieillis, tristes, et sous la cocarde blanche; le drapeau tricolore agité à l'étranger par une héroïque poignée de Français comme le drapeau blanc l'avait été à Coblentz trente ans auparavant; les moines mêlés à nos troupiers; l'esprit de liberté et de nouveauté mis à la raison par les bayonnettes; les principes matés à coups de canon; la France défaisant par ses armes ce qu'elle avait fait par son esprit; du reste, les chefs ennemis vendus, les soldats hésitant, les villes assiégées par des millions; point de périls militaires et pourtant des explosions possibles, comme dans toute mine surprise et envahie; peu de sang versé, peu d'honneur conquis, de la honte pour quelques-uns, de la gloire pour personne; telle fut cette guerre, faite par des princes qui descendaient de Louis XIV et conduite par des généraux qui sortaient de Napoléon. Elle eut ce triste sort de ne rappeler ni la grande guerre ni la grande politique.

Quelques faits d'armes furent sérieux; la prise du Trocadero, entre autres, fut une belle action militaire; mais en somme, nous le répétons, les trompettes de cette guerre rendent un son fêlé, l'ensemble fut suspect, l'histoire approuve la France dans sa difficulté d'acceptation de ce faux triomphe. Il parut évident que certains officiers espagnols chargés de la résistance cédaient trop aisément, l'idée de corruption se dégagea de la victoire; il sembla qu'on avait plutôt gagné les généraux que les batailles, et le soldat vainqueur rentra humilié. Guerre diminuante en effet où l'on put lire *Banque de France* dans les plis du drapeau.

Des soldats de la guerre de 1808, sur lesquels s'étaient formidablement écroulée Saragosse, fronçaient le sourcil en 1823 devant l'ouverture facile des citadelles et se prenaient à regretter Palafox. C'est l'humeur de la France d'aimer encore mieux avoir devant elle Rostopchine que Ballesteros.

A un point de vue plus grave encore, et sur lequel il convient d'insister aussi, cette guerre, qui froissait en France l'esprit militaire, indignait l'esprit démocratique. C'était une entreprise d'asservissement. Dans cette campagne, le but du soldat français, fils de la démocratie, était la conquête d'un joug pour autrui. Contre-sens hideux. La France est faite pour réveiller l'âme des peuples, non pour l'étouffer. Depuis 1792, toutes les révolutions de l'Europe sont la révolution française; la liberté rayonne de France. C'est là un fait solaire. Aveugle qui ne le voit pas! C'est Bonaparte qui l'a dit.

La guerre de 1823, attentat à la généreuse nation espagnole, était donc en même temps un attentat à la révolution française. Cette voie de fait monstrueuse, c'était la France qui la commettait; de force; car, en dehors des guerres libératrices, tout ce que font les armées, elles le font de force. Le mot *obéissance passive* l'indique. Une armée est un étrange chef-d'œuvre de combinaison où la force résulte d'une somme énorme d'impuissance. Ainsi s'explique la guerre, faite par l'humanité contre l'humanité malgré l'humanité.

Quant aux Bourbons, la guerre de 1823 leur fut fatale. Ils la prirent pour un succès. Ils ne virent point quel danger il y a à faire tuer une idée par une consigne. Ils se méprirent dans leur naïveté au point d'introduire dans leur établissement comme élément de force l'immense affaiblissement d'un crime. L'esprit de guet-apens entra dans leur politique. 1830 germa dans 1823. La campagne d'Espagne devint dans leurs conseils un argument pour les coups de force et pour les aventures de droit divin. La France, ayant rétabli *el rey netto* en Espagne, pouvait bien rétablir le roi absolu chez elle. Ils tombèrent dans cette redoutable erreur de prendre l'obéissance du soldat pour le consentement de la nation. Cette confiance-là perd les trônes. Il ne faut s'endormir, ni à l'ombre d'un mancenillier, ni à l'ombre d'une armée.

Revenons au navire l'*Orion*.

Pendant les opérations de l'armée commandée par le prince-généralissime, une escadre croisait dans la Méditerranée. Nous venons de dire que l'*Orion* était de cette escadre et qu'il fut ramené par des événements de mer dans le port de Toulon.

La présence d'un vaisseau de guerre dans un port a je ne sais quoi qui appelle et qui occupe la foule. C'est que cela est grand, et que la foule aime ce qui est grand.

Un vaisseau de ligne est une des plus magnifiques rencontres qu'ait le génie de l'homme avec la puissance de la nature.

Un vaisseau de ligne est composé à la fois de ce qu'il y a de plus lourd et de ce qu'il y a de plus léger, parce qu'il a affaire en même temps aux trois formes de la substance, au solide, au liquide, au fluide, et qu'il doit lutter contre tous les trois. Il a onze griffes de fer pour saisir le granit au fond de la mer, et plus d'ailes et plus d'antennes que la bigaille pour prendre le vent dans les nuées. Son haleine sort par ses cent-vingt canons comme par des clairons énormes, et répond fièrement à la foudre. L'océan cherche à l'égarer dans l'effrayante similitude de ses vagues, mais le vaisseau a son âme, sa boussole, qui le conseille et lui montre toujours le nord. Dans les nuits noires, ses fanaux suppléent aux étoiles. Ainsi contre le vent il a la corde et la toile, contre l'eau le bois, contre le rocher le fer, le cuivre et le plomb, contre l'ombre la lumière, contre l'immensité une aiguille.

Si l'on veut se faire une idée de toutes ces proportions gigantesques dont l'ensemble constitue le vaisseau de ligne, on n'a qu'à entrer sous une des cales couvertes, à six étages, des ports de Brest ou de Toulon. Les vaisseaux en construction sont là sous cloche, pour ainsi dire. Cette poutre colossale, c'est une vergue; cette grosse colonne de bois couchée à terre à perte de vue, c'est le grand mât. A le prendre de sa racine dans la cale à sa cime dans la nuée, il est long de soixante toises, et il a trois pieds de diamètre à sa base. Le grand mât anglais s'élève à deux cent dix-sept pieds au-dessus de la ligne de flottaison. La marine de nos pères employait des câbles, la nôtre emploie des chaînes. Le simple tas de chaînes d'un vaisseau de cent canons a quatre pieds de haut, vingt pieds de large, huit pieds de profondeur. Et pour faire ce vaisseau, combien faut-il de bois? Trois mille stères. C'est une forêt qui flotte.

Et encore, qu'on le remarque bien, il ne s'agit ici que du bâtiment militaire d'il y a quarante ans, du simple navire à voiles; la vapeur, alors dans l'enfance, a depuis ajouté de nouveaux miracles à ce prodige qu'on appelle le vaisseau de guerre. A l'heure qu'il est, par exemple, le navire mixte à hélice est une machine surprenante traînée par une voilure de trois mille mètres carrés de surface et par une chaudière de la force de deux mille cinq cents chevaux.

Sans parler de ces merveilles nouvelles, l'ancien navire de Christophe Colomb et de Ruyter est un des grands chefs-d'œuvre de l'homme. Il est inépuisable en force comme l'infini en souffles, il emmagasine le vent dans sa voile, il est précis dans l'immense diffusion des vagues, il flotte et il règne.

Il vient une heure pourtant où la rafale brise comme une paille cette vergue de soixante pieds de long, où le vent ploie comme un jonc ce mât de quatre cents pieds de haut, où cette ancre qui pèse dix milliers se tord dans la gueule de la vague comme l'hameçon d'un pêcheur dans la mâchoire d'un brochet, où ces canons monstrueux poussent des rugissements plaintifs et inutiles que l'ouragan emporte dans le vide et dans la nuit, où toute cette puissance et toute cette majesté s'abîment dans une puissance et dans une majesté supérieures.

Toutes les fois qu'une force immense se déploie pour aboutir à une immense faiblesse, cela fait rêver les hommes. De là, dans les ports, les curieux qui abondent, sans qu'ils s'expliquent eux-mêmes parfaitement pourquoi, autour de ces merveilleuses machines de guerre et de navigation.

Tous les jours donc, du matin au soir, les quais, les musoirs et les jetées du port de Toulon étaient couverts d'une quantité d'oisifs et de badauds, comme on dit à Paris, ayant pour affaire de regarder l'*Orion*.

L'*Orion* était un navire malade depuis longtemps. Dans ses navigations antérieures, des couches épaisses de coquillages s'étaient amoncelées sur sa carène au point de lui faire perdre la moitié de sa marche; on l'avait mis à sec l'année précédente pour gratter ces coquillages, puis il avait repris la mer. Mais ce grattage avait altéré les boulonnages de la carène. A la hauteur des Baléares, le bordé s'était fatigué et ouvert, et, comme le vaigrage ne se faisait pas alors en tôle, le navire avait fait de l'eau. Un violent coup d'équinoxe était survenu, qui avait défoncé à bâbord la poulaine et un sabord et endommagé le porte-haubans de misaine. A la suite de ces avaries, l'*Orion* avait regagné Toulon.

Il était mouillé près de l'Arsenal. Il était en armement et on le réparait. La coque n'avait pas été endommagée à tribord, mais quelques bordages étaient décloués çà et là, selon l'usage, pour laisser pénétrer de l'air dans la carcasse.

Un matin, la foule qui le contemplait fut témoin d'un accident.

L'équipage était occupé à enverguer les voiles. Le gabier chargé de prendre l'empointure du grand hunier tribord perdit l'équilibre. On le vit chanceler, la multitude amassée sur le quai de l'Arsenal jeta un cri, la tête emporta le corps, l'homme tourna autour de la vergue, les mains étendues vers l'abîme; il saisit, au passage, le faux marchepied d'une main d'abord, puis de l'autre, et il y resta suspendu. La mer était au-dessous de lui à une profondeur vertigineuse. La secousse de sa chute avait imprimé au faux marchepied un violent mouvement d'escarpolette. L'homme allait et venait au bout de cette corde comme la pierre d'une fronde.

Aller à son secours, c'était courir un risque effrayant. Aucun des matelots, tous pêcheurs de la côte nouvellement levés pour le service, n'osait s'y aventurer. Cependant le malheureux gabier se fatiguait; on ne pouvait voir son angoisse sur son visage, mais on distinguait dans tous ses membres son épuisement. Ses bras se tordaient dans un tiraillement horrible. Chaque effort qu'il faisait pour remonter ne servait qu'à augmenter les oscillations du faux marchepied. Il ne criait pas de peur de perdre de la force. On n'attendait plus que la minute où il lâcherait la corde, et par instants toutes les têtes se détournaient afin de ne pas le voir passer. Il y a des moments où un bout de corde, une perche, une branche d'arbre, c'est la vie même, et c'est une chose affreuse de voir un être vivant s'en détacher et tomber comme un fruit mûr.

Tout à coup, on aperçut un homme qui grimpait dans le gréement avec l'agilité d'un chat-tigre. Cet homme était vêtu de rouge, c'était un forçat; il avait un bonnet vert, c'était un forçat à vie. Arrivé à la hauteur de la hune, un coup de vent emporta son bonnet et laissa voir une tête toute blanche; ce n'était pas un jeune homme.

Un forçat, en effet, employé à bord avec une corvée du bagne, avait dès le premier moment couru à l'officier de quart, et, au milieu du trouble et de l'hésitation de l'équipage, pendant que tous les matelots tremblaient et reculaient, il avait demandé à l'officier la permission de risquer sa vie pour sauver le gabier. Sur un signe affirmatif de l'officier, il avait rompu d'un coup de marteau la chaîne rivée à la manille de son pied, puis il avait pris une corde, et il s'était élancé dans les haubans. Personne ne remarqua en cet instant-là avec quelle facilité cette chaîne fut brisée. Ce ne fut que plus tard qu'on s'en souvint.

En un clin d'œil il fut sur la vergue. Il s'arrêta quelques secondes et parut la mesurer du regard. Ces secondes, pendant lesquelles le vent balançait le gabier à l'extrémité d'un fil, semblèrent des siècles à ceux qui regardaient. Enfin le forçat leva les yeux au ciel et fit un pas en avant. La foule respira. On le vit parcourir la vergue en courant. Parvenu à la pointe, il y attacha un bout de la corde qu'il avait apportée et laissa pendre l'autre bout, puis il se mit à descendre avec les mains le long de cette corde, et alors, ce fut une inexprimable angoisse, au lieu d'un homme suspendu sur le gouffre, on en vit deux.

On eût dit une araignée venant saisir une mouche ; seulement ici l'araignée apportait la vie et non la mort. Dix mille regards étaient fixés sur ce groupe. Pas un cri, pas une parole, le même frémissement fronçait tous les sourcils. Toutes les bouches retenaient leur haleine, comme si elles eussent craint d'ajouter le moindre souffle au vent qui secouait les deux misérables.

Cependant le forçat était parvenu à s'affaler près du matelot. Il était temps ; une minute de plus, l'homme, épuisé et désespéré, se laissait tomber dans l'abîme ; le forçat l'avait amarré solidement avec la corde à laquelle il se tenait d'une main pendant qu'il travaillait de l'autre. Enfin on le vit remonter sur la vergue et y haler le matelot ; il le soutint là un instant pour lui laisser reprendre ses forces, puis il le saisit dans ses bras et le porta en marchant sur la vergue jusqu'au chouquet, et de là dans la hune où il le laissa dans les mains de ses camarades.

A cet instant la foule applaudit ; il y eut de vieux argousins de chiourme qui pleurèrent, les femmes s'embrassaient sur le quai, et l'on entendit toutes les voix crier avec une sorte de fureur attendrie : la grâce de cet homme!

Lui, cependant, s'était mis en devoir de redescendre immédiatement pour rejoindre sa corvée. Pour être plus promptement arrivé, il se laissa glisser dans le gréement et se mit à courir sur une basse vergue. Tous les yeux le suivaient. A un certain moment, on eut peur ; soit qu'il fût fatigué, soit que la tête lui tournât, on crut le voir hésiter et chanceler. Tout à coup la foule poussa un grand cri, le forçat venait de tomber à la mer.

La chute était périlleuse. La frégate l'*Algésiras* était mouillée auprès de l'*Orion*, et le pauvre galérien était tombé entre les deux navires. Il était à craindre qu'il ne glissât sous l'un ou sous l'autre. Quatre hommes se jetèrent en hâte dans une embarcation. La foule les encourageait, l'anxiété était de nouveau dans toutes les âmes. L'homme n'était pas remonté à la surface. Il avait disparu dans la mer sans y faire un pli, comme s'il fût tombé dans une tonne d'huile. On sonda, on plongea. Ce fut en vain. On chercha jusqu'au soir; on ne retrouva pas même le corps.

Le lendemain, le journal de Toulon imprimait ces quelques lignes :

— « 17 novembre 1823. Hier, un forçat, de corvée à bord
« de l'*Orion*, en revenant de porter secours à un matelot, est tombé
« à la mer et s'est noyé. On n'a pu retrouver son cadavre. On pré-
« sume qu'il se sera engagé sous les pilotis de la pointe de l'Arsenal.
« Cet homme était écroué sous le n° 9430 et se nommait Jean Valjean. »

ACCOMPLISSEMENT DE LA PROMESSE FAITE A LA MORTE

LIVRE TROISIÈME

ACCOMPLISSEMENT DE LA PROMESSE FAITE A LA MORTE

I

LA QUESTION DE L'EAU A MONTFERMEIL

Montfermeil est situé entre Livry et Chelles, sur la lisière méridionale de ce haut plateau qui sépare l'Ourcq de la Marne. Aujourd'hui c'est un assez gros bourg orné, toute l'année, de villas en plâtre, et, le dimanche, de bourgeois épanouis. En 1823, il n'y avait à Montfermeil ni tant de maisons blanches ni tant de bourgeois satisfaits ; ce n'était qu'un village dans les bois. On y rencontrait bien çà et là quelques maisons de plaisance du dernier siècle, reconnaissables à leur grand air, à leurs balcons en fer tordu et à ces longues fenêtres dont les petits carreaux font sur le blanc des volets fermés toutes sortes de verts différents. Mais Montfermeil n'en était pas moins un village. Les marchands de drap retirés et les agréés en villégiature ne l'avaient pas encore découvert. C'était un endroit paisible et charmant, qui n'était sur la route de rien; on y vivait à bon marché de cette vie paysanne si abondante et si facile. Seulement l'eau y était rare à cause de l'élévation du plateau.

Il fallait aller la chercher assez loin. Le bout du village qui est du côté de Gagny puisait son eau aux magnifiques étangs qu'il y a là dans les bois ; l'autre bout, qui entoure l'église et qui est du côté de Chelles, ne trouvait d'eau potable qu'à une petite source à mi-côte, près de la route de Chelles, à environ un quart d'heure de Montfermeil.

C'était donc une assez rude besogne pour chaque ménage que cet approvisionnement de l'eau. Les grosses maisons, l'aristocratie, la gargote Thénardier en faisait partie, payaient un liard par seau d'eau à un bonhomme dont c'était l'état et qui gagnait à cette entreprise des eaux de Montfermeil environ huit sous par jour ; mais ce bonhomme ne travaillait que jusqu'à sept heures du soir l'été et jusqu'à cinq heures l'hiver, et une fois la nuit venue, une fois les volets des rez-de-chaussée clos, qui n'avait pas d'eau à boire en allait chercher ou s'en passait.

C'était là la terreur de ce pauvre être que le lecteur n'a peut-être pas oublié, de la petite Cosette. On se souvient que Cosette était utile aux Thénardier de deux manières, ils se faisaient payer par la mère et ils se faisaient servir par l'enfant. Aussi quand la mère cessa tout à fait de payer, on vient de lire pourquoi dans les chapitres précédents, les Thénardier gardèrent Cosette. Elle leur remplaçait une servante. En cette qualité, c'était elle qui courait chercher de l'eau quand il en fallait. Aussi l'enfant, fort épouvantée de l'idée d'aller à la source la nuit, avait-elle grand soin que l'eau ne manquât jamais à la maison.

La Noël de l'année 1823 fut particulièrement brillante à Montfermeil. Le commencement de l'hiver avait été doux, il n'avait encore ni gelé ni neigé. Des bateleurs venus de Paris avaient obtenu de M. le maire la permission de dresser leurs baraques dans la grande rue du village, et une bande de marchands ambulants avait, sous la même tolérance, construit ses échoppes sur la place de l'Église et jusque dans la ruelle du Boulanger, où était située, on s'en souvient peut-être, la gargote des Thénardier. Cela emplissait les auberges et les cabarets, et donnait à ce petit pays tranquille une vie bruyante et joyeuse. Nous devons même dire, pour être fidèle historien, que, parmi les curiosités étalées sur la place, il y avait une ménagerie dans laquelle d'affreux paillasses, vêtus de loques et venus on ne sait d'où, montraient en 1823 aux paysans de Montfermeil un de ces effrayants vautours du Brésil que notre Muséum royal ne possède que depuis 1845, et qui ont pour œil une cocarde tricolore. Les naturalistes appellent, je crois, cet oiseau Caracara Polyborus ; il est de l'ordre des apicides et de la famille des vautouriens. Quelques bons vieux soldats bonapartistes retirés dans le village allaient voir cette bête avec dévotion. Les bateleurs donnaient la cocarde tricolore comme un phénomène unique et fait exprès par le bon Dieu pour leur ménagerie.

Dans la soirée même de Noël, plusieurs hommes, rouliers et colporteurs, étaient attablés et buvaient autour de quatre ou cinq chandelles dans la salle basse de l'auberge Thénardier. Cette salle ressemblait à toutes les salles de cabaret ; des tables, des brocs d'étain, des bouteilles, des buveurs, des fumeurs ; peu de lumière, beaucoup de bruit. La date de l'année 1823 était pourtant indiquée par les deux objets à la mode alors dans la classe bourgeoise qui étaient sur une table, savoir un kaléidoscope et une lampe de fer-blanc moiré. La Thénardier surveillait le souper qui rôtissait devant un bon feu clair ; le mari Thénardier buvait avec ses hôtes et parlait politique.

Outre les causeries politiques, qui avaient pour objets principaux la guerre d'Espagne et M. le duc d'Angoulême, on entendait, dans le brouhaha, des parenthèses toutes locales, comme celles-ci :

— Du côté de Nanterre et de Suresnes le vin a beaucoup donné. Où l'on comptait sur dix pièces on en a eu douze. Cela a beaucoup juté sous le pressoir. — Mais le raisin ne devait pas être mûr ? — Dans ces pays-là il ne faut pas qu'on vendange mûr ; le vin tourne au gras sitôt le printemps. — C'est donc tout petit vin ? — C'est des vins encore plus petits que par ici. Il faut qu'on vendange vert.

Etc. —

Ou bien, c'était un meunier qui s'écriait :

— Est-ce que nous sommes responsables de ce qu'il y a dans les sacs ? Nous y trouvons un tas de petites graines que nous ne pouvons pas nous amuser à éplucher et qu'il faut bien laisser passer sous les meules ; c'est l'ivraie, c'est la luzette, la nielle, la vesce, la gavérolle, le chènevis, la queue-de-renard, et une foule d'autres drogues, sans compter les cailloux qui abondent dans de certains blés, surtout dans les blés bretons. Je n'ai pas l'amour de moudre du blé breton, pas plus que les scieurs de long de scier des poutres où il y a des clous. Jugez de la mauvaise poussière que tout cela fait dans le rendement. Après quoi on se plaint de la farine. On a tort. La farine n'est pas notre faute.

Dans un entre-deux de fenêtres, un faucheur, attablé avec un propriétaire qui faisait prix pour un travail de prairie à faire au printemps, disait :

— Il n'y a point de mal que l'herbe soit mouillée. Elle se coupe mieux. La rousée est bonne, monsieur. C'est égal, cette herbe-là, votre herbe, est jeune et bien difficile encore. Que voilà qui est si tendre ! que voilà qui plie devant la planche de fer !

Etc. —

Cosette était à sa place ordinaire, assise sur la traverse de la table de cuisine près de la cheminée ; elle était en haillons ; elle avait ses pieds nus dans des sabots, et elle tricotait, à la lueur du feu, des bas de laine destinés aux petites Thénardier. Un tout jeune chat jouait sous les chaises. On entendait rire et jaser dans une pièce voisine deux fraîches voix d'enfants ; c'étaient Éponine et Azelma.

Au coin de la cheminée, un martinet était suspendu à un clou.

Par intervalles, le cri d'un très jeune enfant, qui était quelque part dans la maison, perçait au milieu du bruit du cabaret. C'était un petit garçon que la Thénardier avait eu un des hivers précédents, — « sans savoir pourquoi, disait-elle, effet du froid, » — et qui était âgé d'un peu plus de trois ans. La mère l'avait nourri, mais ne l'aimait pas. Quand la clameur acharnée du mioche devenait trop importune :

— Ton fils piaille, disait Thénardier, va donc voir ce qu'il veut. —
Bah ! répondait la mère, il m'ennuie. — Et le petit abandonné continuait de crier dans les ténèbres.

II

DEUX PORTRAITS COMPLÉTÉS

On n'a encore aperçu dans ce livre les Thénardier que de profil ; le moment est venu de tourner autour de ce couple et de le regarder sous toutes ses faces.

Thénardier venait de dépasser ses cinquante ans; madame Thénardier touchait à la quarantaine, qui est la cinquantaine de la femme; de façon qu'il y avait équilibre d'âge entre la femme et le mari.

Les lecteurs ont peut-être, dès sa première apparition, conservé quelque souvenir de cette Thénardier, grande, blonde, rouge, grasse, charnue, carrée, énorme et agile; elle tenait, nous l'avons dit, de la race de ces sauvagesses colosses qui se cambrent dans les foires avec des pavés pendus à leur chevelure. Elle faisait tout dans le logis, les lits, les chambres, la lessive, la cuisine, la pluie, le beau temps, le diable. Elle avait pour tout domestique Cosette; une souris au service d'un éléphant. Tout tremblait au son de sa voix, les vitres, les meubles et les gens. Son large visage, criblé de taches de rousseur, avait l'aspect d'une écumoire. Elle avait de la barbe. C'était l'idéal d'un fort de la halle habillé en fille. Elle jurait splendidement; elle se vantait de casser une noix d'un coup de poing. Sans les romans qu'elle avait lus, et qui, par moments, faisaient bizarrement reparaître la mijaurée sous l'ogresse, jamais l'idée ne fût venue à personne de dire d'elle : c'est une femme. Cette Thénardier était comme le produit de la greffe d'une donzelle sur une poissarde. Quand on l'entendait parler, on disait : c'est un gendarme; quand on la regardait boire, on disait : c'est un charretier; quand on la voyait manier Cosette, on disait : c'est le bourreau. Au repos, il lui sortait de la bouche une dent.

Le Thénardier était un homme petit, maigre, blême, anguleux, osseux, chétif, qui avait l'air malade et qui se portait à merveille; sa fourberie commençait là. Il souriait habituellement par précaution, et était poli à peu près avec tout le monde, même avec le mendiant auquel il refusait un liard. Il avait le regard d'une fouine et la mine d'un homme de lettres. Il ressemblait beaucoup aux portraits de l'abbé Delille. Sa coquetterie consistait à boire avec les rouliers. Personne n'avait jamais pu le griser. Il fumait dans une grosse pipe. Il portait une blouse et sous sa blouse un vieil habit noir. Il avait des prétentions à la littérature et au matérialisme. Il y avait des noms qu'il prononçait souvent, pour appuyer les choses quelconques qu'il disait, Voltaire, Raynal, Parny et, chose bizarre, saint Augustin. Il affirmait avoir « un système ». Du reste, fort escroc. Un filousophe. Cette nuance existe. On se souvient qu'il prétendait avoir servi; il contait avec quelque luxe qu'à Waterloo, étant sergent dans un 6º ou 9º léger quelconque, il avait, seul contre un escadron de hussards de la mort, couvert de son corps et sauvé à travers la mitraille « un général dangereusement blessé ». De là venait, pour son mur, sa flamboyante enseigne, et, pour son auberge, dans le pays, le nom de « cabaret du sergent de Waterloo ». Il était libéral, classique et bonapartiste. Il avait souscrit pour le champ d'Asile. On disait dans le village qu'il avait étudié pour être prêtre.

Nous croyons qu'il avait simplement étudié en Hollande pour être aubergiste. Ce gredin de l'ordre composite était, selon les probabilités, quelque flamand de Lille en Flandre, français à Paris, belge à Bruxelles, commodément à cheval sur deux frontières. Sa prouesse à Waterloo, on la connaît. Comme on voit, il l'exagérait un peu. Le flux et le reflux, le méandre, l'aventure, était l'élément de son existence; conscience déchirée entraîne vie décousue; et vraisemblablement, à l'orageuse époque du 18 juin 1815, Thénardier appartenait à cette variété de cantiniers maraudeurs dont nous avons parlé, battant l'estrade, vendant à ceux-ci, volant à ceux-là, et roulant en famille, homme, femme et enfants, dans quelque carriole boiteuse, à la suite des troupes en marche, avec l'instinct de se rattacher toujours à l'armée victorieuse. Cette campagne faite, ayant, comme il disait, « du quibus », il était venu ouvrir gargote à Montfermeil.

Ce quibus, composé des bourses et des montres, des bagues d'or et des croix d'argent, récoltées au temps de la moisson dans les sillons ensemencés de cadavres, ne faisait pas un gros total et n'avait pas mené bien loin ce vivandier passé gargotier.

Thénardier avait ce je ne sais quoi de rectiligne dans le geste qui, avec un juron, rappelle la caserne et, avec un signe de croix, le séminaire. Il était beau parleur. Il se laissait croire savant. Néanmoins, le maître d'école avait remarqué qu'il faisait — « des cuirs ». — Il composait la carte à payer des voyageurs avec supériorité, mais des yeux exercés y trouvaient parfois des fautes d'orthographe. Thénardier était sournois, gourmand, flâneur, et habile. Il ne dédaignait pas ses servantes, ce qui faisait que sa femme n'en avait plus. Cette géante était jalouse. Il lui semblait que ce petit homme maigre et jaune devait être l'objet de la convoitise universelle.

Thénardier, par-dessus tout homme d'astuce et d'équilibre, était un coquin du genre tempéré. Cette espèce est la pire; l'hypocrisie s'y mêle.

Ce n'est pas que Thénardier ne fût dans l'occasion capable de colère au moins autant que sa femme ; mais cela était très rare, et, dans ces moments-là, comme il en voulait au genre humain tout entier, comme il avait en lui une profonde fournaise de haine, comme il était de ces gens qui se vengent perpétuellement, qui accusent tout ce qui passe devant eux de tout ce qui est tombé sur eux, et qui sont toujours prêts à jeter sur le premier venu, comme légitime grief, le total des déceptions, des banqueroutes et des calamités de leur vie, comme tout ce levain se soulevait en lui et lui bouillonnait dans la bouche et dans les yeux, il était épouvantable. Malheur à qui passait sous sa fureur alors!

Outre toutes ses autres qualités, Thénardier était attentif et pénétrant, silencieux ou bavard à l'occasion, et toujours avec une haute intelligence. Il avait quelque chose du regard des marins accoutumés à cligner des yeux dans les lunettes d'approche. Thénardier était un homme d'état.

Tout nouveau venu qui entrait dans la gargote disait en voyant la Thénardier : Voilà le maître de la maison. Erreur. Elle n'était même pas la maîtresse. Le maître et la maîtresse, c'était le mari. Elle faisait, il créait. Il dirigeait tout par une sorte d'action magnétique invisible et continuelle. Un mot lui suffisait ; quelquefois un signe ; le mastodonte obéissait. Le Thénardier était pour la Thénardier, sans qu'elle s'en rendit trop compte, une espèce d'être particulier et souverain. Elle avait les vertus de sa façon d'être ; jamais, eût-elle été en dissentiment sur un détail avec « monsieur Thénardier », hypothèse du reste inadmissible, elle n'eût donné publiquement tort à son mari, sur quoi que ce soit. Jamais elle n'eût commis « devant des étrangers » cette faute que font si souvent les femmes, et qu'on appelle en langage parlementaire : découvrir la couronne. Quoique leur accord n'eût pour résultat que le mal, il y avait de la contemplation dans la soumission de la Thénardier à son mari. Cette montagne de bruit et de chair se mouvait sous le petit doigt de ce despote frêle. C'était, vu par son côté nain et grotesque, cette grande chose universelle, l'adoration de la matière pour l'esprit ; car de certaines laideurs ont leur raison d'être dans les profondeurs mêmes de la beauté éternelle. Il y avait de l'inconnu dans Thénardier ; de là l'empire absolu de cet homme sur cette femme. A de certains moments, elle le voyait comme une chandelle allumée ; dans d'autres, elle le sentait comme une griffe.

Cette femme était une créature formidable qui n'aimait que ses enfants et ne craignait que son mari. Elle était mère parce qu'elle était mammifère. Du reste, sa maternité s'arrêtait à ses filles, et, comme on le verra, ne s'étendait pas jusqu'aux garçons. Lui, l'homme, n'avait qu'une pensée, s'enrichir.

Il n'y réussissait point. Un digne théâtre manquait à ce grand talent. Thénardier à Montfermeil se ruinait, si la ruine est possible à zéro ; en Suisse ou dans les Pyrénées, ce sans-le-sou serait devenu millionnaire. Mais où le sort attache l'aubergiste, il faut qu'il broute.

On comprend que le mot *aubergiste* est employé ici dans un sens restreint et qui ne s'étend pas à une classe entière.

En cette même année 1823, Thénardier était endetté d'environ quinze cents francs de dettes criardes, ce qui le rendait soucieux.

Quelle que fût envers lui l'injustice opiniâtre de la destinée, le Thénardier était un des hommes qui comprenaient le mieux, avec le plus de profondeur et de la façon la plus moderne, cette chose qui est une vertu chez les peuples barbares et une marchandise chez les peuples civilisés, l'hospitalité. Du reste, braconnier admirable et cité pour son coup de fusil. Il avait un certain rire froid et paisible qui était particulièrement dangereux.

Ses théories d'aubergiste jaillissaient quelquefois de lui par éclairs. Il avait des aphorismes professionnels qu'il insérait dans l'esprit de sa femme. — Le devoir de l'aubergiste, lui disait-il un jour violemment et à voix basse, c'est de vendre au premier venu du fricot, du repos, de la lumière, du feu, des draps sales, de la bonne, des puces, du sourire ; d'arrêter les passants, de vider les petites bourses et d'alléger honnêtement les grosses, d'abriter avec respect les familles en route, de râper l'homme, de plumer la femme, d'éplucher l'enfant ; de coter la fenêtre ouverte, la fenêtre fermée, le coin de la cheminée, le fauteuil, la chaise, le tabouret, l'escabeau, le lit de plume, le matelas et la botte de paille ; de savoir de combien l'ombre use le miroir et de tarifer cela, et, par les cinq cent mille diables, de faire tout payer au voyageur, jusqu'aux mouches que son chien mange !

Cet homme et cette femme, c'était ruse et rage mariées ensemble, attelage hideux et terrible.

Pendant que le mari ruminait et combinait, la Thénardier, elle, ne pensait pas aux créanciers absents, n'avait souci d'hier ni de demain, et vivait avec emportement, toute dans la minute.

Tels étaient ces deux êtres. Cosette était entre eux, subissant leur double pression, comme une créature qui serait à la fois broyée par une meule et déchiquetée par une tenaille. L'homme et la femme avaient chacun une manière différente; Cosette était rouée de coups, cela venait de la femme; elle allait pieds nus l'hiver, cela venait du mari.

Cosette montait, descendait, lavait, brossait, frottait, balayait, courait, trimait, haletait, remuait des choses lourdes, et, toute chétive, faisait les grosses besognes. Nulle pitié; une maîtresse farouche, un maître venimeux. La gargote Thénardier était comme une toile où Cosette était prise et tremblait. L'idéal de l'oppression était réalisé par cette domesticité sinistre. C'était quelque chose comme la mouche servante des araignées.

La pauvre enfant, passive, se taisait.

Quand elles se trouvent ainsi, dès l'aube, toutes petites, toutes nues, parmi les hommes, que se passe-t-il dans ces âmes qui viennent de quitter Dieu?

III

IL FAUT DU VIN AUX HOMMES ET DE L'EAU AUX CHEVAUX

Il était arrivé quatre nouveaux voyageurs.

Cosette songeait tristement; car, quoiqu'elle n'eût que huit ans, elle avait déjà tant souffert qu'elle rêvait avec l'air lugubre d'une vieille femme.

Elle avait la paupière noire d'un coup de poing que la Thénardier lui avait donné, ce qui faisait de temps en temps dire à la Thénardier : — Est-elle laide avec son pochon sur l'œil!

Cosette pensait donc qu'il était nuit, très nuit, qu'il avait fallu remplir à l'improviste les pots et les carafes dans les chambres des voyageurs survenus, et qu'il n'y avait plus d'eau dans la fontaine.

Ce qui la rassurait un peu, c'est qu'on ne buvait pas beaucoup d'eau dans la maison Thénardier. Il ne manquait pas là de gens qui

avaient soif; mais c'était de cette soif qui s'adresse plus volontiers au broc qu'à la cruche. Qui eût demandé un verre d'eau parmi ces verres de vin eût semblé un sauvage à tous ces hommes. Il y eut pourtant un moment où l'enfant trembla; la Thénardier souleva le couvercle d'une casserole qui bouillait sur le fourneau, puis saisit un verre et s'approcha vivement de la fontaine. Elle tourna le robinet, l'enfant avait levé la tête et suivait tous ses mouvements. Un maigre filet d'eau coula du robinet et remplit le verre à moitié. — Tiens, dit-elle, il n'y a plus d'eau! Puis elle eut un moment de silence. L'enfant ne respirait pas.

— Bah! reprit la Thénardier en examinant le verre à demi plein, il y en aura assez comme ça.

Cosette se remit à son travail, mais pendant plus d'un quart d'heure elle sentit son cœur sauter comme un gros flocon dans sa poitrine.

Elle comptait les minutes qui s'écoulaient ainsi, et eût bien voulu être au lendemain matin.

De temps en temps, un des buveurs regardait dans la rue et s'exclamait : — Il fait noir comme dans un four! — ou : — Il faut être chat pour aller dans la rue sans lanterne à cette heure-ci! — Et Cosette tressaillait.

Tout à coup, un des marchands colporteurs logés dans l'auberge entra, et dit d'une voix dure :

— On n'a pas donné à boire à mon cheval.

— Si fait, vraiment, dit la Thénardier.

— Je vous dis que non, la mère, reprit le marchand.

Cosette était sortie de dessous la table.

— Oh! si! monsieur! dit-elle, le cheval a bu, il a bu dans le seau, plein le seau, et même que c'est moi qui lui ai porté à boire, et je lui ai parlé.

Ce n'était pas vrai. Cosette mentait.

— En voilà une qui est grosse comme le poing et qui ment gros comme la maison, s'écria le marchand. Je te dis qu'il n'a pas bu, petite drôlesse! Il a une manière de souffler quand il n'a pas bu, que je connais bien.

Cosette persista, et ajouta d'une voix enrouée par l'angoisse et qu'on entendait à peine :

— Et même qu'il a bien bu!

— Allons, reprit le marchand avec colère, ce n'est pas tout ça, qu'on donne à boire à mon cheval, et que cela finisse!

Cosette rentra sous la table.

— Au fait! c'est juste, dit la Thénardier, si cette bête n'a pas bu, il faut qu'elle boive.

Puis, regardant autour d'elle :

— Eh bien! où est donc cette autre?

Elle se pencha et découvrit Cosette blottie à l'autre bout de la table, presque sous les pieds des buveurs.

— Vas-tu venir? cria la Thénardier.

Cosette sortit de l'espèce de trou où elle s'était cachée. La Thénardier reprit :

— Mademoiselle Chien-faute-de-nom, va porter à boire à ce cheval.

— Mais, madame, dit Cosette faiblement, c'est qu'il n'y a pas d'eau.

La Thénardier ouvrit toute grande la porte de la rue :

— Eh bien, va en chercher !

Cosette baissa la tête, et alla prendre un seau vide qui était au coin de la cheminée.

Ce seau était plus grand qu'elle, et l'enfant aurait pu s'asseoir dedans et y tenir à l'aise.

La Thénardier se remit à son fourneau, et goûta avec une cuiller de bois ce qui était dans la casserole, tout en grommelant :

— Il y en a à la source. Ce n'est pas plus malin que ça. Je crois que j'aurais mieux fait de passer mes oignons.

Puis elle fouilla dans un tiroir où il y avait des sous, du poivre et des échalotes.

— Tiens, mamselle Crapaud, ajouta-t-elle, en revenant tu prendras un gros pain chez le boulanger. Voilà une pièce de quinze sous.

Cosette avait une petite poche de côté à son tablier; elle prit la pièce sans dire un mot, et la mit dans cette poche.

Puis elle resta immobile le seau à la main, la porte ouverte devant elle. Elle semblait attendre qu'on vînt à son secours.

— Va donc ! cria la Thénardier.

Cosette sortit. La porte se referma.

IV

ENTRÉE EN SCÈNE D'UNE POUPÉE

La file de boutiques en plein vent qui partait de l'église se développait, on s'en souvient, jusqu'à l'auberge Thénardier. Ces boutiques, à cause du passage prochain des bourgeois allant à la messe de minuit, étaient toutes illuminées de chandelles brûlant dans des entonnoirs de papier, ce qui, comme le disait le maître d'école de Montfermeil attablé en ce moment chez Thénardier, faisait « un effet magique ». En revanche, on ne voyait pas une étoile au ciel.

La dernière de ces baraques, établie précisément en face de la porte des Thénardier, était une boutique de bimbeloterie, toute reluisante de clinquants, de verroteries et de choses magnifiques en fer-blanc. Au premier rang, et en avant, le marchand avait placé, sur un fond de serviettes blanches, une immense poupée haute de près de deux pieds qui était vêtue d'une robe de crêpe rose avec des épis d'or sur la tête et qui avait de vrais cheveux et des yeux en émail. Tout le jour cette merveille avait été étalée, à l'ébahissement des passants de moins de dix ans, sans qu'il se fût trouvé à Montfermeil une mère assez riche ou assez prodigue pour la donner à son enfant. Éponine et Azelma avaient passé des heures à la contempler, et Cosette elle-même, furtivement, il est vrai, avait osé la regarder.

Au moment où Cosette sortit, son seau à la main, si morne et si accablée qu'elle fût, elle ne put s'empêcher de lever les yeux sur cette prodigieuse poupée, vers la *dame*, comme elle l'appelait. La pauvre enfant s'arrêta pétrifiée. Elle n'avait pas encore vu cette poupée de près. Toute cette boutique lui semblait un palais; cette poupée n'était pas une poupée, c'était une vision. C'était la joie, la splendeur, la richesse, le bonheur, qui apparaissaient dans une sorte de rayonnement chimérique à ce malheureux petit être englouti si profondément dans une misère funèbre et froide. Cosette mesurait, avec cette sagacité naïve et triste de l'enfance, l'abîme qui la séparait de cette poupée. Elle se disait qu'il fallait être reine ou au moins princesse pour avoir une « chose » comme cela. Elle considérait cette belle robe rose, ces beaux cheveux lisses, et elle pensait : Comme elle doit être heureuse, cette poupée-là! Ses yeux ne pouvaient se détacher de cette boutique fantastique. Plus elle regardait, plus elle s'éblouissait. Elle croyait voir le paradis. Il y avait d'autres poupées derrière la grande qui lui paraissaient des fées et des génies. Le marchand qui allait et venait au fond de sa baraque lui faisait un peu l'effet d'être le Père éternel.

Dans cette adoration, elle oubliait tout, même la commission dont elle était chargée. Tout à coup, la voix rude de la Thénardier la rappela à la réalité : — Comment, péronnelle, tu n'es pas partie! Attends! je vais à toi! Je vous demande un peu ce qu'elle fait là! Petit monstre, va!

La Thénardier avait jeté un coup d'œil dans la rue et aperçu Cosette en extase.

Cosette s'enfuit emportant son seau et faisant les plus grands pas qu'elle pouvait.

V

LA PETITE TOUTE SEULE

Comme l'auberge Thénardier était dans cette partie du village qui est près de l'église, c'était à la source du bois du côté de Chelles que Cosette devait aller puiser de l'eau.

Elle ne regarda plus un seul étalage de marchand. Tant qu'elle fut dans la ruelle du Boulanger et dans les environs de l'église, les boutiques illuminées éclairaient le chemin; mais bientôt la dernière lueur de la dernière baraque disparut. La pauvre enfant se trouva dans l'obscurité. Elle s'y enfonça. Seulement, comme une certaine émotion la gagnait, tout en marchant elle agitait le plus qu'elle pouvait l'anse du seau. Cela faisait un bruit qui lui tenait compagnie.

Plus elle cheminait, plus les ténèbres devenaient épaisses. Il n'y avait plus personne dans les rues. Pourtant, elle rencontra une femme qui se retourna en la voyant passer, et qui resta immobile, marmottant entre ses lèvres : Mais où peut donc aller cet enfant? Est-ce que c'est un enfant-garou? Puis la femme reconnut Cosette. — Tiens, dit-elle, c'est l'Alouette!

Cosette traversa ainsi le labyrinthe de rues tortueuses et désertes qui termine du côté de Chelles le village de Montfermeil. Tant qu'elle eut des maisons et même seulement des murs des deux côtés de son chemin, elle alla assez hardiment. De temps en temps, elle voyait le rayonnement d'une chandelle à travers la fente d'un volet, c'était de la lumière et de la vie, il y avait là des gens, cela la rassurait. Cependant, à mesure qu'elle avançait, sa marche se ralentissait comme machinalement. Quand elle eut passé l'angle de la dernière maison, Cosette s'arrêta. Aller au delà de la dernière boutique avait été difficile; aller plus loin que la dernière maison, cela devenait impossible. Elle posa le seau à terre, plongea sa main dans ses cheveux et se mit à se gratter lentement la tête, geste propre aux enfants terrifiés et indécis. Ce n'était plus Montfermeil, c'étaient les champs. L'espace noir et désert était devant elle. Elle regarda avec désespoir cette obscurité où il n'y avait plus personne, où il y avait des bêtes, où il y avait peut-être des revenants. Elle regarda bien, et elle entendit les bêtes qui marchaient dans l'herbe, et elle vit distinctement les revenants qui remuaient dans les arbres. Alors elle ressaisit le seau, la peur lui donnait de l'audace : — Bah! dit-elle, je lui dirai qu'il n'y avait plus d'eau! — Et elle rentra résolûment dans Montfermeil.

À peine eut-elle fait cent pas qu'elle s'arrêta encore, et se remit à se gratter la tête. Maintenant, c'était la Thénardier qui lui apparaissait; la Thénardier, hideuse avec sa bouche d'hyène et la colère flamboyante dans les yeux. L'enfant jeta un regard lamentable en avant et en arrière. Que faire? que devenir? où aller? Devant elle le spectre de la Thénardier; derrière elle tous les fantômes de la nuit et des bois. Ce fut devant la Thénardier qu'elle recula. Elle reprit le chemin de la source et se mit à courir. Elle sortit du village en courant, elle entra dans le bois en courant, ne regardant plus rien, n'écoutant plus rien. Elle n'arrêta sa course que lorsque la respiration lui manqua; mais elle n'interrompit point sa marche. Elle allait devant elle, éperdue.

Tout en courant, elle avait envie de pleurer.

Le frémissement nocturne de la forêt l'enveloppait tout entière.

Elle ne pensait plus, elle ne voyait plus. L'immense nuit faisait face à ce petit être. D'un côté, toute l'ombre; de l'autre, un atome.

Il n'y avait que sept ou huit minutes de la lisière du bois à la source. Cosette connaissait le chemin pour l'avoir fait plusieurs fois le jour. Chose étrange! elle ne se perdit pas. Un reste d'instinct la conduisait vaguement. Elle ne jetait cependant les yeux ni à droite ni à gauche, de crainte de voir des choses dans les branches et dans les broussailles. Elle arriva ainsi à la source.

C'était une étroite cuve naturelle, creusée par l'eau dans un sol glaiseux, profonde d'environ deux pieds, entourée de mousse et de ces grandes herbes gaufrées qu'on appelle collerettes de Henri IV, et pavée de quelques grosses pierres. Un ruisseau s'en échappait avec un petit bruit tranquille.

Cosette ne prit pas le temps de respirer. Il faisait très-noir; mais elle avait l'habitude de venir à cette fontaine. Elle chercha de la main gauche dans l'obscurité un jeune chêne incliné sur la source qui lui servait ordinairement de point d'appui, rencontra une branche, s'y suspendit, se pencha et plongea le seau dans l'eau. Elle était dans un moment si violent que ses forces étaient triplées. Pendant qu'elle était ainsi penchée, elle ne fit pas attention que la poche de son tablier se vidait dans la source. La pièce de quinze sols tomba dans l'eau. Cosette ne la vit ni ne l'entendit tomber. Elle retira le seau presque plein et le posa sur l'herbe.

Cela fait, elle s'aperçut qu'elle était épuisée de lassitude. Elle eût bien voulu repartir tout de suite, mais l'effort de remplir le seau avait été tel qu'il lui fut impossible de faire un pas. Elle fut bien forcée de s'asseoir. Elle se laissa tomber sur l'herbe et y demeura accroupie.

Elle ferma les yeux, puis elle les rouvrit, sans savoir pourquoi, mais ne pouvant faire autrement. A côté d'elle, l'eau agitée dans le seau faisait des cercles qui ressemblaient à des serpents de feu blanc.

Au-dessus de sa tête, le ciel était couvert de vastes nuages noirs qui étaient comme des pans de fumée. Le tragique masque de l'ombre semblait se pencher vaguement sur cette enfant.

Jupiter se couchait dans les profondeurs.

L'enfant regardait d'un œil égaré cette grosse étoile qu'elle ne connaissait pas et qui lui faisait peur. La planète, en effet, était en ce moment très-près de l'horizon et traversait une épaisse couche de brume qui lui donnait une rougeur horrible. La brume, lugubrement empourprée, élargissait l'astre. On eût dit une plaie lumineuse.

Un vent froid soufflait de la plaine. Le bois était ténébreux, sans aucun froissement de feuilles, sans aucune de ces vagues et fraîches lueurs de l'été. De grands branchages s'y dressaient affreusement. Des buissons chétifs et difformes sifflaient dans les clairières. Les hautes herbes fourmillaient sous la bise comme des anguilles. Les ronces se tordaient comme de longs bras armés de griffes cherchant à prendre des proies. Quelques bruyères sèches, chassées par le vent, passaient rapidement et avaient l'air de s'enfuir avec épouvante devant quelque chose qui arrivait. De tous les côtés il y avait des étendues lugubres.

L'obscurité est vertigineuse. Il faut à l'homme de la clarté. Quiconque s'enfonce dans le contraire du jour se sent le cœur serré. Quand l'œil voit noir, l'esprit voit trouble. Dans l'éclipse, dans la nuit, dans l'opacité fuligineuse, il y a de l'anxiété, même pour les plus forts. Nul ne marche seul la nuit dans la forêt sans tremblement. Ombres et arbres, deux épaisseurs redoutables. Une réalité chimérique apparaît dans la profondeur indistincte. L'inconcevable s'ébauche à quelques pas de vous avec une netteté spectrale. On voit flotter, dans l'espace ou dans son propre cerveau, on ne sait quoi de vague et d'insaisissable comme les rêves des fleurs endormies. Il y a des attitudes farouches sur l'horizon. On aspire les effluves du grand vide noir. On a peur et envie de regarder derrière soi. Les cavités de la nuit, les choses devenues hagardes, des profils taciturnes qui se dissipent quand on avance, des échevellements obscurs, des touffes irritées, des flaques livides, le lugubre reflété dans le funèbre, l'immensité sépulcrale du silence, les êtres inconnus possibles, des penchements de branches mystérieux, d'effrayants torses d'arbres, de longues poignées d'herbes frémissantes, on est sans défense contre tout cela. Pas de hardiesse qui ne tressaille et qui ne sente le voisinage de l'angoisse. On éprouve quelque chose de hideux, comme si l'âme s'amalgamait à l'ombre. Cette pénétration des ténèbres est inexprimablement sinistre dans un enfant.

Les forêts sont des apocalypses, et le battement d'ailes d'une petite âme fait un bruit d'agonie sous leur voûte monstrueuse.

Sans se rendre compte de ce qu'elle éprouvait, Cosette se sentait saisir par cette énormité noire de la nature. Ce n'était plus seulement de la terreur qui la gagnait, c'était quelque chose de plus terrible même que la terreur. Elle frissonnait. Les expressions manquent pour dire ce qu'avait d'étrange ce frisson qui la glaçait jusqu'au fond du cœur. Son œil était devenu farouche. Elle croyait sentir qu'elle ne pourrait peut-être pas s'empêcher de revenir là à la même heure le lendemain.

Alors, par une sorte d'instinct, pour sortir de cet état singulier qu'elle ne comprenait pas, mais qui l'effrayait, elle se mit à compter à haute voix un, deux, trois, quatre, jusqu'à dix, et quand elle eut fini, elle recommença. Cela lui rendit la perception vraie des choses qui l'entouraient. Elle sentit le froid à ses mains qu'elle avait mouillées en puisant de l'eau. Elle se leva. La peur lui était revenue, une peur naturelle et insurmontable. Elle n'eut plus qu'une pensée, s'enfuir; s'enfuir à toutes jambes, à travers bois, à travers champs, jusqu'aux maisons, jusqu'aux fenêtres, jusqu'aux chandelles allumées. Son regard tomba sur le seau qui était devant elle. Tel était l'effroi que lui inspirait la Thénardier qu'elle n'osa pas s'enfuir sans le seau d'eau. Elle saisit l'anse à deux mains. Elle eut de la peine à soulever le seau.

Elle fit ainsi une douzaine de pas, mais le seau était plein, il était lourd, elle fut forcée de le reposer à terre. Elle respira un instant, puis elle enleva l'anse de nouveau, et se remit à marcher, cette fois un peu plus longtemps. Mais il fallut s'arrêter encore. Après quelques secondes de repos, elle repartit. Elle marchait penchée en avant, la tête baissée, comme une vieille; le poids du seau tendait et roidissait ses bras maigres. L'anse de fer achevait d'engourdir et de geler ses petites mains mouillées; de temps en temps elle était forcée de s'arrêter, et, chaque fois qu'elle s'arrêtait, l'eau froide qui débordait du seau tombait sur ses jambes nues. Cela se passait au fond d'un bois, la nuit, en hiver, loin de tout regard humain; c'était un enfant de huit ans; il n'y avait que Dieu en ce moment qui voyait cette chose triste.

Et sans doute sa mère, hélas!

Car il est des choses qui font ouvrir les yeux aux mortes dans leur tombeau.

Elle soufflait avec une sorte de râlement douloureux; des sanglots lui serraient la gorge, mais elle n'osait pas pleurer, tant elle avait peur de la Thénardier, même loin. C'était son habitude de se figurer toujours que la Thénardier était là.

Cependant elle ne pouvait pas faire beaucoup de chemin de la sorte, et elle allait bien lentement. Elle avait beau diminuer la durée des stations et marcher entre chaque le plus longtemps possible, elle pensait avec angoisse qu'il lui faudrait plus d'une heure pour retourner ainsi à Montfermeil et que la Thénardier la battrait. Cette angoisse se mêlait à son épouvante d'être seule dans le bois la nuit. Elle était harassée de fatigue et n'était pas encore sortie de la forêt. Parvenue près d'un vieux châtaignier qu'elle connaissait, elle fit une dernière halte plus longue que les autres pour se bien reposer, puis elle rassembla toutes ses forces, reprit le seau et se remit à marcher courageusement. Cependant le pauvre petit être désespéré ne put s'empêcher de s'écrier : O mon Dieu! mon Dieu!

En ce moment, elle sentit tout à coup que le seau ne pesait plus rien. Une main, qui lui parut énorme, venait de saisir l'anse et la soulevait vigoureusement. Elle leva la tête. Une grande forme noire, droite et debout, marchait auprès d'elle dans l'obscurité. C'était un homme qui était arrivé derrière elle et qu'elle n'avait pas entendu venir. Cet homme, sans dire un mot, avait empoigné l'anse du seau qu'elle portait.

Il y a des instincts pour toutes les rencontres de la vie.

L'enfant n'eut pas peur.

VI

QUI PEUT-ÊTRE PROUVE L'INTELLIGENCE DE BOULATRUELLE

Dans l'après-midi de cette même journée de Noël 1823, un homme se promena assez longtemps dans la partie la plus déserte du boulevard de l'Hôpital à Paris. Cet homme avait l'air de quelqu'un qui cherche un logement, et semblait s'arrêter de préférence aux plus modestes maisons de cette lisière délabrée du faubourg Saint-Marceau.

On verra plus loin que cet homme avait en effet loué une chambre dans ce quartier isolé.

Cet homme, dans son vêtement comme dans toute sa personne, réalisait le type de ce qu'on pourrait nommer le mendiant de bonne compagnie, l'extrême misère combinée avec l'extrême propreté. C'est là un mélange assez rare qui inspire aux cœurs intelligents ce double respect qu'on éprouve pour celui qui est très-pauvre et pour celui qui est très-digne. Il avait un chapeau rond fort vieux et fort brossé, une redingote râpée jusqu'à la corde en gros drap jaune d'ocre, couleur qui n'avait rien de trop bizarre à cette époque, un grand gilet à poches de forme séculaire, des culottes noires devenues grises aux genoux, des bas de laine noire et d'épais souliers à boucles de cuivre. On eût dit un ancien précepteur de bonne maison revenu de l'émigration. A ses cheveux tout blancs, à son front ridé, à ses lèvres livides, à son visage où tout respirait l'accablement et la lassitude de la vie, on lui eût supposé beaucoup plus de soixante ans. A sa démarche ferme, quoique lente, à la vigueur singulière empreinte dans tous ses mouvements, on lui en eût donné à peine cinquante. Les rides de son front étaient bien placées, et eussent prévenu en sa faveur quelqu'un qui l'eût observé avec attention. Sa lèvre se contractait avec un pli étrange, qui semblait sévère et qui était humble. Il y avait au fond de son regard on ne sait quelle sérénité lugubre. Il portait de la main

gauche un petit paquet noué dans un mouchoir; de la droite il s'appuyait sur une espèce de bâton coupé dans une haie. Ce bâton avait été travaillé avec quelque soin, et n'avait pas trop méchant air; on avait tiré parti des nœuds, et on lui avait figuré un pommeau de corail avec de la cire rouge; c'était un gourdin, et cela semblait une canne.

Il y a peu de passants sur ce boulevard, surtout l'hiver. Cet homme, sans affectation pourtant, paraissait les éviter plutôt que les chercher.

A cette époque, le roi Louis XVIII allait presque tous les jours à Choisy-le-Roi. C'était une de ses promenades favorites. Vers deux heures, presque invariablement, on voyait la voiture et la cavalcade royale passer ventre à terre sur le boulevard de l'Hôpital.

Cela tenait lieu de montre et d'horloge aux pauvresses du quartier, qui disaient : — Il est deux heures, le voilà qui s'en retourne aux Tuileries.

Et les uns accouraient, et les autres se rangeaient; car un roi qui passe, c'est toujours un tumulte. Du reste, l'apparition et la disparition de Louis XVIII faisaient un certain effet dans les rues de Paris. Cela était rapide, mais majestueux. Ce roi impotent avait le goût du grand galop; ne pouvant marcher, il voulait courir; ce cul-de-jatte se fût fait volontiers traîner par l'éclair. Il passait, pacifique et sévère, au milieu des sabres nus. Sa berline massive, toute dorée, avec de grosses branches de lys peintes sur les panneaux, roulait bruyamment. A peine avait-on le temps d'y jeter un coup d'œil. On voyait dans l'angle du fond à droite, sur des coussins capitonnés de satin blanc, une face large, ferme et vermeille, un front frais poudré à l'oiseau royal, un œil fier, dur et fin, un sourire de lettré, deux grosses épaulettes à torsades flottantes sur un habit bourgeois, la toison d'or, la croix de Saint-Louis, la croix de la légion d'honneur, la plaque d'argent du Saint-Esprit, un gros ventre et un large cordon bleu; c'était le roi. Hors de Paris, il tenait son chapeau à plumes blanches sur ses genoux emmaillottés de hautes guêtres anglaises; quand il rentrait dans la ville, il mettait son chapeau sur sa tête, saluant peu. Il regardait froidement le peuple, qui le lui rendait. Quand il parut pour la première fois dans le quartier Saint-Marceau, tout son succès fut ce mot d'un faubourien à son camarade : « C'est ce gros-là qui est le gouvernement. »

Cet infaillible passage du roi à la même heure était donc l'événement quotidien du boulevard de l'Hôpital.

Le promeneur à la redingote jaune n'était évidemment pas du quartier, et probablement pas de Paris, car il ignorait ce détail. Lorsqu'à deux heures la voiture royale, entourée d'un escadron de gardes du corps galonnés d'argent, déboucha sur le boulevard, après avoir tourné la Salpêtrière, il parut surpris et presque effrayé. Il n'y avait que lui dans la contre-allée, il se rangea vivement derrière un angle du mur d'enceinte, ce qui n'empêcha pas M. le duc d'Havré de l'apercevoir. M. le duc d'Havré, comme capitaine des gardes de service ce jour-là, était assis dans la voiture vis-à-vis du roi. Il dit à sa majesté : Voilà un homme d'assez mauvaise mine. Des gens de police, qui éclairaient le passage du roi, le remarquèrent également; l'un d'eux reçut l'ordre de le suivre. Mais l'homme s'enfonça dans les petites rues solitaires du faubourg, et, comme le jour commençait à baisser, l'agent perdit sa trace, ainsi que cela est constaté par un rapport adressé le soir même à M. le comte Anglès, ministre d'état, préfet de police.

Quand l'homme à la redingote jaune eut dépisté l'agent, il doubla le pas, non sans s'être retourné bien des fois pour s'assurer qu'il n'était pas suivi. A quatre heures un quart, c'est-à-dire à la nuit close, il passait devant le théâtre de la porte Saint-Martin où l'on donnait ce jour-là *les Deux Forçats*. Cette affiche, éclairée par les réverbères du théâtre, le frappa, car, quoiqu'il marchât vite, il s'arrêta pour la lire. Un instant après, il était dans le cul-de-sac de la Planchette, et il entrait au *Plat d'étain*, où était alors le bureau de la voiture de Lagny. Cette voiture partait à quatre heures et demie. Les chevaux étaient attelés, et les voyageurs, appelés par le cocher, escaladaient en hâte le haut escalier de fer du coucou.

L'homme demanda :

— Avez-vous une place?

— Une seule, à côté de moi, sur le siége, dit le cocher.

— Je la prends.

— Montez.

Cependant, avant de partir, le cocher jeta un coup d'œil sur le costume médiocre du voyageur, sur la petitesse de son paquet, et se fit payer.

— Allez-vous jusqu'à Lagny? demanda le cocher.

— Oui, dit l'homme.

Le voyageur paya jusqu'à Lagny.

On partit. Quand on eut passé la barrière, le cocher essaya de nouer la conversation, mais le voyageur ne répondait que par monosyllabes. Le cocher prit le parti de siffler et de jurer après ses chevaux.

Le cocher s'enveloppa de son manteau. Il faisait froid. L'homme ne paraissait pas y songer. On traversa ainsi Gournay et Neuilly-sur-Marne.

Vers six heures du soir on était à Chelles. Le cocher s'arrêta pour laisser souffler ses chevaux, devant l'auberge à rouliers installée dans les vieux bâtiments de l'abbaye royale.

— Je descends ici, dit l'homme.

Il prit son paquet et son bâton, et sauta à bas de la voiture.

Un instant après, il avait disparu.

Il n'était pas entré dans l'auberge.

Quand, au bout de quelques minutes, la voiture repartit pour Lagny, elle ne le rencontra pas dans la grande rue de Chelles.

Le cocher se tourna vers les voyageurs de l'intérieur.

— Voilà, dit-il, un homme qui n'est pas d'ici, car je ne le connais pas. Il a l'air de n'avoir pas le sou; cependant, il ne tient pas à l'argent; il paye pour Lagny, et il ne va que jusqu'à Chelles. Il est nuit, toutes les maisons sont fermées, il n'entre pas à l'auberge, et on ne le retrouve plus. Il s'est donc enfoncé dans la terre.

L'homme ne s'était pas enfoncé dans la terre, mais il avait arpenté en hâte dans l'obscurité la grande rue de Chelles; puis il avait pris à gauche avant d'arriver à l'église le chemin vicinal qui mène à Montfermeil, comme quelqu'un qui eût connu le pays et qui y fût déjà venu.

Il suivit ce chemin rapidement. A l'endroit où il est coupé par l'ancienne route bordée d'arbres qui va de Gagny à Lagny, il entendit venir des passants. Il se cacha précipitamment dans un fossé, et y attendit que les gens qui passaient se fussent éloignés. La précaution était d'ailleurs presque superflue, car, comme nous l'avons déjà dit, c'était une nuit de décembre très-noire. On voyait à peine deux ou trois étoiles au ciel.

C'est à ce point-là que commence la montée de la colline. L'homme ne rentra pas dans le chemin de Montfermeil; il prit à droite, à travers champs, et gagna à grands pas le bois.

Quand il fut dans le bois, il ralentit sa marche, et se mit à regarder soigneusement tous les arbres, avançant pas à pas, comme s'il cherchait et suivait une route mystérieuse connue de lui seul. Il y eut un moment où il parut se perdre et où il s'arrêta indécis. Enfin il arriva, de tâtonnements en tâtonnements, à une clairière où il y avait un monceau de grosses pierres blanchâtres. Il se dirigea vivement vers ces pierres et les examina avec attention à travers la brume de la nuit, comme s'il les passait en revue. Un gros arbre, couvert de ces excroissances qui sont les verrues de la végétation, était à quelques pas du tas de pierres. Il alla à cet arbre, et promena sa main sur l'écorce du tronc, comme s'il cherchait à reconnaître et à compter toutes les verrues.

Vis-à-vis de cet arbre, qui était un frêne, il y avait un châtaignier malade d'une décortication, auquel on avait mis pour pansement une bande de zinc clouée. Il se haussa sur la pointe des pieds et toucha cette bande de zinc.

Puis il piétina pendant quelque temps sur le sol dans l'espace compris entre l'arbre et les pierres, comme quelqu'un qui s'assure que la terre n'a pas été fraîchement remuée.

Cela fait, il s'orienta et reprit sa marche à travers le bois.

C'était cet homme qui venait de rencontrer Cosette.

En cheminant par le taillis dans la direction de Montfermeil, il avait aperçu cette petite ombre qui se mouvait avec un gémissement, qui déposait un fardeau à terre, puis le reprenait, et se remettait à marcher. Il s'était approché et avait reconnu que c'était un tout jeune enfant chargé d'un énorme seau d'eau. Alors, il était allé à l'enfant, et avait pris silencieusement l'anse du seau.

VII

COSETTE COTE A COTE DANS L'OMBRE AVEC L'INCONNU

Cosette, nous l'avons dit, n'avait pas eu peur.

L'homme lui adressa la parole. Il parlait d'une voix grave et presque basse.

— Mon enfant, c'est bien lourd pour vous ce que vous portez là.

Cosette leva la tête et répondit :

— Oui, monsieur.

— Donnez, reprit l'homme, je vais vous le porter.

Cosette lâcha le seau. L'homme se mit à cheminer près d'elle.

— C'est très-lourd, en effet, dit-il entre ses dents. Puis il ajouta :

— Petite, quel âge as-tu ?

— Huit ans, monsieur.

— Et viens-tu de loin comme cela ?

— De la source qui est dans le bois.
— Et est-ce loin où tu vas?
— A un bon quart d'heure d'ici.

L'homme resta un moment sans parler, puis il dit brusquement :
— Tu n'as donc pas de mère?
— Je ne sais pas, répondit l'enfant.

Avant que l'homme eût eu le temps de reprendre la parole, elle ajouta :
— Je ne crois pas. Les autres en ont. Moi, je n'en ai pas.

Et après un silence, elle reprit :
— Je crois que je n'en ai jamais eu.

L'homme s'arrêta, il posa le seau à terre, se pencha et mit ses deux mains sur les deux épaules de l'enfant, faisant effort pour la regarder et voir son visage dans l'obscurité.

La figure maigre et chétive de Cosette se dessinait vaguement à la lueur livide du ciel.

— Comment t'appelles-tu? dit l'homme.
— Cosette.

L'homme eut comme une secousse électrique. Il la regarda encore, puis il ôta ses mains de dessus les épaules de Cosette, saisit le seau, et se remit à marcher.

Au bout d'un instant, il demanda :
— Petite, où demeures-tu?
— A Montfermeil, si vous connaissez.
— C'est là que nous allons?
— Oui, monsieur.

Il fit encore une pause, puis il recommença :
— Qui est-ce donc qui t'a envoyée à cette heure chercher de l'eau dans le bois?
— C'est madame Thénardier.

L'homme repartit d'un son de voix qu'il voulait s'efforcer de rendre indifférent, mais où il y avait pourtant un tremblement singulier :
— Qu'est-ce qu'elle fait, ta madame Thénardier?
— C'est ma bourgeoise, dit l'enfant. Elle tient l'auberge.
— L'auberge? dit l'homme. Eh bien, je vais y loger cette nuit. Conduis-moi.
— Nous y allons, dit l'enfant.

L'homme marchait assez vite. Cosette le suivait sans peine. Elle

 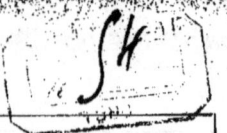

ne sentait plus la fatigue. De temps en temps, elle levait les yeux vers cet homme avec une sorte de tranquillité et d'abandon inexprimable. Jamais on ne lui avait appris à se tourner vers la providence et à prier. Cependant elle sentait en elle quelque chose qui ressemblait à de l'espérance et à de la joie et qui s'en allait vers le ciel.

Quelques minutes s'écoulèrent. L'homme reprit :

— Est-ce qu'il n'y a pas de servante chez madame Thénardier?

— Non, monsieur.

— Est-ce que tu es seule?

— Oui, monsieur.

Il y eut encore une interruption. Cosette éleva la voix.

— C'est-à-dire il y a deux petites filles.

— Quelles petites filles?

— Ponine et Zelma.

L'enfant simplifiait de la sorte les noms romanesques chers à la Thénardier.

— Qu'est-ce que c'est que Ponine et Zelma?

— Ce sont les demoiselles de madame Thénardier, comme qui dirait ses filles.

— Et que font-elles, celles-là?

— Oh! dit l'enfant, elles ont de belles poupées, des choses où il y a de l'or, tout plein d'affaires. Elles jouent, elles s'amusent.

— Toute la journée?

— Oui, monsieur.

— Et toi?

— Moi, je travaille.

— Toute la journée?

L'enfant leva ses grands yeux où il y avait une larme, qu'on ne voyait pas à cause de la nuit, et répondit doucement :

— Oui, monsieur.

Elle poursuivit, après un intervalle de silence :

— Des fois, quand j'ai fini l'ouvrage et qu'on veut bien, je m'amuse aussi.

— Comment t'amuses-tu?

— Comme je peux. On me laisse. Mais je n'ai pas beaucoup de joujoux. Ponine et Zelma ne veulent pas que je joue avec leurs poupées. Je n'ai qu'un petit sabre en plomb, pas plus long que ça.

L'enfant montrait son petit doigt.

— Et qui ne coupe pas?

— Si, monsieur, dit l'enfant, ça coupe la salade et les têtes de mouches.

Ils atteignirent le village; Cosette guida l'étranger dans les rues. Ils passèrent devant la boulangerie, mais Cosette ne songea pas au pain qu'elle devait rapporter. L'homme avait cessé de lui faire des questions et gardait maintenant un silence morne. Quand ils eurent laissé l'église derrière eux, l'homme, voyant toutes ces boutiques en plein vent, demanda à Cosette :

— C'est donc la foire ici?

— Non, monsieur, c'est Noël.

Comme ils approchaient de l'auberge, Cosette lui toucha le bras timidement :

— Monsieur?

— Quoi, mon enfant?

— Nous voilà tout près de la maison.

— Eh bien?

— Voulez-vous me laisser reprendre le seau à présent?

— Pourquoi?

— C'est que si madame voit qu'on me l'a porté, elle me battra.

L'homme lui remit le seau. Un instant après, ils étaient à la porte de la gargote.

VIII

DÉSAGRÉMENT DE RECEVOIR CHEZ SOI UN PAUVRE QUI EST PEUT-ÊTRE UN RICHE

Cosette ne put s'empêcher de jeter un regard de côté à la grande poupée toujours étalée chez le bimbelotier, puis elle frappa. La porte s'ouvrit. La Thénardier parut une chandelle à la main.

— Ah! c'est toi, petite gueuse! Dieu merci, tu y as mis le temps! elle se sera amusée, la drôlesse!

— Madame, dit Cosette toute tremblante, voilà un monsieur qui vient loger.

La Thénardier remplaça bien vite sa mine bourrue par sa grimace aimable, changement à vue propre aux aubergistes, et chercha avidement des yeux le nouveau venu.

— C'est monsieur, dit-elle.

— Oui, madame, répondit l'homme en portant la main à son chapeau.

Les voyageurs riches ne sont pas si polis. Ce geste et l'inspection du costume et du bagage de l'étranger que la Thénardier passa en revue d'un coup d'œil firent évanouir la grimace aimable et reparaître la mine bourrue. Elle reprit sèchement :

— Entrez, bonhomme.

Le « bonhomme » entra. La Thénardier lui jeta un second coup d'œil, examina particulièrement sa redingote qui était absolument râpée et son chapeau qui était un peu défoncé, et consulta d'un hochement de tête, d'un froncement de nez et d'un clignement d'yeux, son mari, lequel buvait toujours avec les rouliers. Le mari répondit par cette imperceptible agitation de l'index qui, appuyée du gonflement des lèvres, signifie en pareil cas : Débine complète. Sur ce, la Thénardier s'écria :

— Ah ! çà, brave homme, je suis bien fâchée, mais c'est que je n'ai plus de place.

— Mettez-moi où vous voudrez, dit l'homme, au grenier, à l'écurie. Je payerai comme si j'avais une chambre.

— Quarante sous.

— Quarante sous. Soit.

— A la bonne heure !

— Quarante sous ! dit un roulier bas à la Thénardier, mais ce n'est que vingt sous.

— C'est quarante sous pour lui, répliqua la Thénardier du même ton. Je ne loge pas des pauvres à moins.

— C'est vrai, ajouta le mari avec douceur, ça gâte une maison d'y avoir de ce monde-là.

Cependant l'homme, après avoir laissé sur un banc son paquet et son bâton, s'était assis à une table où Cosette s'était empressée de poser une bouteille de vin et un verre. Le marchand qui avait demandé le seau d'eau était allé lui-même le porter à son cheval. Cosette avait repris sa place sous la table de cuisine et son tricot.

L'homme, qui avait à peine trempé ses lèvres dans le verre de vin qu'il s'était versé, considérait l'enfant avec une attention étrange.

Cosette était laide. Heureuse, elle eût peut-être été jolie. Nous avons déjà esquissé cette petite figure sombre. Cosette était maigre et blême; elle avait près de huit ans, on lui en eût donné à peine six. Ses grands yeux enfoncés dans une sorte d'ombre étaient presque éteints à force d'avoir pleuré. Les coins de sa bouche avaient cette courbe de l'angoisse habituelle, qu'on observe chez les condamnés et chez les malades désespérés. Ses mains étaient, comme sa mère l'avait deviné, « perdues d'engelures ». Le feu qui l'éclairait en ce moment faisait saillir les angles de ses os et rendait sa maigreur affreusement visible. Comme elle grelottait toujours, elle avait pris l'habitude de serrer ses deux genoux l'un contre l'autre. Tout son vêtement n'était qu'un haillon qui eût fait pitié l'été et qui faisait horreur l'hiver. Elle n'avait sur elle que de la toile trouée; pas un chiffon de laine. On voyait sa peau çà et là, et l'on y distinguait partout des taches bleues ou noires qui indiquaient les endroits où la Thénardier l'avait touchée. Ses jambes nues étaient rouges et grêles. Le creux de ses clavicules était à faire pleurer. Toute la personne de cette enfant, son allure, son attitude, le son de sa voix, ses intervalles entre un mot et l'autre, son regard, son silence, son moindre geste, exprimaient et traduisaient une seule idée, la crainte.

La crainte était répandue sur elle; elle en était pour ainsi dire couverte; la crainte ramenait ses coudes contre ses hanches, retirait ses talons sous ses jupes, lui faisait tenir le moins de place possible, ne lui laissait de souffle que le nécessaire, et était devenue ce qu'on pourrait appeler son habitude de corps, sans variation possible que d'augmenter. Il y avait au fond de sa prunelle un coin étonné où était la terreur.

Cette crainte était telle qu'en arrivant, toute mouillée comme elle était, Cosette n'avait pas osé s'aller sécher au feu et s'était remise silencieusement à son travail.

L'expression du regard de cette enfant de huit ans était habituellement si morne et parfois si tragique qu'il semblait, à de certains moments, qu'elle fût en train de devenir une idiote ou un démon.

Jamais, nous l'avons dit, elle n'avait su ce que c'est que prier, jamais elle n'avait mis le pied dans une église. Est-ce que j'ai le temps? disait la Thénardier.

L'homme à la redingote jaune ne quittait pas Cosette des yeux.

Tout à coup la Thénardier s'écria :

— A propos! et ce pain?

Cosette, selon sa coutume toutes les fois que la Thénardier élevait la voix, sortit bien vite de dessous la table.

Elle avait complètement oublié ce pain. Elle eut recours à l'expédient des enfants toujours effrayés. Elle mentit.

— Madame, le boulanger était fermé.
— Il fallait cogner.
— J'ai cogné, madame.
— Eh bien?
— Il n'a pas ouvert.
— Je saurai demain si c'est vrai, dit la Thénardier, et si tu mens tu auras une fière danse. En attendant, rends-moi la pièce de quinze sous.

Cosette plongea sa main dans la poche de son tablier et devint verte. La pièce de quinze sous n'y était plus.

— Ah çà! dit la Thénardier, m'as-tu entendue?

Cosette retourna la poche; il n'y avait rien. Qu'est-ce que cet argent pouvait être devenu? La malheureuse petite ne trouva pas une parole. Elle était pétrifiée.

— Est-ce que tu l'as perdue, la pièce de quinze sous? râla la Thénardier, ou bien est-ce que tu veux me la voler?

En même temps elle allongea le bras vers le martinet suspendu à l'angle de la cheminée.

Ce geste redoutable rendit à Cosette la force de crier :
— Grâce! madame! madame! je ne le ferai plus.

La Thénardier détacha le martinet.

Cependant l'homme à la redingote jaune avait fouillé dans le gousset de son gilet, sans qu'on eût remarqué ce mouvement. D'ailleurs les autres voyageurs buvaient ou jouaient aux cartes et ne faisaient attention à rien.

Cosette se pelotonnait avec angoisse dans l'angle de la cheminée, tâchant de ramasser et de dérôber ses pauvres membres demi-nus. La Thénardier leva le bras.

— Pardon, madame, dit l'homme, mais tout à l'heure j'ai vu quelque chose qui est tombé de la poche du tablier de cette petite et qui a roulé. C'est peut-être cela.

En même temps il se baissa et parut chercher à terre un instant.
— Justement, voici, reprit-il en se relevant.

Et il tendit une pièce d'argent à la Thénardier.

— Oui, c'est cela, dit-elle.

Ce n'était pas cela, car c'était une pièce de vingt sous, mais la Thénardier y trouvait du bénéfice. Elle mit la pièce dans sa poche, et se borna à jeter un regard farouche à l'enfant en disant : — Que cela ne t'arrive plus, toujours !

Cosette rentra dans ce que la Thénardier appelait « sa niche », et son grand œil, fixé sur le voyageur inconnu, commença à prendre une expression qu'il n'avait jamais eue. Ce n'était encore qu'un naïf étonnement, mais une sorte de confiance stupéfaite s'y mêlait.

— A propos, voulez-vous souper? demanda la Thénardier au voyageur.

Il ne répondit pas. Il semblait songer profondément.

— Qu'est-ce que c'est que cet homme-là? dit-elle entre ses dents. C'est quelque affreux pauvre. Cela n'a pas le sou pour souper. Me payera-t-il mon logement seulement? Il est bien heureux tout de même qu'il n'ait pas eu l'idée de voler l'argent qui était à terre.

Cependant une porte s'était ouverte et Éponine et Azelma étaient entrées.

C'étaient vraiment deux jolies petites filles, plutôt bourgeoises que paysannes, très-charmantes, l'une avec ses tresses châtaines bien lustrées, l'autre avec ses longues nattes noires tombant derrière le dos, toutes deux vives, propres, grasses, fraîches et saines à réjouir le regard. Elles étaient chaudement vêtues, mais avec un tel art maternel, que l'épaisseur des étoffes n'ôtait rien à la coquetterie de l'ajustement. L'hiver était prévu sans que le printemps fût effacé. Ces deux petites dégageaient de la lumière. En outre, elles étaient régnantes. Dans leur toilette, dans leur gaieté, dans le bruit qu'elles faisaient, il y avait de la souveraineté. Quand elles entrèrent, la Thénardier leur dit d'un ton grondeur, qui était plein d'adoration : — Ah! vous voilà donc, vous autres!

Puis, les attirant dans ses genoux l'une après l'autre, lissant leurs cheveux, renouant leurs rubans, et les lâchant ensuite avec cette douce façon de secouer qui est propre aux mères, elle s'écria : — Sont-elles fagotées !

Elles vinrent s'asseoir au coin du feu. Elles avaient une poupée qu'elles tournaient et retournaient sur leurs genoux avec toutes sortes de gazouillements joyeux. De temps en temps, Cosette levait les yeux de son tricot, et les regardait jouer d'un air lugubre.

Éponine et Azelma ne regardaient pas Cosette. C'était pour elles comme le chien. Ces trois petites filles n'avaient pas vingt-quatre ans à elles trois, et elles représentaient déjà toute la société des hommes ; d'un côté l'envie, de l'autre le dédain.

La poupée des sœurs Thénardier était très-fanée et très-vieille et toute cassée, mais elle n'en paraissait pas moins admirable à Cosette, qui de sa vie n'avait eu une poupée, *une vraie poupée*, pour nous servir d'une expression que tous les enfants comprendront.

Tout à coup, la Thénardier, qui continuait d'aller et de venir dans la salle, s'aperçut que Cosette avait des distractions et qu'au lieu de travailler elle s'occupait des petites qui jouaient.

— Ah ! je t'y prends ! cria-t-elle. C'est comme cela que tu travailles ! Je vais te faire travailler à coups de martinet, moi.

L'étranger, sans quitter sa chaise, se tourna vers la Thénardier.

— Madame, dit-il en souriant d'un air presque craintif, bah ! laissez-la jouer !

De la part de tout voyageur qui eût mangé une tranche de gigot et bu deux bouteilles de vin à son souper et qui n'eût pas eu l'air d'*un affreux pauvre*, un pareil souhait eût été un ordre. Mais qu'un homme qui avait ce chapeau se permît d'avoir un désir et qu'un homme qui avait cette redingote se permît d'avoir une volonté, c'est ce que la Thénardier ne crut pas devoir tolérer. Elle repartit aigrement :

— Il faut qu'elle travaille, puisqu'elle mange. Je ne la nourris pas à rien faire.

— Qu'est-ce qu'elle fait donc ? reprit l'étranger de cette voix douce qui contrastait si étrangement avec ses habits de mendiant et ses épaules de portefaix.

La Thénardier daigna répondre :

— Des bas, s'il vous plaît. Des bas pour mes petites filles qui n'en ont pas, autant dire, et qui vont tout à l'heure pieds nus.

L'homme regarda les pauvres pieds rouges de Cosette, et continua :

— Quand aura-t-elle fini cette paire de bas ?

— Elle en a encore au moins pour trois ou quatre grands jours, la paresseuse.

— Et combien peut valoir cette paire de bas, quand elle sera faite ?

La Thénardier lui jeta un coup d'œil méprisant.
— Au moins trente sous.
— La donneriez-vous pour cinq francs? reprit l'homme.
— Pardieu! s'écria avec un gros rire un roulier qui écoutait, cinq francs? Je crois fichtre bien! cinq balles!

Le Thénardier crut devoir prendre la parole.

— Oui, monsieur, si c'est votre fantaisie, on vous donnera cette paire de bas pour cinq francs. Nous ne savons rien refuser aux voyageurs.

— Il faudrait payer tout de suite, dit la Thénardier avec sa façon brève et péremptoire.

— J'achète cette paire de bas, répondit l'homme, et, ajouta-t-il en tirant de sa poche une pièce de cinq francs qu'il posa sur la table, — je la paye.

Puis il se tourna vers Cosette.

— Maintenant ton travail est à moi. Joue, mon enfant.

Le roulier fut si ému de la pièce de cinq francs, qu'il laissa là son verre et accourut.

— C'est pourtant vrai! cria-t-il en l'examinant. Une vraie roue de derrière! et pas fausse!

Le Thénardier approcha et mit silencieusement la pièce dans son gousset.

La Thénardier n'avait rien à répliquer. Elle se mordit les lèvres, et son visage prit une expression de haine.

Cependant Cosette tremblait. Elle se risqua à demander :

— Madame, est-ce que c'est vrai? est-ce que je peux jouer?

— Joue! dit la Thénardier d'une voix terrible.

— Merci, madame, dit Cosette.

Et, pendant que sa bouche remerciait la Thénardier, toute sa petite âme remerciait le voyageur.

Le Thénardier s'était remis à boire. Sa femme lui dit à l'oreille :

— Qu'est-ce que ça peut être que cet homme jaune?

— J'ai vu, répondit souverainement Thénardier, des millionnaires qui avaient des redingotes comme cela.

Cosette avait laissé là son tricot, mais elle n'était pas sortie de sa place. Cosette bougeait toujours le moins possible. Elle avait pris dans une boîte derrière elle quelques vieux chiffons et son petit sabre de plomb.

Éponine et Azelma ne faisaient aucune attention à ce qui se passait. Elles venaient d'exécuter une opération fort importante; elles s'étaient emparées du chat. Elles avaient jeté la poupée à terre, et Éponine, qui était l'aînée, emmaillottait le petit chat, malgré ses miaulements et ses contorsions, avec une foule de nippes et de guenilles rouges et bleues. Tout en faisant ce grave et difficile travail, elle disait à sa sœur dans ce doux et adorable langage des enfants dont la grâce, pareille à la splendeur de l'aile des papillons, s'en va quand on veut la fixer :

— Vois-tu, ma sœur, cette poupée-là est plus amusante que l'autre. Elle remue, elle crie, elle est chaude. Vois-tu, ma sœur, jouons avec. Ce serait ma petite fille. Je serais une dame. Je viendrais te voir et tu la regarderais. Peu à peu tu verrais ses moustaches, et cela t'étonnerait. Et puis tu verrais ses oreilles, et puis tu verrais sa queue, et cela t'étonnerait. Et tu me dirais : Ah! mon Dieu! et je te dirais : Oui, madame, c'est une petite fille que j'ai comme ça. Les petites filles sont comme ça à présent.

Azelma écoutait Éponine avec admiration.

Cependant, les buveurs s'étaient mis à chanter une chanson obscène dont ils riaient à faire trembler le plafond. Le Thénardier les encourageait et les accompagnait.

Comme les oiseaux font un nid avec tout, les enfants font une poupée avec n'importe quoi. Pendant qu'Éponine et Azelma emmaillottaient le chat, Cosette, de son côté, avait emmaillotté le sabre. Cela fait, elle l'avait couché sur ses bras, et elle chantait doucement pour l'endormir.

La poupée est un des plus impérieux besoins et en même temps un des plus charmants instincts de l'enfance féminine. Soigner, vêtir, parer, habiller, déshabiller, rhabiller, enseigner, un peu gronder, bercer, dorloter, endormir, se figurer que quelque chose est quelqu'un, tout l'avenir de la femme est là. Tout en rêvant et tout en jasant, tout en faisant de petits trousseaux et de petites layettes, tout en cousant de petites robes, de petits corsages et de petites brassières, l'enfant devient jeune fille, la jeune fille devient grande fille, la grande fille devient femme. Le premier enfant continue la dernière poupée.

Une petite fille sans poupée est à peu près aussi malheureuse et tout à fait aussi impossible qu'une femme sans enfants.

Cosette s'était donc fait une poupée avec le sabre.

La Thénardier, elle, s'était rapprochée de l'*homme jaune*. — Mon mari a raison, pensait-elle, c'est peut-être M. Laffitte. Il y a des riches si farces!

Elle vint s'accouder à sa table.

— Monsieur, dit-elle.

A ce mot *monsieur*, l'homme se retourna. La Thénardier ne l'avait encore appelé que *brave homme* ou *bonhomme*.

— Voyez-vous, monsieur, poursuivit-elle en prenant son air douceâtre qui était encore plus fâcheux à voir que son air féroce, je veux bien que l'enfant joue, je ne m'y oppose pas, mais c'est bon pour une fois, parce que vous êtes généreux. Voyez-vous, cela n'a rien. Il faut que cela travaille.

— Elle n'est donc pas à vous, cette enfant? demanda l'homme.

— Oh! mon Dieu, non, monsieur! c'est une petite pauvre que nous avons recueillie comme cela, par charité. Une espèce d'enfant imbécile. Elle doit avoir de l'eau dans la tête. Elle a la tête grosse, comme vous voyez. Nous faisons pour elle ce que nous pouvons, car nous ne sommes pas riches. Nous avons beau écrire à son pays, voilà six mois qu'on ne nous répond plus. Il faut croire que sa mère est morte.

— Ah! dit l'homme, et il retomba dans sa rêverie.

— C'était une pas grand'chose que cette mère, ajouta la Thénardier. Elle abandonnait son enfant.

Pendant toute cette conversation, Cosette, comme si un instinct l'eût avertie qu'on parlait d'elle, n'avait pas quitté des yeux la Thénardier. Elle écoutait vaguement. Elle entendait çà et là quelques mots.

Cependant les buveurs, tous ivres aux trois quarts, répétaient leur refrain immonde avec un redoublement de gaieté. C'était une gaillardise de haut goût, où étaient mêlés la Vierge et l'enfant Jésus. La Thénardier était allée prendre sa part des éclats de rire. Cosette, sous la table, regardait le feu qui se réverbérait dans son œil fixe; elle s'était remise à bercer l'espèce de maillot qu'elle avait fait, et tout en le berçant, elle chantait à voix basse : Ma mère est morte! ma mère est morte! ma mère est morte!

Sur de nouvelles instances de l'hôtesse, l'homme jaune, « le millionnaire, » consentit enfin à souper.

— Que veut monsieur?

— Du pain et du fromage, dit l'homme.

— Décidément, c'est un gueux, pensa la Thénardier.

Les ivrognes chantaient toujours leur chanson, et l'enfant, sous la table, chantait aussi la sienne.

Tout à coup Cosette s'interrompit. Elle venait de se retourner et d'apercevoir la poupée des petites Thénardier, qu'elles avaient quittée pour le chat et laissée à terre à quelques pas de la table de cuisine.

Alors elle laissa tomber le sabre emmaillotté qui ne lui suffisait qu'à demi, puis elle promena lentement ses yeux autour de la salle. La Thénardier parlait bas à son mari et comptait de la monnaie, Ponine et Zelma jouaient avec le chat, les voyageurs mangeaient ou buvaient, ou chantaient, aucun regard n'était fixé sur elle. Elle n'avait pas un moment à perdre. Elle sortit de dessous la table en rampant sur les genoux et sur les mains, s'assura encore une fois qu'on ne la guettait pas, puis se glissa vivement jusqu'à la poupée et la saisit. Un instant après, elle était à sa place, assise, immobile, tournée seulement de manière à faire de l'ombre sur la poupée qu'elle tenait dans ses bras. Ce bonheur de jouer avec une poupée était tellement rare pour elle qu'il avait toute la violence d'une volupté.

Personne ne l'avait vue, excepté le voyageur, qui mangeait lentement son maigre souper.

Cette joie dura près d'un quart d'heure.

Mais quelque précaution que prît Cosette, elle ne s'apercevait pas qu'un des pieds de la poupée — *passait,* — et que le feu de la cheminée l'éclairait très-vivement. Ce pied rose et lumineux qui sortait de l'ombre frappa subitement le regard d'Azelma, qui dit à Éponine : — Tiens ! ma sœur !

Les deux petites filles s'arrêtèrent, stupéfaites. Cosette avait osé prendre la poupée !

Éponine se leva, et, sans lâcher le chat, alla vers sa mère et se mit à la tirer par sa jupe.

— Mais laisse-moi donc ! dit la mère. Qu'est-ce que tu me veux ?

— Mère, dit l'enfant, regarde donc !

Et elle désignait du doigt Cosette.

Cosette, elle, tout entière aux extases de la possession, ne voyait et n'entendait plus rien.

Le visage de la Thénardier prit cette expression particulière qui se compose du terrible mêlé aux riens de la vie et qui a fait nommer ces sortes de femmes : mégères.

Cette fois, l'orgueil blessé exaspérait encore sa colère. Cosette avait franchi tous les intervalles, Cosette avait attenté à la poupée de « ces demoiselles ». Une czarine qui verrait un mougick essayer le

grand cordon bleu de son impérial fils n'aurait pas une autre figure.
Elle cria d'une voix que l'indignation enrouait :
— Cosette!
Cosette tressaillit comme si la terre eût tremblé sous elle. Elle se retourna.
— Cosette! répéta la Thénardier.
Cosette prit la poupée et la posa doucement à terre avec une sorte de vénération mêlée de désespoir. Alors, sans la quitter des yeux, elle joignit les mains, et, ce qui est effrayant à dire dans un enfant de cet âge, elle se les tordit; puis, ce que n'avait pu lui arracher aucune des émotions de la journée, ni la course dans le bois, ni la pesanteur du seau d'eau, ni la perte de l'argent, ni la vue du martinet, ni même la sombre parole qu'elle avait entendu dire à la Thénardier, — elle pleura. Elle éclata en sanglots.
Cependant le voyageur s'était levé.
— Qu'est-ce donc? dit-il à la Thénardier.
— Vous ne voyez pas? dit la Thénardier en montrant du doigt le corps du délit qui gisait aux pieds de Cosette.
— Eh bien, quoi? reprit l'homme.
— Cette gueuse, répondit la Thénardier, s'est permis de toucher à la poupée des enfants!
— Tout ce bruit pour cela! dit l'homme. Eh bien, quand elle jouerait avec cette poupée?
— Elle y a touché avec ses mains sales! poursuivit la Thénardier, avec ses affreuses mains!
Ici Cosette redoubla ses sanglots.
— Te tairas-tu! cria la Thénardier.
L'homme alla droit à la porte de la rue, l'ouvrit et sortit.
Dès qu'il fut sorti, la Thénardier profita de son absence pour allonger sous la table à Cosette un grand coup de pied qui fit jeter à l'enfant les hauts cris.
La porte se rouvrit, l'homme reparut, il portait dans ses deux mains la poupée fabuleuse dont nous avons parlé et que tous les marmots du village contemplaient depuis le matin, et il la posa debout devant Cosette en disant :
— Tiens, c'est pour toi.
Il faut croire que, depuis plus d'une heure qu'il était là, au milieu de sa rêverie, il avait confusément remarqué cette boutique de

bimbeloterie éclairée de lampions et de chandelles, si splendidement qu'on l'apercevait à travers la vitre du cabaret comme une illumination.

Cosette leva les yeux, elle avait vu venir l'homme à elle avec cette poupée comme elle eût vu venir le soleil, elle entendit ces paroles inouïes : *C'est pour toi*, elle le regarda, elle regarda la poupée, puis elle recula lentement, et s'alla cacher tout au fond sous la table dans le coin du mur.

Elle ne pleurait plus, elle ne criait plus, elle avait l'air de ne plus oser respirer.

La Thénardier, Éponine, Azelma étaient autant de statues. Les buveurs eux-mêmes s'étaient arrêtés. Il s'était fait un silence solennel dans tout le cabaret.

La Thénardier, pétrifiée et muette, recommençait ses conjectures : — Qu'est-ce que c'est que ce vieux? est-ce un pauvre? est-ce un millionnaire? C'est peut-être les deux, c'est-à-dire un voleur.

La face du mari Thénardier offrit cette ride expressive qui accentue la figure humaine chaque fois que l'instinct dominant y apparaît avec toute sa puissance bestiale. Le gargotier considérait tour à tour la poupée et le voyageur; il semblait flairer cet homme comme il eût flairé un sac d'argent. Cela ne dura que le temps d'un éclair. Il s'approcha de sa femme et lui dit bas :

— Cette machine coûte au moins trente francs. Pas de bêtises. A plat ventre devant l'homme!

Les natures grossières ont cela de commun avec les natures naïves qu'elles n'ont pas de transition.

— Eh bien, Cosette, dit la Thénardier d'une voix qui voulait être douce et qui était toute composée de ce miel aigre des méchantes femmes, est-ce que tu ne prends pas ta poupée?

Cosette se hasarda à sortir de son trou.

— Ma petite Cosette, reprit le Thénardier d'un air caressant, monsieur te donne une poupée. Prends-la. Elle est à toi.

Cosette considérait la poupée merveilleuse avec une sorte de terreur. Son visage était encore inondé de larmes, mais ses yeux commençaient à s'emplir, comme le ciel au crépuscule du matin, des rayonnements étranges de la joie. Ce qu'elle éprouvait en ce moment-là était un peu pareil à ce qu'elle eût ressenti, si on lui eût dit brusquement : Petite, vous êtes la reine de France.

Il lui semblait que si elle touchait à cette poupée, le tonnerre en sortirait.

Ce qui était vrai jusqu'à un certain point, car elle se disait que la Thénardier gronderait et la battrait.

Pourtant, l'attraction l'emporta. Elle finit par s'approcher et murmura timidement en se tournant vers la Thénardier :

— Est-ce que je peux, madame?

Aucune expression ne saurait rendre cet air à la fois désespéré, épouvanté et ravi.

— Pardi! fit la Thénardier, c'est à toi. Puisque monsieur te la donne.

— Vrai, monsieur? reprit Cosette, est-ce que c'est vrai? c'est à moi, la dame?

L'étranger paraissait avoir les yeux pleins de larmes. Il semblait être à ce point d'émotion où l'on ne parle pas pour ne pas pleurer. Il fit un signe de tête à Cosette, et mit la main de « la dame » dans sa petite main.

Cosette retira vivement sa main, comme si celle de *la dame* la brûlait, et se mit à regarder le pavé. Nous sommes forcé d'ajouter qu'en cet instant-là elle tirait la langue d'une façon démesurée. Tout à coup, elle se retourna et saisit la poupée avec emportement.

— Je l'appellerai Catherine, dit-elle.

Ce fut un moment bizarre que celui où les haillons de Cosette rencontrèrent et étreignirent les rubans et les fraîches mousselines roses de la poupée.

— Madame, reprit-elle, est-ce que je peux la mettre sur une chaise?

— Oui, mon enfant, répondit la Thénardier.

Maintenant c'était Éponine et Azelma qui regardaient Cosette avec envie.

Cosette posa Catherine sur une chaise, puis s'assit à terre devant elle, et demeura immobile, sans dire un mot, dans l'attitude de la contemplation.

— Joue donc, Cosette, dit l'étranger.

— Oh! je joue, répondit l'enfant.

Cet étranger, cet inconnu qui avait l'air d'une visite que la providence faisait à Cosette, était en ce moment-là ce que la Thénardier haïssait le plus au monde. Pourtant, il fallait se contraindre.

C'était plus d'émotions qu'elle n'en pouvait supporter, si habituée qu'elle fût à la dissimulation par la copie qu'elle tâchait de faire de son mari dans toutes ses actions. Elle se hâta d'envoyer ses filles coucher, puis elle demanda à l'homme jaune *la permission* d'y envoyer Cosette, — *qui a bien fatigué aujourd'hui*, ajouta-t-elle d'un air maternel. Cosette s'alla coucher emportant Catherine entre ses bras.

ACCOMPLISSEMENT DE LA PROMESSE FAITE A LA MORTE.

La Thénardier allait de temps en temps à l'autre bout de la salle où était son homme, *pour se soulager l'âme*, disait-elle. Elle échangeait avec son mari quelques paroles d'autant plus furieuses qu'elle n'osait les dire tout haut :

— Vieille bête! qu'est-ce qu'il a donc dans le ventre? venir nous déranger ici! vouloir que ce petit monstre joue! lui donner des poupées! donner des poupées de quarante francs à une chienne que je donnerais moi pour quarante sous! encore un peu il lui dirait votre majesté comme à la duchesse de Berry! Y a-t-il du bon sens? il est donc enragé, ce vieux mystérieux-là?

— Pourquoi? C'est tout simple, répliquait le Thénardier. Si ça l'amuse! Toi, ça t'amuse que la petite travaille, lui, ça l'amuse qu'elle joue. Il est dans son droit. Un voyageur, ça fait ce que ça veut quand ça paye. Si ce vieux est un philanthrope, qu'est-ce que ça te fait? si c'est un imbécile, ça ne te regarde pas. De quoi te mêles-tu, puisqu'il a de l'argent?

Langage de maître et raisonnement d'aubergiste qui n'admettaient ni l'un ni l'autre la réplique.

L'homme s'était accoudé sur la table et avait repris son attitude de rêverie. Tous les autres voyageurs, marchands et rouliers, s'étaient un peu éloignés et ne chantaient plus. Ils le considéraient à distance avec une sorte de crainte respectueuse. Ce particulier si pauvrement vêtu, qui tirait de sa poche les roues de derrière avec tant d'aisance et qui prodiguait des poupées gigantesques à de petites souillons en sabots, était certainement un bonhomme magnifique et redoutable.

Plusieurs heures s'écoulèrent. La messe de minuit était dite, le réveillon était fini, les buveurs s'en étaient allés, le cabaret était fermé, la salle basse était déserte, le feu s'était éteint, l'étranger était toujours à la même place et dans la même posture. De temps en temps il changeait le coude sur lequel il s'appuyait. Voilà tout. Mais il n'avait pas dit un mot depuis que Cosette n'était plus là.

Les Thénardier seuls, par convenance et par curiosité, étaient restés dans la salle.

— Est-ce qu'il va passer la nuit comme ça? grommelait la Thénardier. Comme deux heures du matin sonnaient, elle se déclara vaincue et dit à son mari : — Je vais me coucher. Fais-en ce que tu voudras. — Le mari s'assit à une table dans un coin, alluma une chandelle et se mit à lire le *Courrier français*.

Une bonne heure passa ainsi. Le digne aubergiste avait lu au moins trois fois le *Courrier français*, depuis la date du numéro jusqu'au nom de l'imprimeur. L'étranger ne bougeait pas.

Le Thénardier remua, toussa, cracha, se moucha, fit craquer sa chaise. Aucun mouvement de l'homme. — Est-ce qu'il dort? pensa le Thénardier. — L'homme ne dormait pas, mais rien ne pouvait l'éveiller.

Enfin Thénardier ôta son bonnet, s'approcha doucement, et s'aventura à dire :

— Est-ce que monsieur ne va pas reposer?

Ne va pas se coucher lui eût semblé excessif et familier. *Reposer* sentait le luxe et était du respect. Ces mots-là ont la propriété mystérieuse et admirable de gonfler le lendemain matin le chiffre de la carte à payer. Une chambre où l'on *couche* coûte vingt sous; une chambre où l'on *repose* coûte vingt francs.

— Tiens! dit l'étranger, vous avez raison. Où est votre écurie?

— Monsieur, fit le Thénardier avec un sourire, je vais conduire monsieur.

Il prit la chandelle, l'homme prit son paquet et son bâton, et Thénardier le mena dans une chambre au premier qui était d'une rare splendeur, toute meublée en acajou avec un lit-bateau et des rideaux en calicot rouge.

— Qu'est-ce que c'est que cela? dit le voyageur.

— C'est notre propre chambre de noce, dit l'aubergiste. Nous en habitons une autre, mon épouse et moi. On n'entre ici que trois ou quatre fois dans l'année.

— J'aurais autant aimé l'écurie, dit l'homme brusquement.

Le Thénardier n'eut pas l'air d'entendre cette réflexion peu obligeante.

Il alluma deux bougies de cire toutes neuves qui figuraient sur la cheminée. Un assez bon feu flambait dans l'âtre.

Il y avait sur cette cheminée, sous un bocal, une coiffure de femme en fil d'argent et en fleur d'oranger.

— Et ceci, qu'est-ce que c'est? reprit l'étranger.

— Monsieur, dit le Thénardier, c'est le chapeau de mariée de ma femme.

Le voyageur regarda l'objet d'un regard qui semblait dire : Il y a donc eu un moment où ce monstre a été une vierge?

Du reste le Thénardier mentait. Quand il avait pris à bail cette bicoque pour en faire une gargote, il avait trouvé cette chambre ainsi garnie, et avait acheté ces meubles et brocanté ces fleurs d'oranger, jugeant que cela ferait une ombre gracieuse sur « son épouse », et qu'il en résulterait pour sa maison ce que les Anglais appellent de la respectabilité.

Quand le voyageur se retourna, l'hôte avait disparu. Le Thénardier s'était éclipsé discrètement, sans oser dire bonsoir, ne voulant pas traiter avec une cordialité irrespectueuse un homme qu'il se proposait d'écorcher royalement le lendemain matin.

L'aubergiste se retira dans sa chambre. Sa femme était couchée, mais elle ne dormait pas. Quand elle entendit le pas de son mari, elle se retourna et lui dit :

— Tu sais que je flanque Cosette demain à la porte.

Le Thénardier répondit froidement :

— Comme tu y vas!

Ils n'échangèrent pas d'autres paroles et quelques moments après leur chandelle était éteinte.

De son côté, le voyageur avait déposé dans un coin son bâton et son paquet. L'hôte parti, il s'assit sur un fauteuil et resta quelque temps pensif. Puis il ôta ses souliers, prit une des deux bougies, souffla l'autre, poussa la porte et sortit de la chambre, regardant autour de lui comme quelqu'un qui cherche. Il traversa un corridor et parvint à l'escalier. Là il entendit un petit bruit très-doux qui ressemblait à une respiration d'enfant. Il se laissa conduire par ce bruit et arriva à une espèce d'enfoncement triangulaire pratiqué sous l'escalier ou pour mieux dire formé par l'escalier même. Cet enfoncement n'était autre chose que le dessous des marches. Là, parmi toutes sortes de vieux papiers et de vieux tessons, dans la poussière et dans les toiles d'araignée, il y avait un lit; si l'on peut appeler lit une paillasse trouée jusqu'à montrer la paille et une couverture trouée jusqu'à laisser voir la paillasse. Point de draps. Cela était posé à terre sur le carreau.

Dans ce lit Cosette dormait.

L'homme s'approcha et la considéra.

Cosette dormait profondément, elle était tout habillée. L'hiver elle ne se déshabillait pas pour avoir moins froid.

Elle tenait serrée contre elle la poupée dont les grands yeux ouverts brillaient dans l'obscurité. De temps en temps elle poussait un grand soupir comme si elle allait se réveiller, et elle étreignait la poupée dans ses bras presque convulsivement. Il n'y avait à côté de son lit qu'un de ses sabots.

Une porte ouverte près du galetas de Cosette laissait voir une assez grande chambre sombre. L'étranger y pénétra. Au fond, à travers une porte vitrée, on apercevait deux petits lits jumeaux très-blancs. C'étaient ceux d'Azelma et d'Éponine. Derrière ces lits disparaissait à demi un berceau d'osier sans rideaux où dormait le petit garçon qui avait crié toute la soirée.

L'étranger conjectura que cette chambre communiquait avec celle des époux Thénardier. Il allait se retirer quand son regard rencontra la cheminée; une de ces vastes cheminées d'auberge où il y a toujours un si petit feu, quand il y a du feu, et qui sont si froides à voir. Dans celle-là il n'y avait pas de feu, il n'y avait pas même de cendre; ce qui y était attira pourtant l'attention du voyageur. C'étaient deux petits souliers d'enfant de forme coquette et de grandeur inégale; le voyageur se rappela la gracieuse et immémoriale coutume des enfants qui déposent leur chaussure dans la cheminée le jour de Noël pour y attendre dans les ténèbres quelque étincelant cadeau de leur bonne

fée. Éponine et Azelma n'avaient eu garde d'y manquer, et elles avaient mis chacune un de leurs souliers dans la cheminée.

Le voyageur se pencha.

La fée, c'est-à-dire la mère, avait déjà fait sa visite, et l'on voyait reluire dans chaque soulier une belle pièce de dix sous toute neuve.

L'homme se relevait et allait s'en aller lorsqu'il aperçut au fond, dans le coin le plus obscur de l'âtre, un autre objet. Il regarda, et reconnut un sabot, un affreux sabot du bois le plus grossier, à demi brisé et tout couvert de cendre et de boue desséchée. C'était le sabot de Cosette. Cosette, avec cette touchante confiance des enfants qui peut être trompée toujours sans se décourager jamais, avait mis, elle aussi, son sabot dans la cheminée.

C'est une chose sublime et douce que l'espérance dans un enfant qui n'a jamais connu que le désespoir.

Il n'y avait rien dans ce sabot.

L'étranger fouilla dans son gilet, se courba, et mit dans le sabot de Cosette un louis d'or.

Puis il regagna sa chambre à pas de loup.

IX

THÉNARDIER A LA MANŒUVRE

Le lendemain matin, deux heures au moins avant le jour, le mari Thénardier, attablé près d'une chandelle dans la salle basse du cabaret, une plume à la main, composait la carte du voyageur à la redingote jaune.

La femme, debout, à demi courbée sur lui, le suivait des yeux. Ils n'échangeaient pas une parole. C'était, d'un côté, une méditation profonde, de l'autre, cette admiration religieuse avec laquelle on regarde naître et s'épanouir une merveille de l'esprit humain. On entendait un bruit dans la maison ; c'était l'Alouette qui balayait l'escalier.

Après un bon quart d'heure et quelques ratures, le Thénardier produisit ce chef-d'œuvre :

NOTE DU MONSIEUR DU N° 1.

Souper.	3 francs.
Chambre.	10 —
Bougie.	5 —
Feu.	4 —
Service	1 —
Total.	23 —

Service était écrit *servisse*.

— Vingt-trois francs! s'écria la femme avec un enthousiasme mêlé de quelque hésitation.

Comme tous les grands artistes, le Thénardier n'était pas content.

— Peuh! fit-il.

C'était l'accent de Castlereagh rédigeant au congrès de Vienne la carte à payer de la France.

— Monsieur Thénardier, tu as raison, il doit bien cela, murmura la femme qui songeait à la poupée donnée à Cosette en présence de ses filles, c'est juste, mais c'est trop. Il ne voudra pas payer.

Le Thénardier fit son rire froid et dit :

— Il payera.

Ce rire était la signification suprême de la certitude et de l'autorité. Ce qui était dit ainsi devait être. La femme n'insista point. Elle se mit à ranger les tables; le mari marchait de long en large dans la salle. Un moment après il ajouta :

— Je dois bien quinze cents francs, moi!

Il alla s'asseoir au coin de la cheminée, méditant, les pieds sur les cendres chaudes.

— Ah! çà, reprit la femme, tu n'oublies pas que je flanque Cosette à la porte aujourd'hui? Ce monstre! elle me mange le cœur avec sa poupée! J'aimerais mieux épouser Louis XVIII que de la garder un jour de plus à la maison!

Le Thénardier alluma sa pipe et répondit entre deux bouffées :

— Tu remettras la carte à l'homme.

Puis il sortit.

Il était à peine hors de la salle que le voyageur y entra.

Le Thénardier reparut sur-le-champ derrière lui et demeura immobile dans la porte entrebâillée, visible seulement pour sa femme.

L'homme jaune portait à la main son bâton et son paquet.

— Levé si tôt? dit la Thénardier; est-ce que monsieur nous quitte déjà?

Tout en parlant ainsi, elle tournait d'un air embarrassé la carte dans ses mains et y faisait des plis avec ses ongles. Son visage dur offrait une nuance qui ne lui était pas habituelle, la timidité et le scrupule.

Présenter une pareille note à un homme qui avait si parfaitement l'air « d'un pauvre », cela lui paraissait malaisé.

Le voyageur semblait préoccupé et distrait. Il répondit :

— Oui, madame, je m'en vais.

— Monsieur, reprit-elle, n'avait donc pas d'affaires à Montfermeil?

— Non, je passe par ici. Voilà tout. — Madame, ajouta-t-il, qu'est-ce que je dois?

La Thénardier, sans répondre, lui tendit la carte pliée.

L'homme déplia le papier, et le regarda; mais son attention était visiblement ailleurs.

— Madame, reprit-il, faites-vous de bonnes affaires dans ce Montfermeil?

— Comme cela, monsieur, répondit la Thénardier stupéfaite de ne point voir d'autre explosion.

Elle poursuivit d'un accent élégiaque et lamentable :

— Oh! monsieur, les temps sont bien durs! et puis nous avons si peu de bourgeois dans nos endroits! C'est tout petit monde, voyez-vous. Si nous n'avions pas par-ci par-là des voyageurs généreux et riches comme monsieur! nous avons tant de charges. Tenez, cette petite nous coûte les yeux de la tête.

— Quelle petite?

— Eh bien, la petite, vous savez! Cosette! l'Alouette, comme on dit dans le pays!

— Ah! dit l'homme.

Elle continua :

— Sont-ils bêtes, ces paysans, avec leurs sobriquets! elle a plutôt l'air d'une chauve-souris que d'une alouette. Voyez-vous, monsieur, nous ne demandons pas la charité, mais nous ne pouvons pas la faire. Nous ne gagnons rien et nous avons gros à payer. La patente, les impositions, les portes et fenêtres, les centimes! Monsieur sait que le gouvernement demande un argent terrible. Et puis j'ai mes filles, moi. Je n'ai pas besoin de nourrir l'enfant des autres.

L'homme reprit, de cette voix qu'il s'efforçait de rendre indifférente et dans laquelle il y avait un tremblement :

— Et si l'on vous en débarrassait?

— De qui? de la Cosette?

— Oui.

La face rouge et violente de la gargotière s'illumina d'un épanouissement hideux.

— Ah! monsieur! mon bon monsieur! prenez-la, gardez-la,

emmenez-la, emportez-la, sucrez-la, truffez-la, buvez-la, mangez-la, et soyez béni de la bonne sainte Vierge et de tous les saints du paradis !

— C'est dit.

— Vrai! vous l'emmenez?

— Je l'emmène.

— Tout de suite?

— Tout de suite. Appelez l'enfant.

— Cosette! cria la Thénardier.

— En attendant, poursuivit l'homme, je vais toujours vous payer ma dépense. Combien est-ce?

Il jeta un coup d'œil sur la carte et ne put réprimer un mouvement de surprise :

— Vingt-trois francs!

Il regarda la gargotière et répéta :

— Vingt-trois francs?

Il y avait dans la prononciation de ces deux mots ainsi répétés l'accent qui sépare le point d'exclamation du point d'interrogation.

La Thénardier avait eu le temps de se préparer au choc. Elle répondit avec assurance :

— Dame oui, monsieur! c'est vingt-trois francs.

L'étranger posa cinq pièces de cinq francs sur la table.

— Allez chercher la petite, dit-il.

En ce moment le Thénardier s'avança au milieu de la salle et dit :

— Monsieur doit vingt-six sous.

— Vingt-six sous! s'écria la femme.

— Vingt sous pour la chambre, reprit le Thénardier froidement, et six sous pour le souper. Quant à la petite, j'ai besoin d'en causer un peu avec monsieur. Laisse-nous, ma femme.

La Thénardier eut un de ces éblouissements que donnent les éclairs imprévus du talent. Elle sentit que le grand acteur entrait en scène, ne répliqua pas un mot, et sortit.

Dès qu'ils furent seuls, le Thénardier offrit une chaise au voyageur. Le voyageur s'assit; le Thénardier resta debout, et son visage prit une singulière expression de bonhomie et de simplicité.

— Monsieur, dit-il, tenez, je vais vous dire, c'est que je l'adore, moi, cette enfant.

L'étranger le regarda fixement.

— Quelle enfant?

Thénardier continua :

— Comme c'est drôle! on s'attache. Qu'est-ce que c'est que tout cet argent-là? reprenez donc vos pièces de cent sous. C'est une enfant que j'adore.

— Qui ça? demanda l'étranger.

— Eh, notre petite Cosette! ne voulez-vous pas nous l'emmener? Eh bien, je parle franchement, vrai comme vous êtes un honnête homme, je ne peux pas y consentir. Elle me ferait faute, cette enfant. J'ai vu ça tout petit. C'est vrai qu'elle nous coûte de l'argent, c'est vrai qu'elle a des défauts, c'est vrai que nous ne sommes pas riches, c'est vrai que j'ai payé plus de quatre cents francs en drogues rien que pour une de ses maladies! Mais il faut bien faire quelque chose pour le bon Dieu. Ça n'a ni père ni mère, je l'ai élevée. J'ai du pain pour elle et pour moi. Au fait j'y tiens, à cette enfant. Vous comprenez, on se prend d'affection; je suis une bonne bête, moi; je ne raisonne pas; je l'aime, cette petite; ma femme est vive, mais elle l'aime aussi. Voyez-vous, c'est comme notre enfant. J'ai besoin que ça babille dans la maison.

L'étranger le regardait toujours fixement. Il continua :

— Pardon, excuse, monsieur, mais on ne donne point son enfant comme ça à un passant. Pas vrai que j'ai raison? Après cela, je ne dis pas, vous êtes riche, vous avez l'air d'un bien brave homme, si c'était pour son bonheur? mais il faudrait savoir. Vous comprenez, une supposition que je la laisserais aller et que je me sacrifierais, je voudrais savoir où elle va, je ne voudrais pas la perdre de vue, je voudrais savoir chez qui elle est, pour l'aller voir de temps en temps, qu'elle sache que son bon père nourricier est là, qu'il veille sur elle. Enfin il y a des choses qui ne sont pas possibles. Je ne sais seulement pas votre nom. Vous l'emmèneriez, je dirais : Eh bien, l'Alouette? où donc a-t-elle passé? Il faudrait au moins voir quelque méchant chiffon de papier, un petit bout de passe-port, quoi!

L'étranger, sans cesser de le regarder de ce regard qui va, pour ainsi dire, jusqu'au fond de la conscience, lui répondit d'un accent grave et ferme :

— Monsieur Thénardier, on n'a pas un passe-port pour venir à cinq lieues de Paris. Si j'emmène Cosette, je l'emmènerai, voilà tout. Vous ne saurez pas mon nom, vous ne saurez pas ma demeure, vous ne saurez pas où elle sera, et mon intention est qu'elle ne vous revoie de sa vie. Je casse le fil qu'elle a au pied, et elle s'en va. Cela vous convient-il? Oui ou non?

De même que les démons et les génies reconnaissaient à de certains signes la présence d'un dieu supérieur, le Thénardier comprit qu'il avait affaire à quelqu'un de très-fort. Ce fut comme une intuition ; il comprit cela avec sa promptitude nette et sagace. La veille, tout en buvant avec les rouliers, tout en fumant, tout en chantant des gaudrioles, il avait passé la soirée à observer l'étranger, le guettant comme un chat et l'étudiant comme un mathématicien. Il l'avait à la fois épié pour son propre compte, pour le plaisir et par instinct, et espionné comme s'il eût été payé pour cela. Pas un geste, pas un mouvement de l'homme à la capote jaune ne lui était échappé. Avant même que l'inconnu manifestât si clairement son intérêt pour Cosette, le Thénardier l'avait deviné. Il avait surpris les regards profonds de ce vieux qui revenaient toujours à l'enfant. Pourquoi cet intérêt? qu'était-ce que cet homme? pourquoi, avec tant d'argent dans sa bourse, ce costume si misérable? Questions qu'il se posait sans pouvoir les résoudre et qui l'irritaient. Il y avait songé toute la nuit. Ce ne pouvait être le père de Cosette. Était-ce quelque grand-père? Alors pourquoi ne pas se faire connaître tout de suite? Quand on a un droit, on le montre. Cet homme évidemment n'avait pas de droit sur Cosette. Alors qu'était-ce? Le Thénardier se perdait en suppositions. Il entrevoyait tout, et ne voyait rien. Quoi qu'il en fût, en entamant la conversation avec l'homme, sûr qu'il y avait un secret dans tout cela, sûr que l'homme était intéressé à rester dans l'ombre, il se sentait fort ; à la réponse nette et ferme de l'étranger, quand il vit que ce personnage mystérieux était mystérieux si simplement, il se sentit faible. Il ne s'attendait à rien de pareil. Ce fut la déroute de ses conjectures. Il rallia ses idées. Il pesa tout cela en une seconde. Le Thénardier était un de ces hommes qui jugent d'un coup d'œil une situation. Il estima que c'était le moment de marcher droit et vite. Il fit comme les grands capitaines à cet instant décisif qu'ils savent seuls reconnaître, il démasqua brusquement sa batterie.

— Monsieur, dit-il, il me faut quinze cents francs.

L'étranger prit dans sa poche de côté un vieux portefeuille en cuir noir, l'ouvrit et en tira trois billets de banque qu'il posa sur la table. Puis il appuya son large pouce sur ces billets, et dit au gargotier :

— Faites venir Cosette.

Pendant que ceci se passait, que faisait Cosette?

Cosette, en s'éveillant, avait couru à son sabot. Elle y avait trouvé la pièce d'or. Ce n'était pas un napoléon, c'était une de ces pièces de vingt francs toutes neuves de la restauration sur l'effigie desquelles la petite queue prussienne avait remplacé la couronne de

laurier. Cosette fut éblouie. Sa destinée commençait à l'enivrer. Elle ne savait pas ce que c'était qu'une pièce d'or, elle n'en avait jamais vu, elle la cacha bien vite dans sa poche comme si elle l'avait volée. Cependant elle sentait que cela était bien à elle, elle devinait d'où ce don lui venait, mais elle éprouvait une sorte de joie pleine de peur. Elle était contente; elle était surtout stupéfaite. Ces choses si magnifiques et si jolies ne lui paraissaient pas réelles. La poupée lui faisait peur, la pièce d'or lui faisait peur. Elle tremblait vaguement devant ces magnificences. L'étranger seul ne lui faisait pas peur. Au contraire, il la rassurait. Depuis la veille, à travers ses étonnements, à travers son sommeil, elle songeait dans son petit esprit d'enfant à cet homme qui avait l'air vieux et pauvre et si triste, et qui était si riche et si bon. Depuis qu'elle avait rencontré ce bonhomme dans le bois, tout était comme changé pour elle. Cosette, moins heureuse que la moindre hirondelle du ciel, n'avait jamais su ce que c'est que de se réfugier à l'ombre de sa mère et sous une aile. Depuis cinq ans, c'est-à-dire aussi loin que pouvaient remonter ses souvenirs, la pauvre enfant frissonnait et grelottait. Elle avait toujours été toute nue sous la bise aigre du malheur, maintenant il lui semblait qu'elle était vêtue. Autrefois son âme avait froid, maintenant elle avait chaud.
— Cosette n'avait plus autant de crainte de la Thénardier. Elle n'était plus seule; il y avait quelqu'un là.

Elle s'était mise bien vite à sa besogne de tous les matins. Ce louis, qu'elle avait sur elle, dans ce même gousset de son tablier d'où la pièce de quinze sous était tombée la veille, lui donnait des distractions. Elle n'osait pas y toucher, mais elle passait des cinq minutes à le contempler, il faut le dire, en tirant la langue. Tout en balayant l'escalier, elle s'arrêtait, et restait là, immobile, oubliant son balai et l'univers entier, occupée à regarder cette étoile briller au fond de sa poche.

Ce fut dans une de ces contemplations que la Thénardier la rejoignit.

Sur l'ordre de son mari, elle l'était allée chercher. Chose inouïe, elle ne lui donna pas une tape et ne lui dit pas une injure.

— Cosette, dit-elle presque doucement, viens tout de suite.

Un instant après, Cosette entrait dans la salle basse.

L'étranger prit le paquet qu'il avait apporté et le dénoua. Ce paquet contenait une petite robe de laine, un tablier, une brassière de futaine, un jupon, un fichu, des bas de laine, des souliers, un vêtement complet pour une fille de sept ans. Tout cela était noir.

— Mon enfant, dit l'homme, prends ceci et va t'habiller bien vite.

Le jour paraissait lorsque ceux des habitants de Montfermeil qui commençaient à ouvrir leurs portes, virent passer dans la rue de Paris un bonhomme pauvrement vêtu donnant la main à une petite fille tout en deuil qui portait une poupée rose dans ses bras. Ils se dirigeaient du côté de Livry.

C'était notre homme et Cosette.

Personne ne connaissait l'homme ; comme Cosette n'était plus en guenilles, beaucoup ne la reconnurent pas.

Cosette s'en allait. Avec qui? Elle l'ignorait. Où? Elle ne savait. Tout ce qu'elle comprenait, c'est qu'elle laissait derrière elle la gargote Thénardier. Personne n'avait songé à lui dire adieu, ni elle à dire adieu à personne. Elle sortait de cette maison, haïe et haïssant.

Pauvre doux être dont le cœur n'avait été jusqu'à cette heure que comprimé !

Cosette marchait gravement, ouvrant ses grands yeux et considérant le ciel. Elle avait mis son louis dans la poche de son tablier neuf. De temps en temps elle se penchait et lui jetait un coup d'œil, puis elle regardait le bonhomme. Elle sentait quelque chose comme si elle était près du bon Dieu.

X

QUI CHERCHE LE MIEUX PEUT TROUVER LE PIRE

La Thénardier, selon son habitude, avait laissé faire son mari. Elle s'attendait à de grands événements. Quand l'homme et Cosette furent partis, le Thénardier laissa écouler un grand quart d'heure, puis il la prit à part et lui montra les quinze cents francs.

— Que ça! dit-elle.

C'était la première fois, depuis le commencement de leur ménage, qu'elle osait critiquer un acte du maître.

Le coup porta.

— Au fait, tu as raison, dit-il, je suis un imbécile. Donne-moi mon chapeau.

Il plia les trois billets de banque, les enfonça dans sa poche et sortit en toute hâte, mais il se trompa et prit d'abord à droite. Quelques voisins auxquels il s'informa le remirent sur la trace, l'Alouette et l'homme avaient été vus allant dans la direction de Livry. Il suivit cette indication, marchant à grands pas et monologuant.

— Cet homme est évidemment un million habillé en jaune, et moi je suis un animal. Il a d'abord donné vingt sous, puis cinq francs, puis cinquante francs, puis quinze cents francs, toujours aussi facilement. Il aurait donné quinze mille francs. Mais je vais le rattraper.

Et puis ce paquet d'habits préparés d'avance pour la petite, tout cela était singulier; il y avait bien des mystères là-dessous. On ne lâche pas des mystères quand on les tient. Les secrets des riches sont des éponges pleines d'or, il faut savoir les presser. Toutes ces pensées lui tourbillonnaient dans le cerveau. — Je suis un animal, disait-il.

Quand on est sorti de Montfermeil et qu'on a atteint le coude que fait la route qui va à Livry, on la voit se développer devant soi très-loin sur le plateau. Parvenu là, il calcula qu'il devait apercevoir l'homme et la petite. Il regarda aussi loin que sa vue put s'étendre, et ne vit rien. Il s'informa encore. Cependant il perdait du temps. Des passants lui dirent que l'homme et l'enfant qu'il cherchait s'étaient acheminés vers les bois du côté de Gagny. Il se hâta dans cette direction.

Ils avaient de l'avance sur lui, mais un enfant marche lentement, et lui il allait vite. Et puis le pays lui était bien connu.

Tout à coup il s'arrêta et se frappa le front comme un homme qui a oublié l'essentiel, et qui est prêt à revenir sur ses pas.

— J'aurais dû prendre mon fusil, se dit-il.

Thénardier était une de ces natures doubles qui passent quelquefois au milieu de nous à notre insu et qui disparaissent sans qu'on les ait connues, parce que la destinée n'en a montré qu'un côté. Le sort de beaucoup d'hommes est de vivre ainsi à demi submergés. Dans une situation calme et plate, Thénardier avait tout ce qu'il fallait pour faire, — nous ne disons pas pour être, — ce qu'on est convenu d'appeler un honnête commerçant, un bon bourgeois. En même temps, certaines circonstances étant données, certaines secousses

venant à soulever sa nature de dessous, il avait tout ce qu'il fallait pour être un scélérat. C'était un boutiquier dans lequel il y avait du monstre. Satan devait par moments s'accroupir dans quelque coin du bouge où vivait Thénardier et rêver devant ce chef-d'œuvre hideux.

Après une hésitation d'un instant :

— Bah! pensa-t-il, ils auraient le temps d'échapper !

Et il continua son chemin, allant devant lui rapidement, et presque d'un air de certitude, avec la sagacité du renard flairant une compagnie de perdrix.

En effet, quand il eut dépassé les étangs et traversé obliquement la grande clairière qui est à droite de l'avenue de Bellevue, comme il arrivait à cette allée de gazon qui fait presque le tour de la colline et qui recouvre la voûte de l'ancien canal des eaux de l'abbaye de Chelles, il aperçut au-dessus d'une broussaille un chapeau sur lequel il avait déjà échafaudé bien des conjectures. C'était le chapeau de l'homme. La broussaille était basse. Le Thénardier reconnut que l'homme et Cosette étaient assis là. On ne voyait pas l'enfant à cause de sa petitesse, mais on apercevait la tête de la poupée.

Le Thénardier ne se trompait pas. L'homme s'était assis là pour laisser un peu reposer Cosette. Le gargotier tourna la broussaille et apparut brusquement aux regards de ceux qu'il cherchait.

— Pardon, excuse, monsieur, dit-il tout essoufflé, mais voici vos quinze cents francs.

En parlant ainsi, il tendait à l'étranger les trois billets de banque.

L'homme leva les yeux :

— Qu'est-ce que cela signifie?

Le Thénardier répondit respectueusement :

— Monsieur, cela signifie que je reprends Cosette.

Cosette frissonna et se serra contre le bonhomme.

Lui, il répondit en regardant le Thénardier dans le fond des yeux et en espaçant toutes ses syllabes :

— Vous re-pre-nez Cosette?

— Oui, monsieur, je la reprends. Je vais vous dire, j'ai réfléchi. Au fait, je n'ai pas le droit de vous la donner. Je suis un honnête homme, voyez-vous. Cette petite n'est pas à moi, elle est à sa mère. C'est sa mère qui me l'a confiée; je ne puis la remettre qu'à sa mère. Vous me direz : Mais la mère est morte. Bon. En ce cas, je ne puis rendre l'enfant qu'à une personne qui m'apporterait un écrit signé de la mère comme quoi je dois remettre l'enfant à cette personne-là. Cela est clair.

L'homme, sans répondre, fouilla dans sa poche, et le Thénardier vit reparaître le portefeuille aux billets de banque.

Le gargotier eut un frémissement de joie.

— Bon! pensa-t-il, tenons-nous. Il va me corrompre!

Avant d'ouvrir le portefeuille, le voyageur jeta un coup d'œil autour de lui. Le lieu était absolument désert. Il n'y avait pas une âme dans le bois ni dans la vallée. L'homme ouvrit le portefeuille et en tira, non la poignée de billets de banque qu'attendait Thénardier, mais un simple petit papier qu'il développa et présenta tout ouvert à l'aubergiste en disant :

— Vous avez raison. Lisez.

Le Thénardier prit le papier et lut :

« M.— sur M.—, le 25 mars 1823.

« Monsieur Thénardier,

« Vous remettrez Cosette à la personne. — On vous payera toutes « les petites choses.

« J'ai l'honneur de vous saluer avec considération.

« FANTINE. »

— Vous connaissez cette signature, reprit l'homme.

C'était bien la signature de Fantine. Le Thénardier la reconnut.

Il n'y avait rien à répliquer. Il sentit deux violents dépits, le dépit de renoncer à la corruption qu'il espérait et le dépit d'être battu. L'homme ajouta :

— Vous pouvez garder ce papier pour votre décharge.

Le Thénardier se replia en bon ordre :

— Cette signature est assez bien imitée, grommela-t-il entre ses dents. Enfin, soit!

Puis il essaya un effort désespéré.

— Monsieur, dit-il, c'est bon. Puisque vous êtes la personne. Mais il faut me payer « toutes les petites choses ». On me doit gros.

L'homme se dressa debout et dit en époussetant avec des chiquenaudes sa manche râpée où il y avait de la poussière :

— Monsieur Thénardier, en janvier la mère comptait qu'elle vous devait cent vingt francs; vous lui avez envoyé en février un mémoire de cinq cents francs; vous avez reçu trois cents francs fin février et trois cents francs au commencement de mars. Il s'est écoulé depuis lors neuf mois à quinze francs, prix convenu, cela fait cent trente-cinq francs. Vous aviez reçu cent francs de trop. Reste trente-cinq francs qu'on vous doit. Je viens de vous donner quinze cents francs.

Le Thénardier éprouva ce qu'éprouve le loup au moment où il se sent mordu et saisi par la mâchoire d'acier du piége.

— Quel est ce diable d'homme? pensa-t-il.

Il fit ce que fait le loup, il donna une secousse. L'audace lui avait déjà réussi une fois.

— Monsieur-dont-je-ne-sais-pas-le-nom, dit-il résolûment et mettant cette fois les façons respectueuses de côté, je reprendrai Cosette ou vous me donnerez mille écus.

L'étranger dit tranquillement :

— Viens, Cosette.

Il prit Cosette de la main gauche, et de la droite il ramassa son bâton qui était à terre.

Le Thénardier remarqua l'énormité de la trique et la solitude du lieu.

L'homme s'enfonça dans le bois avec l'enfant, laissant le gargotier immobile et interdit.

Pendant qu'ils s'éloignaient, le Thénardier considérait ses larges épaules un peu voûtées et ses gros poings.

Puis ses yeux, revenant à lui-même, retombaient sur ses bras chétifs et sur ses mains maigres. — Il faut que je sois vraiment bien bête, pensait-il, de n'avoir pas pris mon fusil, puisque j'allais à la chasse!

Cependant l'aubergiste ne lâcha pas prise.

— Je veux savoir où il ira, dit-il, — et il se mit à les suivre à distance. Il lui restait deux choses dans les mains, une ironie, le chiffon de papier signé *Fantine*, et une consolation, les quinze cents francs.

L'homme emmenait Cosette dans la direction de Livry et de Bondy. Il marchait lentement, la tête baissée, dans une attitude de réflexion et de tristesse. L'hiver avait fait le bois à claire-voie, si bien que le Thénardier ne les perdait pas de vue, tout en restant assez loin. De temps en temps, l'homme se retournait et regardait si on ne le suivait pas. Tout à coup il aperçut Thénardier. Il entra brusquement avec Cosette dans un taillis où ils pouvaient tous deux disparaître. — Diantre! dit le Thénardier. — Et il doubla le pas.

L'épaisseur du fourré l'avait forcé de se rapprocher d'eux. Quand l'homme fut au plus épais, il se retourna. Thénardier eut beau se cacher dans les branches, il ne put faire que l'homme ne le vît pas. L'homme lui jeta un coup d'œil inquiet, puis hocha la tête et reprit sa route. L'aubergiste se remit à le suivre. Ils firent ainsi deux ou trois cents pas. Tout à coup l'homme se retourna encore. Il aperçut l'aubergiste. Cette fois il le regarda d'un air si sombre que le Thénardier jugea « inutile » d'aller plus loin. Thénardier rebroussa chemin.

XI

LE NUMÉRO 9430 REPARAIT, ET COSETTE LE GAGNE A LA LOTERIE

Jean Valjean n'était pas mort.

En tombant à la mer, ou plutôt en s'y jetant, il était, comme on l'a vu, sans fers. Il nagea entre deux eaux jusque sous un navire au mouillage, auquel était amarrée une embarcation. Il trouva moyen de se cacher dans cette embarcation jusqu'au soir. A la nuit, il se jeta de nouveau à la nage, et atteignit la côte à peu de distance du cap Brun. Là, comme ce n'était pas l'argent qui lui manquait, il put se procurer des vêtements. Une guinguette aux environs de Balaguier était alors le vestiaire des forçats évadés, spécialité lucrative. Puis, Jean Valjean, comme tous ces tristes fugitifs qui tâchent de dépister le guet de la loi et la fatalité sociale, suivit un itinéraire obscur et ondulant. Il trouva un premier asile aux Pradeaux, près Beausset. Ensuite il se dirigea vers le Grand-Villard, près Briançon, dans les Hautes-Alpes. Fuite tâtonnante et inquiète, chemin de taupe dont les embranchements sont inconnus. On a pu, plus tard, retrouver quelque trace

de son passage dans l'Ain sur le territoire de Civrieux, dans les Pyrénées à Accons au lieu dit la Grange-de-Doumecq, près du hameau de Chavailles, et dans les environs de Périgueux, à Brunies, canton de la Chapelle-Gonaguet. Il gagna Paris. On vient de le voir à Montfermeil.

Son premier soin, en arrivant à Paris, avait été d'acheter des habits de deuil pour une petite fille de sept à huit ans, puis de se procurer un logement. Cela fait, il s'était rendu à Montfermeil.

On se souvient que déjà, lors de sa précédente évasion, il y avait fait, ou dans les environs, un voyage mystérieux dont la justice avait eu quelque lueur.

Du reste, on le croyait mort, et cela épaississait l'obscurité qui s'était faite sur lui. A Paris, il lui tomba sous la main un des journaux qui enregistraient le fait. Il se sentit rassuré et presque en paix comme s'il était réellement mort.

Le soir même du jour où Jean Valjean avait tiré Cosette des griffes des Thénardier, il rentrait dans Paris. Il y rentrait à la nuit tombante, avec l'enfant, par la barrière de Monceaux. Là il monta dans un cabriolet qui le conduisit à l'esplanade de l'Observatoire. Il y descendit, paya le cocher, prit Cosette par la main, et tous deux, dans la nuit noire, par les rues désertes qui avoisinent l'Ourcine et la Glacière, se dirigèrent vers le boulevard de l'Hôpital.

La journée avait été étrange et remplie d'émotions pour Cosette; on avait mangé derrière des haies du pain et du fromage achetés dans des gargotes isolées; on avait souvent changé de voiture, on avait fait des bouts de chemin à pied, elle ne se plaignait pas; mais elle était fatiguée, et Jean Valjean s'en aperçut à sa main qu'elle tirait davantage en marchant. Il la prit sur son dos; Cosette, sans lâcher Catherine, posa sa tête sur l'épaule de Jean Valjean, et s'y endormit.

LIVRE QUATRIÈME

LA MASURE GORBEAU

I

MAITRE GORBEAU

Il y a quarante ans, le promeneur solitaire qui s'aventurait dans les pays perdus de la Salpêtrière et qui montait par le boulevard jusque vers la barrière d'Italie, arrivait à des endroits où l'on eût pu dire que Paris disparaissait. Ce n'était plus la solitude, il y avait des passants; ce n'était pas la campagne, il y avait des maisons et des rues; ce n'était pas une ville, les rues avaient des ornières comme les grandes routes et l'herbe y poussait; ce n'était pas un village, les maisons étaient trop hautes. Qu'était-ce donc? C'était un lieu habité où il n'y avait personne, c'était un lieu désert où il y avait quelqu'un; c'était un boulevard de la grande ville, une rue de Paris, plus farouche la nuit qu'une forêt, plus morne le jour qu'un cimetière.

C'était le vieux quartier du Marché-aux-Chevaux.

Ce promeneur, s'il se risquait au delà des quatre murs caducs de ce Marché-aux-Chevaux, s'il consentait même à dépasser la rue du Petit-Banquier, après avoir laissé à sa droite un courtil gardé par de hautes murailles, puis un pré où se dressaient des meules de tan pareilles à des huttes de castors gigantesques, puis un enclos encombré de bois de charpente avec des tas de souches, de sciures et de copeaux au haut desquels aboyait un gros chien, puis un long mur bas tout en ruine avec une petite porte noire et en deuil, chargée de mousses qui s'emplissaient de fleurs au printemps, puis, au plus désert, une affreuse bâtisse décrépite sur laquelle on lisait en grosses lettres : DÉFENCE D'AFFICHER, ce promeneur hasardeux atteignait l'angle de la rue des Vignes-Saint-Marcel, latitudes peu connues. Là, près d'une usine et entre deux murs de jardins, on voyait en ce temps-là une masure qui, au premier coup d'œil, semblait petite comme une chaumière et qui en réalité était grande comme une cathédrale. Elle se présentait sur la voie publique de côté, par le pignon ; de là, son exiguïté apparente. Presque toute la maison était cachée. On n'en apercevait que la porte et une fenêtre.

Cette masure n'avait qu'un étage.

En l'examinant, le détail qui frappait d'abord, c'est que cette porte n'avait jamais pu être que la porte d'un bouge, tandis que cette croisée, si elle-eût été coupée dans la pierre de taille au lieu de l'être dans le moellon, aurait pu être la croisée d'un hôtel.

La porte n'était autre chose qu'un assemblage de planches vermoulues grossièrement liées par des traverses pareilles à des bûches mal équarries. Elle s'ouvrait immédiatement sur un roide escalier à hautes marches, boueux, plâtreux, poudreux, de la même largeur qu'elle, qu'on voyait de la rue monter droit comme une échelle et disparaître dans l'ombre entre deux murs. Le haut de la baie informe que battait cette porte était masqué d'une volige étroite au milieu de laquelle on avait scié un jour triangulaire, tout ensemble lucarne et vasistas quand la porte était fermée. Sur le dedans de la porte un pinceau trempé dans de l'encre avait tracé en deux coups de poing le chiffre 52, et au-dessus de la volige le même pinceau avait barbouillé le numéro 50 ; de sorte qu'on hésitait. Où est-on ? Le dessus de la porte dit : au numéro 50 ; le dedans réplique : non, au numéro 52. On ne sait quels chiffons couleur de poussière pendaient comme des draperies au vasistas triangulaire.

La fenêtre était large, suffisamment élevée, garnie de persiennes et de châssis à grands carreaux ; seulement ces grands carreaux avaient des blessures variées, à la fois cachées et trahies par un ingénieux bandage en papier, et les persiennes, disloquées et descellées, menaçaient plutôt les passants qu'elles ne gardaient les habitants. Les abat-jour horizontaux y manquaient çà et là et étaient naïvement remplacés par des planches clouées perpendiculairement ; si bien que la chose commençait en persienne et finissait en volet.

Cette porte qui avait l'air immonde et cette fenêtre qui avait l'air honnête, quoique délabrée, ainsi vues sur la même maison, faisaient l'effet de deux mendiants dépareillés qui iraient ensemble et marcheraient côte à côte, avec deux mines différentes sous les mêmes haillons, l'un ayant toujours été un gueux, l'autre ayant été un gentilhomme.

L'escalier menait à un corps de bâtiment très-vaste qui ressemblait à un hangar dont on aurait fait une maison. Ce bâtiment avait pour tube intestinal un long corridor sur lequel s'ouvraient, à droite et à gauche, des espèces de compartiments de dimensions variées, à la rigueur logeables et plutôt semblables à des échoppes qu'à des cellules. Ces chambres prenaient jour sur les terrains vagues des environs.

Tout cela était obscur, fâcheux, blafard, mélancolique, sépulcral; traversé, selon que les fentes étaient dans le toit ou dans la porte, par des rayons froids ou par des bises glacées. Une particularité intéressante et pittoresque de ce genre d'habitation, c'est l'énormité des araignées.

A gauche de la porte d'entrée, sur le boulevard, à hauteur d'homme, une lucarne qu'on avait murée, faisait une niche carrée pleine de pierres que les enfants y jetaient en passant.

Une partie de ce bâtiment a été dernièrement démolie. Ce qui en reste aujourd'hui peut encore faire juger de ce qu'il a été. Le tout, dans son ensemble, n'a guère plus d'une centaine d'années. Cent ans, c'est la jeunesse d'une église et la vieillesse d'une maison. Il semble que le logis de l'homme participe de sa brièveté et le logis de Dieu de son éternité.

Les facteurs de la poste appelaient cette masure le numéro 50-52; mais elle était connue dans le quartier sous le nom de maison Gorbeau.

Disons d'où lui venait cette appellation.

Les collecteurs de petits faits, qui se font des herbiers d'anecdotes et qui piquent dans leur mémoire les dates fugaces avec une épingle, savent qu'il y avait à Paris, au siècle dernier, vers 1770, deux procureurs au Châtelet, appelés, l'un Corbeau, l'autre Renard. Deux noms prévus par La Fontaine. L'occasion était trop belle pour que la basoche n'en fît point gorge chaude. Tout de suite la parodie courut, en vers quelque peu boiteux, les galeries du palais:

> Maître Corbeau, sur un dossier perché,
> Tenait dans son bec une saisie exécutoire,
> Maître Renard, par l'odeur alléché,
> Lui fit à peu près cette histoire :
> Hé! bonjour! etc.

Les deux honnêtes praticiens, gênés par les quolibets et contrariés dans leur port de tête par les éclats de rire qui les suivaient, résolurent de se débarrasser de leur nom et prirent le parti de s'adresser au roi. La requête fut présentée à Louis XV le jour même où le nonce du pape, d'un côté, et le cardinal de La Roche-Aymon, de l'autre, dévotement agenouillés tous les deux, chaussèrent, en présence de sa majesté, chacun d'une pantoufle les deux pieds nus de madame Du Barry sortant du lit. Le roi, qui riait, continua de rire, passa gaiement des deux évêques aux deux procureurs, et fit à ces robins grâce de leur nom, ou à peu près. Il fut permis, de par le roi, à maître Corbeau d'ajouter une queue à son initiale et de se nommer Gorbeau ; maître Renard fut moins heureux, il ne put obtenir que de mettre un P devant son R et de s'appeler Prenard : si bien que le deuxième nom n'était guère moins ressemblant que le premier.

Or, selon la tradition locale, ce maître Gorbeau avait été propriétaire de la bâtisse numérotée 50-52 boulevard de l'Hôpital. Il était même l'auteur de la fenêtre monumentale.

De là à cette masure, le nom de maison Gorbeau.

Vis-à-vis le numéro 50-52 se dresse, parmi les plantations du boulevard, un grand orme aux trois quarts mort; presque en face s'ouvre la rue de la barrière des Gobelins, rue alors sans maisons, non pavée, plantée d'arbres mal venus, verte ou fangeuse selon la saison, qui allait aboutir carrément au mur d'enceinte de Paris. Une odeur de couperose sort par bouffées des toits d'une fabrique voisine.

La barrière était tout près. En 1823, le mur d'enceinte existait encore.

Cette barrière elle-même jetait dans l'esprit des figures funestes. C'était le chemin de Bicêtre. C'est par là que, sous l'empire et la restauration, rentraient à Paris les condamnés à mort le jour de leur exécution. C'est là que fut commis vers 1829 ce mystérieux assassinat dit « de la barrière de Fontainebleau » dont la justice n'a pu découvrir les auteurs, problème funèbre qui n'a pas été éclairci, énigme effroyable qui n'a pas été ouverte. Faites quelques pas, vous trouvez cette fatale rue Croulebarbe où Ulbach poignarda la chevrière d'Ivry au bruit du tonnerre, comme dans un mélodrame. Quelques pas encore, et vous arrivez aux abominables ormes étêtés de la barrière Saint-Jacques, cet expédient des philanthropes cachant l'échafaud, cette mesquine et honteuse place de Grève d'une société boutiquière et bourgeoise, qui a reculé devant la peine de mort, n'osant ni l'abolir avec grandeur, ni la maintenir avec autorité.

Il y a trente-sept ans, en laissant à part cette place Saint-Jacques qui était comme prédestinée et qui a toujours été horrible, le point le plus morne peut-être de tout ce morne boulevard était l'endroit, si peu attrayant encore aujourd'hui, où l'on rencontrait la masure 50-52.

Les maisons bourgeoises n'ont commencé à poindre là que vingt-cinq ans plus tard. Le lieu était morose. Aux idées funèbres qui vous y saisissaient, on se sentait entre la Salpêtrière dont on entrevoyait le dôme et Bicêtre dont on touchait la barrière; c'est-à-dire entre la folie de la femme et la folie de l'homme. Si loin que la vue pût s'étendre, on n'apercevait que les abattoirs, le mur d'enceinte et quelques rares façades d'usines, pareilles à des casernes ou à des monastères; partout des baraques et des plâtras, de vieux murs noirs comme des linceuls, des murs neufs blancs comme des suaires; partout des rangées d'arbres parallèles, des bâtisses tirées au cordeau, des constructions plates, de longues lignes froides, et la tristesse lugubre des angles droits. Pas un accident de terrain, pas un caprice d'architecture, pas un pli. C'était un ensemble glacial, régulier, hideux. Rien ne serre le cœur comme la symétrie. C'est que la symétrie, c'est l'ennui, et l'ennui est le fond même du deuil. Le désespoir bâille. On peut rêver quelque chose de plus terrible qu'un enfer où l'on souffre, c'est un enfer où l'on s'ennuierait. Si cet enfer existait, ce morceau de boulevard de l'Hôpital en eût pu être l'avenue.

Cependant, à la nuit tombante, au moment où la clarté s'en va, l'hiver surtout, à l'heure où la bise crépusculaire arrache aux ormes leurs dernières feuilles rousses, quand l'ombre est profonde et sans étoiles, ou quand la lune et le vent font des trous dans les nuages, ce boulevard devenait tout à coup effrayant. Les lignes noires s'enfonçaient et se perdaient dans les ténèbres comme des tronçons de l'infini. Le passant ne pouvait s'empêcher de songer aux innombrables traditions patibulaires du lieu. La solitude de cet endroit où il s'était commis tant de crimes avait quelque chose d'affreux. On croyait pressentir des piéges dans cette obscurité, toutes les formes confuses de l'ombre paraissaient suspectes, et les longs creux carrés qu'on apercevait entre chaque arbre semblaient des fosses. Le jour, c'était laid; le soir, c'était lugubre; la nuit, c'était sinistre.

L'été, au crépuscule, on voyait çà et là quelques vieilles femmes, assises au pied des ormes sur des bancs moisis par les pluies. Ces bonnes vieilles mendiaient volontiers.

Du reste ce quartier, qui avait plutôt l'air suranné qu'antique, tendait dès lors à se transformer. Dès cette époque, qui voulait le voir devait se hâter. Chaque jour, quelque détail de cet ensemble s'en allait. Aujourd'hui, et depuis vingt ans, l'embarcadère du chemin de fer d'Orléans est là à côté du vieux faubourg, et le travaille. Partout où l'on place, sur la lisière d'une capitale, l'embarcadère d'un chemin de fer, c'est la mort d'un faubourg et la naissance d'une ville. Il semble qu'autour de ces grands centres du mouvement des peuples, au roulement de ces puissantes machines, au souffle de ces monstrueux chevaux de la civilisation qui mangent du charbon et vomissent du feu, la terre pleine de germes tremble et s'ouvre pour engloutir les anciennes demeures des hommes et laisser sortir les nouvelles. Les vieilles maisons croulent, les maisons neuves montent.

Depuis que la gare du railway d'Orléans a envahi les terrains de la Salpêtrière, les antiques rues étroites qui avoisinent les fossés Saint-Victor et le Jardin des Plantes s'ébranlent, violemment traversées trois ou quatre fois chaque jour par ces courants de diligences, de fiacres et d'omnibus qui, dans un temps donné, refoulent les maisons à droite et à gauche; car il y a des choses bizarres à énoncer qui sont rigoureusement exactes, et, de même qu'il est vrai de dire que dans les grandes villes le soleil fait végéter et croître les façades des maisons au midi, il est certain que le passage fréquent des voitures élargit les rues. Les symptômes d'une vie nouvelle sont évidents. Dans ce vieux quartier provincial, aux recoins les plus sauvages, le pavé se montre, les trottoirs commencent à ramper et à s'allonger, même là où il n'y a pas encore de passants. Un matin, matin mémorable, en juillet 1845, on y vit tout à coup fumer les marmites noires du bitume; ce jour-là on put dire que la civilisation était arrivée rue de l'Ourcine et que Paris était entré dans le faubourg Saint-Marceau.

II

NID POUR HIBOU ET FAUVETTE

Ce fut devant cette masure Gorbeau que Jean Valjean s'arrêta. Comme les oiseaux fauves, il avait choisi ce lieu désert pour y faire son nid.

Il fouilla dans son gilet, y prit une sorte de passe-partout, ouvrit la porte, entra, puis la referma avec soin et monta l'escalier, portant toujours Cosette.

Au haut de l'escalier, il tira de sa poche une autre clef avec laquelle il ouvrit une autre porte. La chambre où il entra et qu'il referma sur-le-champ était une espèce de galetas assez spacieux, meublé d'un matelas posé à terre, d'une table et de quelques chaises. Un poêle allumé et dont on voyait la braise était dans un coin. Le réverbère du boulevard éclairait vaguement cet intérieur pauvre. Au fond il y avait un cabinet avec un lit de sangle. Jean Valjean porta l'enfant sur ce lit et l'y déposa sans qu'elle s'éveillât.

Il battit le briquet et alluma une chandelle; tout cela était préparé d'avance sur la table; et, comme il l'avait fait la veille, il se mit à considérer Cosette d'un regard plein d'extase, où l'expression de la bonté et de l'attendrissement allait presque jusqu'à l'égarement. La petite fille, avec cette confiance tranquille qui n'appartient qu'à l'extrême force et qu'à l'extrême faiblesse, s'était endormie sans savoir avec qui elle était, et continuait de dormir sans savoir où elle était.

Jean Valjean se courba et baisa la main de cette enfant.

Neuf mois auparavant il baisait la main de la mère qui, elle aussi, venait de s'endormir.

Le même sentiment douloureux, religieux, poignant, lui remplissait le cœur.

Il s'agenouilla près du lit de Cosette.

Il faisait grand jour que l'enfant dormait encore. Un rayon pâle du soleil de décembre traversait la croisée du galetas et traînait sur le plafond de longues filandres d'ombre et de lumière. Tout à coup une charrette de carrier, lourdement chargée, qui passait sur la chaussée

du boulevard, ébranla la baraque comme un roulement d'orage et la fit trembler du haut en bas.

— Oui! madame! cria Cosette réveillée en sursaut, voilà! voilà!

Et elle se jeta à bas du lit, les paupières encore à demi fermées par la pesanteur du sommeil, étendant le bras vers l'angle du mur.

— Ah! mon Dieu! mon balai! dit-elle.

Elle ouvrit tout à fait les yeux et vit le visage souriant de Jean Valjean.

— Ah! tiens, c'est vrai! dit l'enfant. Bonjour, monsieur.

Les enfants acceptent tout de suite et familièrement la joie et le bonheur, étant eux-mêmes naturellement bonheur et joie.

Cosette aperçut Catherine au pied de son lit, et s'en empara, et, tout en jouant, elle faisait cent questions à Jean Valjean. — Où elle était? Si c'était grand, Paris? Si madame Thénardier était bien loin? Si elle ne reviendrait pas? etc., etc. Tout à coup elle s'écria : — Comme c'est joli ici !

C'était un affreux taudis; mais elle se sentait libre.

— Faut-il que je balaye? reprit-elle enfin.

— Joue, dit Jean Valjean.

La journée se passa ainsi. Cosette, sans s'inquiéter de rien comprendre, était inexprimablement heureuse entre cette poupée et ce bonhomme.

III

DEUX MALHEURS MÊLÉS FONT DU BONHEUR

Le lendemain au point du jour, Jean Valjean était encore près du lit de Cosette. Il attendit là, immobile, et il la regarda se réveiller. Quelque chose de nouveau lui entrait dans l'âme.

Jean Valjean n'avait jamais rien aimé. Depuis vingt-cinq ans il était seul au monde. Il n'avait jamais été père, amant, mari, ami. Au bagne il était mauvais, sombre, chaste, ignorant et farouche. Le cœur de ce vieux forçat était plein de virginités. Sa sœur et les enfants de sa sœur ne lui avaient laissé qu'un souvenir vague et lointain qui avait fini par s'évanouir presque entièrement. Il avait fait tous ses efforts pour les retrouver, et, n'ayant pu les retrouver, il les avait oubliés. La nature humaine est ainsi faite. Les autres émotions tendres de sa jeunesse, s'il en avait eu, étaient tombées dans un abîme.

Quand il vit Cosette, quand il l'eut prise, emportée et délivrée, il sentit se remuer ses entrailles. Tout ce qu'il y avait de passionné et d'affectueux en lui s'éveilla et se précipita vers cet enfant. Il allait près du lit où elle dormait, et il y tremblait de joie; il éprouvait des épreintes comme une mère et il ne savait ce que c'était; car c'est une chose bien obscure et bien douce que ce grand et étrange mouvement d'un cœur qui se met à aimer.

Pauvre vieux cœur tout neuf!

Seulement, comme il avait cinquante-cinq ans et que Cosette en avait huit, tout ce qu'il aurait pu avoir d'amour dans toute sa vie se fondit en une sorte de lueur ineffable.

C'était la deuxième apparition blanche qu'il rencontrait. L'évêque avait fait lever à son horizon l'aube de la vertu, Cosette y faisait lever l'aube de l'amour.

Les premiers jours s'écoulèrent dans cet éblouissement.

De son côté, Cosette, elle aussi, devenait autre, à son insu, pauvre petit être! Elle était si petite quand sa mère l'avait quittée qu'elle ne s'en souvenait plus. Comme tous les enfants, pareils aux jeunes pousses de la vigne qui s'accrochent à tout, elle avait essayé d'aimer. Elle n'y avait pu réussir. Tous l'avaient repoussée, les Thénardier, leurs enfants, d'autres enfants. Elle avait aimé le chien, qui était mort, après quoi rien n'avait voulu d'elle, ni personne. Chose lugubre à dire, et que nous avons déjà indiquée, à huit ans elle avait le cœur froid. Ce n'était pas sa faute, ce n'était point la faculté d'aimer qui lui manquait; hélas! c'était la possibilité. Aussi, dès le premier jour, tout ce qui sentait et songeait en elle se mit à aimer ce bonhomme. Elle éprouvait ce qu'elle n'avait jamais ressenti, une sensation d'épanouissement.

Le bonhomme ne lui faisait même plus l'effet d'être vieux, ni d'être pauvre. Elle trouvait Jean Valjean beau, de même qu'elle trouvait le taudis joli.

Ce sont là des effets d'aurore, d'enfance, de jeunesse, de joie. La nouveauté de la terre et de la vie y est pour quelque chose. Rien n'est charmant comme le reflet colorant du bonheur sur le grenier. Nous avons tous ainsi dans notre passé un galetas bleu.

La nature, cinquante ans d'intervalle, avaient mis une séparation profonde entre Jean Valjean et Cosette; cette séparation, la destinée la combla. La destinée unit brusquement et fiança avec son irrésistible puissance ces deux existences déracinées, différentes par l'âge, semblables par le deuil. L'une, en effet, complétait l'autre. L'instinct de Cosette cherchait un père comme l'instinct de Jean Valjean cherchait un enfant. Se rencontrer, ce fut se trouver. Au moment mystérieux où leurs deux mains se touchèrent, elles se soudèrent. Quand ces deux âmes s'aperçurent, elles se reconnurent comme étant le besoin l'une de l'autre et s'embrassèrent étroitement.

En prenant les mots dans leur sens le plus compréhensif et le plus absolu, on pourrait dire que, séparés de tout par des murs de tombe, Jean Valjean était le Veuf comme Cosette était l'Orpheline. Cette situation fit que Jean Valjean devint d'une façon céleste le père de Cosette.

Et, en vérité, l'impression mystérieuse produite à Cosette, au fond du bois de Chelles, par la main de Jean Valjean saisissant la sienne dans l'obscurité, n'était pas une illusion, mais une réalité. L'entrée de cet homme dans la destinée de cet enfant avait été l'arrivée de Dieu.

Du reste, Jean Valjean avait bien choisi son asile. Il était là dans une sécurité qui pouvait sembler entière.

La chambre à cabinet qu'il occupait avec Cosette était celle dont la fenêtre donnait sur le boulevard. Cette fenêtre étant unique dans la maison, aucun regard de voisins n'était à craindre, pas plus de côté qu'en face.

Le rez-de-chaussée du numéro 50-52, espèce d'appentis délabré, servait de remise à des maraîchers, et n'avait aucune communication avec le premier. Il en était séparé par le plancher qui n'avait ni trappes ni escalier et qui était comme le diaphragme de la masure. Le premier étage contenait, comme nous l'avons dit, plusieurs chambres et quelques greniers, dont un seulement était occupé par une vieille femme qui faisait le ménage de Jean Valjean. Tout le reste était inhabité.

C'était cette vieille femme, ornée du nom de *principale locataire* et en réalité chargée des fonctions de portière, qui lui avait loué ce logis dans la journée de Noël. Il s'était donné à elle pour un rentier ruiné par les bons d'Espagne, qui allait venir demeurer là avec sa petite fille. Il avait payé six mois d'avance et chargé la vieille de meubler la chambre et le cabinet comme on a vu. C'était cette bonne femme qui avait allumé le poêle et tout préparé le soir de leur arrivée.

Les semaines se succédèrent. Ces deux êtres menaient dans ce taudis misérable une existence heureuse.

Dès l'aube Cosette riait, jasait, chantait. Les enfants ont leur chant du matin comme les oiseaux.

Il arrivait quelquefois que Jean Valjean lui prenait sa petite main rouge et crevassée d'engelures et la baisait. La pauvre enfant, accoutumée à être battue, ne savait ce que cela voulait dire, et s'en allait toute honteuse.

Par moments elle devenait sérieuse et elle considérait sa petite robe noire. Cosette n'était plus en guenilles, elle était en deuil. Elle sortait de la misère et elle entrait dans la vie.

Jean Valjean s'était mis à lui enseigner à lire. Parfois, tout en faisant épeler l'enfant, il songeait que c'était avec l'idée de faire le mal qu'il avait appris à lire au bagne. Cette idée avait tourné à montrer à lire à un enfant. Alors le vieux galérien souriait du sourire pensif des anges.

Il sentait là une préméditation d'en haut, une volonté de quelqu'un qui n'est pas l'homme, et il se perdait dans la rêverie. Les bonnes pensées ont leurs abîmes comme les mauvaises.

Apprendre à lire à Cosette, et la laisser jouer, c'était à peu près là toute la vie de Jean Valjean. Et puis il lui parlait de sa mère et il la faisait prier.

Elle l'appelait : *père*, et ne lui savait pas d'autre nom.

Il passait des heures à la contempler habillant et déshabillant sa poupée, et à l'écouter gazouiller. La vie lui paraissait désormais pleine d'intérêt, les hommes lui semblaient bons et justes, il ne reprochait dans sa pensée plus rien à personne, il n'apercevait aucune raison de ne pas vieillir très-vieux maintenant que cette enfant l'aimait. Il se voyait tout un avenir éclairé par Cosette comme par une charmante lumière. Les meilleurs ne sont pas exempts d'une pensée égoïste. Par moments, il songeait avec une sorte de joie qu'elle serait laide.

Ceci n'est qu'une opinion personnelle; mais, pour dire notre pensée tout entière, au point où en était Jean Valjean quand il se mit à aimer Cosette, il ne nous est pas prouvé qu'il n'ait pas eu besoin de ce ravitaillement pour persévérer dans le bien. Il venait de voir sous de nouveaux aspects la méchanceté des hommes et la misère de la société, aspects incomplets et qui ne montraient fatalement qu'un côté du vrai, le sort de la femme résumé dans Fantine, l'autorité publique personnifiée dans Javert; il était retourné au bagne, cette fois pour avoir bien fait; de nouvelles amertumes l'avaient abreuvé; le dégoût et la lassitude le reprenaient; le souvenir même de l'évêque touchait peut-être à quelque moment d'éclipse, sauf à reparaître plus tard lumineux et triomphant; mais enfin ce souvenir sacré s'affaiblissait. Qui sait si Jean Valjean n'était pas à la veille de se décourager et de retomber? Il aima, et il redevint fort. Hélas! il n'était guère moins chancelant que Cosette. Il la protégea et elle l'affermit. Grâce à lui, elle put marcher dans la vie ; grâce à elle, il put continuer dans la vertu. Il fut le soutien de cet enfant et cet enfant fut son point d'appui. O mystère insondable et divin des équilibres de la destinée!

IV

LES REMARQUES DE LA PRINCIPALE LOCATAIRE

Jean Valjean avait la prudence de ne sortir jamais le jour. Tous les soirs au crépuscule, il se promenait une heure ou deux, quelquefois seul, souvent avec Cosette, cherchant les contre-allées des boulevards les plus solitaires, et entrant dans les églises à la tombée de la nuit. Il allait volontiers à Saint-Médard qui est l'église la plus proche. Quand il n'emmenait pas Cosette, elle restait avec la vieille femme, mais c'était la joie de l'enfant de sortir avec le bonhomme. Elle préférait une heure avec lui même aux tête-à-tête ravissants de Catherine. Il marchait en la tenant par la main et en lui disant des choses douces.

Il se trouva que Cosette était très-gaie.

La vieille faisait le ménage et la cuisine et allait aux provisions.

Ils vivaient sobrement, ayant toujours un peu de feu, mais comme des gens très-gênés. Jean Valjean n'avait rien changé au mobilier du premier jour ; seulement il avait fait remplacer par une porte pleine la porte vitrée du cabinet de Cosette.

Il avait toujours sa redingote jaune, sa culotte noire et son vieux chapeau. Dans la rue on le prenait pour un pauvre. Il arrivait quelquefois que des bonnes femmes se retournaient et lui donnaient un sou. Jean Valjean recevait le sou et saluait profondément. Il arrivait aussi parfois qu'il rencontrait quelque misérable demandant la charité, alors il regardait derrière lui si personne ne le voyait, s'approchait furtivement du malheureux, lui mettait dans la main une pièce de monnaie, souvent une pièce d'argent, et s'éloignait rapidement. Cela

avait ses inconvénients. On commençait à le connaître dans le quartier sous le nom du *mendiant qui fait l'aumône*.

La vieille *principale locataire*, créature rechignée, toute pétrie vis-à-vis du prochain de l'attention des envieux, examinait beaucoup Jean Valjean sans qu'il s'en doutât. Elle était un peu sourde, ce qui la rendait bavarde. Il lui restait de son passé deux dents, l'une en haut, l'autre en bas, qu'elle cognait toujours l'une contre l'autre. Elle avait fait des questions à Cosette qui, ne sachant rien, n'avait pu rien dire, sinon qu'elle venait de Montfermeil. Un matin, cette guetteuse aperçut Jean Valjean qui entrait, d'un air qui sembla à la commère particulier, dans un des compartiments inhabités de la masure. Elle le suivit du pas d'une vieille chatte, et put l'observer, sans en être vue, par la fente de la porte qui était tout contre. Jean Valjean, pour plus de précaution sans doute, tournait le dos à cette porte. La vieille le vit fouiller dans sa poche, et y prendre un étui, des ciseaux et du fil, puis il se mit à découdre la doublure d'un pan de sa redingote et il tira de l'ouverture un morceau de papier jaunâtre qu'il déplia. La vieille reconnut avec épouvante que c'était un billet de mille francs. C'était le second ou le troisième qu'elle voyait depuis qu'elle était au monde. Elle s'enfuit très-effrayée.

Un moment après Jean Valjean l'aborda et la pria d'aller lui changer ce billet de mille francs, ajoutant que c'était le semestre de sa rente qu'il avait touché la veille. — Où? pensa la vieille. Il n'est sorti qu'à six heures du soir, et la caisse du gouvernement n'est certainement pas ouverte à cette heure-là. — La vieille alla changer le billet et fit ses conjectures. Ce billet de mille francs, commenté et multiplié, produisit une foule de conversations effarées parmi les commères de la rue des Vignes-Saint-Marcel.

Les jours suivants, il arriva que Jean Valjean, en manches de veste, scia du bois dans le corridor. La vieille était dans la chambre et faisait le ménage. Elle était seule, Cosette était occupée à admirer le bois qu'on sciait, la vieille vit la redingote accrochée à un clou, et la scruta. La doublure avait été recousue. La bonne femme la palpa attentivement, et crut sentir dans les pans et dans les entournures des épaisseurs de papier. D'autres billets de mille francs, sans doute!

Elle remarqua en outre qu'il y avait toutes sortes de choses dans les poches. Non-seulement les aiguilles, les ciseaux et le fil qu'elle avait vus, mais un gros portefeuille, un très-grand couteau, et, détail suspect, plusieurs perruques de couleurs variées. Chaque poche de cette redingote avait l'air d'être une façon d'en-cas pour des événements imprévus.

Les habitants de la masure atteignirent ainsi les derniers jours de l'hiver.

V

UNE PIÈCE DE CINQ FRANCS QUI TOMBE A TERRE FAIT DU BRUIT

Il y avait près de Saint-Médard un pauvre qui s'accroupissait sur la margelle d'un puits banal condamné, et auquel Jean Valjean faisait volontiers la charité. Il ne passait guère devant cet homme sans lui donner quelques sous. Parfois il lui parlait. Les envieux de ce mendiant disaient qu'il était *de la police*. C'était un vieux bedeau de soixante-quinze ans qui marmottait continuellement des oraisons.

Un soir que Jean Valjean passait par là, il n'avait pas Cosette avec lui, il aperçut le mendiant à sa place ordinaire sous le réverbère qu'on venait d'allumer. Cet homme, selon son habitude, semblait prier et était tout courbé. Jean Valjean alla à lui et lui mit dans la main son aumône accoutumée. Le mendiant leva brusquement les yeux,

regarda fixement Jean Valjean, puis baissa rapidement la tête. Ce mouvement fut comme un éclair, Jean Valjean eut un tressaillement. Il lui sembla qu'il venait d'entrevoir, à la lueur du réverbère, non le visage placide et béat du vieux bedeau, mais une figure effrayante et connue. Il eut l'impression qu'on aurait en se trouvant tout à coup dans l'ombre face à face avec un tigre. Il recula terrifié et pétrifié, n'osant ni respirer, ni parler, ni rester, ni fuir, considérant le mendiant qui avait baissé sa tête couverte d'une loque et paraissait ne plus savoir qu'il était là. Dans ce moment étrange, un instinct, peut-être l'instinct mystérieux de la conservation, fit que Jean Valjean ne prononça pas une parole. Le mendiant avait la même taille, les mêmes guenilles, la même apparence que tous les jours. — Bah!... dit Jean Valjean, je suis fou! je rêve! impossible! — Et il rentra profondément troublé.

C'est à peine s'il osait s'avouer à lui-même que cette figure qu'il avait cru voir était la figure de Javert.

La nuit, en y réfléchissant, il regretta de n'avoir pas questionné l'homme pour le forcer à lever la tête une seconde fois.

Le lendemain, à la nuit tombante, il y retourna. Le mendiant était à sa place. — Bonjour, bonhomme, dit résolûment Jean Valjean, en lui donnant un sou. Le mendiant leva la tête et répondit d'une voix dolente : — Merci, mon bon monsieur. — C'était bien le vieux bedeau.

Jean Valjean se sentit pleinement rassuré. Il se mit à rire. — Où diable ai-je été voir là Javert? pensa-t-il. Ah çà, est-ce que je vais avoir la berlue à présent? — Il n'y songea plus.

Quelques jours après, il pouvait être huit heures du soir, il était dans sa chambre et il faisait épeler Cosette à haute voix, il entendit ouvrir, puis refermer la porte de la masure. Cela lui parut singulier. La vieille, qui seule habitait avec lui la maison, se couchait toujours à la nuit pour ne point user de chandelle. Jean Valjean fit signe à Cosette de se taire. Il entendit qu'on montait l'escalier. A la rigueur, ce pouvait être la vieille, qui avait pu se trouver malade et aller chez l'apothicaire. Jean Valjean écouta.

Le pas était lourd et sonnait comme le pas d'un homme; mais la vieille portait de gros souliers, et rien ne ressemble au pas d'un homme comme le pas d'une vieille femme. Cependant Jean Valjean souffla sa chandelle.

Il avait envoyé Cosette au lit en lui disant tout bas : — Couche-toi bien doucement; et pendant qu'il la baisait au front, les pas s'étaient arrêtés.

Jean Valjean demeura en silence, immobile, le dos tourné à la porte, assis sur sa chaise dont il n'avait pas bougé, retenant son souffle dans l'obscurité.

Au bout d'un temps assez long, n'entendant plus rien, il se retourna sans faire de bruit, et, comme il levait les yeux vers la porte de sa chambre, il vit une lumière par le trou de la serrure. Cette lumière faisait une sorte d'étoile sinistre dans le noir de la porte

et du mur. Il y avait évidemment là quelqu'un qui tenait une chandelle à la main et qui écoutait.

Quelques minutes s'écoulèrent, et la lumière s'en alla. Seulement il n'entendit aucun bruit de pas, ce qui semblait indiquer que celui qui était venu écouter à la porte avait ôté ses souliers.

Jean Valjean se jeta tout habillé sur son lit et ne put fermer l'œil de la nuit.

Au point du jour, comme il s'assoupissait de fatigue, il fut réveillé par le grincement d'une porte qui s'ouvrait à quelque mansarde du fond du corridor, puis il entendit le même pas d'homme qui avait monté l'escalier la veille. Le pas s'approchait. Il se jeta à bas du lit et appliqua son œil au trou de la serrure, lequel était assez grand, espérant voir au passage l'être quelconque qui s'était introduit la nuit dans la masure et qui avait écouté à sa porte. C'était un homme, en effet, qui passa, cette fois sans s'arrêter, devant la chambre de Jean Valjean. Le corridor était encore trop obscur pour qu'on pût distinguer son visage; mais quand l'homme arriva à l'escalier, un rayon de la lumière du dehors le fit saillir comme une silhouette, et Jean Valjean le vit de dos complétement. L'homme était de haute taille, vêtu d'une redingote longue, avec un gourdin sous son bras. C'était l'encolure formidable de Javert.

Jean Valjean aurait pu essayer de le revoir par sa fenêtre sur le boulevard. Mais il eût fallu ouvrir cette fenêtre; il n'osa pas.

Il était évident que cet homme était entré avec une clef, et comme chez lui. Qui lui avait donné cette clef? qu'est-ce que cela voulait dire?

A sept heures du matin, quand la vieille vint faire le ménage, Jean Valjean lui jeta un coup d'œil pénétrant, mais il ne l'interrogea pas. La bonne femme était comme à l'ordinaire.

Tout en balayant elle lui dit :

— Monsieur a peut-être entendu quelqu'un qui entrait cette nuit?

A cet âge et sur ce boulevard, huit heures du soir, c'est la nuit la plus noire.

— A propos, c'est vrai, répondit-il de l'accent le plus naturel. Qui était-ce donc?

— C'est un nouveau locataire, dit la vieille, qu'il y a dans la maison.

— Et qui s'appelle?

— Je ne sais plus trop. Dumont ou Daumont, un nom comme cela.

— Et qu'est-ce qu'il est, ce monsieur Dumont?

La vieille le considéra avec ses petits yeux de fouine et répondit :

— Un rentier comme vous.

Elle n'avait peut-être aucune intention. Jean Valjean crut lui en démêler une.

Quand la vieille fut partie, il fit un rouleau d'une centaine de francs qu'il avait dans une armoire et le mit dans sa poche. Quelque précaution qu'il prît dans cette opération pour qu'on ne l'entendît pas remuer de l'argent, une pièce de cent sous lui échappa des mains et roula bruyamment sur le carreau.

A la brune, il descendit et regarda avec attention de tous les côtés sur le boulevard. Il n'y vit personne. Le boulevard semblait absolument désert. Il est vrai qu'on peut s'y cacher derrière les arbres.

Il remonta.

— Viens, dit-il à Cosette.

Il la prit par la main et ils sortirent tous deux.

LIVRE CINQUIÈME

A CHASSE NOIRE MEUTE MUETTE

I

LES ZIGZAGS DE LA STRATÉGIE

Ici, pour les pages qu'on va lire et pour d'autres encore qu'on rencontrera plus tard, une observation est nécessaire.

Voilà bien des années déjà que l'auteur de ce livre, forcé, à regret, de parler de lui, est absent de Paris. Depuis qu'il l'a quitté, Paris s'est transformé. Une ville nouvelle a surgi qui lui est en quelque sorte inconnue. Il n'a pas besoin de dire qu'il aime Paris; Paris est la ville natale de son esprit. Par suite des démolitions et des reconstructions, le Paris de sa jeunesse, ce Paris qu'il a religieusement emporté dans sa mémoire, est à cette heure un Paris d'autrefois. Qu'on lui permette de parler de ce Paris-là comme s'il existait encore. Il est possible que là où l'auteur va conduire les lecteurs en disant : « Dans telle rue il y a telle maison, » il n'y ait plus aujourd'hui ni maison ni rue. Les lecteurs vérifieront, s'ils veulent en prendre la peine. Quant à lui, il ignore le Paris nouveau, et il écrit avec le Paris ancien devant les yeux dans une illusion qui lui est précieuse. C'est une douceur pour lui de rêver qu'il reste derrière lui quelque chose de ce qu'il voyait quand il était dans son pays, et que tout ne s'est pas évanoui. Tant qu'on va et vient dans le pays natal, on s'imagine que ces rues vous sont indifférentes, que ces fenêtres, ces toits et ces portes ne vous sont de rien, que ces murs vous sont étrangers, que ces arbres sont les premiers arbres venus, que ces maisons où l'on n'entre pas vous sont inutiles, que ces pavés où l'on marche sont des pierres. Plus tard, quand on n'y est plus, on s'aperçoit que ces rues vous sont chères, que ces toits, ces fenêtres et ces portes vous manquent, que ces murailles vous sont nécessaires, que ces arbres sont vos bien-aimés, que ces maisons où l'on n'entrait pas, on y entrait tous les jours, et qu'on a laissé de ses entrailles, de son sang et de son cœur dans ces pavés. Tous ces lieux qu'on ne voit plus, qu'on ne reverra jamais peut-être, et dont on a gardé l'image, prennent un charme douloureux, vous reviennent avec la mélancolie d'une apparition, vous font la terre sainte visible, et sont, pour ainsi dire, la forme même de la France ; et on les aime et on les évoque tels qu'ils sont, tels qu'ils étaient, et l'on s'y obstine, et l'on n'y veut rien changer, car on tient à la figure de la patrie comme au visage de sa mère.

Qu'il nous soit donc permis de parler du passé au présent. Cela dit, nous prions le lecteur d'en tenir note, et nous continuons.

Jean Valjean avait tout de suite quitté le boulevard et s'était engagé dans les rues, faisant le plus de lignes brisées qu'il pouvait, revenant quelquefois sur ses pas pour s'assurer qu'il n'était point suivi.

Cette manœuvre est propre au cerf traqué. Sur les terrains où la trace peut s'imprimer, cette manœuvre a, entre autres avantages, celui de tromper les chasseurs et les chiens par le contre-pied. C'est ce qu'en vénerie on appelle *faux rembuchement*.

C'était une nuit de pleine lune. Jean Valjean n'en fut pas fâché. La lune, encore très-près de l'horizon, coupait dans les rues de grands pans d'ombre et de lumière. Jean Valjean pouvait se glisser le long des maisons et des murs dans le côté sombre et observer le côté clair. Il ne réfléchissait peut-être pas assez que le côté obscur lui échappait. Pourtant, dans toutes les ruelles désertes qui avoisinent la rue de Poliveau, il crut être certain que personne ne venait derrière lui.

Cosette marchait sans faire de questions. Les souffrances des six premières années de sa vie avaient introduit quelque chose de passif dans sa nature. D'ailleurs, et c'est là une remarque sur laquelle nous aurons plus d'une occasion de revenir, elle était habituée, sans trop s'en rendre compte, aux singularités du bonhomme et aux bizarreries de la destinée. Et puis elle se sentait en sûreté, étant avec lui.

Jean Valjean, pas plus que Cosette, ne savait où il allait. Il se confiait à Dieu comme elle se confiait à lui. Il lui semblait qu'il tenait, lui aussi, quelqu'un de plus grand que lui par la main; il croyait sentir un être qui le menait, invisible. Du reste, il n'avait aucune idée arrêtée, aucun plan, aucun projet. Il n'était même pas absolument sûr que ce fût Javert, et puis ce pouvait être Javert sans que Javert sût que c'était lui Jean Valjean. N'était-il pas déguisé? ne le croyait-on pas mort? Cependant depuis quelques jours il se passait des choses qui devenaient singulières. Il ne lui en fallait pas davantage. Il était déterminé à ne plus rentrer dans la maison Gorbeau. Comme l'animal chassé du gîte, il cherchait un trou où se cacher, en attendant qu'il en trouvât un où se loger.

Jean Valjean décrivit plusieurs labyrinthes variés dans le quartier Mouffetard, déjà endormi comme s'il avait encore la discipline du moyen âge et le joug du couvre-feu; il combina de diverses façons, dans des stratégies savantes, la rue Censier et la rue Copeau, la rue du Battoir-Saint-Victor et la rue du Puits-l'Ermite. Il y a par là des logeurs, mais il n'y entrait même pas, ne trouvant point ce qui lui convenait. Par exemple, il ne doutait pas que, si, par hasard, on avait cherché sa piste, on ne l'eût perdue.

Comme onze heures sonnaient à Saint-Étienne-du-Mont, il traversait la rue de Pontoise devant le bureau du commissaire de police qui est au n° 14. Quelques instants après, l'instinct dont nous parlions plus haut fit qu'il se retourna. En ce moment, il vit distinctement, grâce à la lanterne du commissaire qui les trahissait, trois hommes qui le suivaient d'assez près passer successivement sous cette lanterne dans le côté ténébreux de la rue. L'un de ces trois hommes entra dans l'allée de la maison du commissaire. Celui qui marchait en tête lui parut décidément suspect.

— Viens, enfant, dit-il à Cosette, et il se hâta de quitter la rue de Pontoise.

Il fit un circuit, tourna le passage des Patriarches qui était fermé à cause de l'heure, arpenta la rue de l'Épée-de-Bois et la rue de l'Arbalète et s'enfonça dans la rue des Postes.

Il y a là un carrefour, où est aujourd'hui le collége Rollin et où vient s'embrancher la rue Neuve-Sainte-Geneviève.

(Il va sans dire que la rue Neuve-Sainte-Geneviève est une vieille rue, et qu'il ne passe pas une chaise de poste tous les dix ans rue des Postes. Cette rue des Postes était au treizième siècle habitée par des potiers et son vrai nom est rue des Pots.)

La lune jetait une vive lumière dans ce carrefour. Jean Valjean s'embusqua sous une porte, calculant que si ces hommes le suivaient encore, il ne pourrait manquer de les très-bien voir lorsqu'ils traverseraient cette clarté.

En effet, il ne s'était pas écoulé trois minutes que les hommes parurent. Ils étaient maintenant quatre; tous de haute taille, vêtus de longues redingotes brunes, avec des chapeaux ronds, et de gros bâtons à la main. Ils n'étaient pas moins inquiétants par leur grande stature et leurs vastes poings que par leur marche sinistre dans les ténèbres. On eût dit quatre spectres déguisés en bourgeois.

Ils s'arrêtèrent au milieu du carrefour et firent groupe comme des gens qui se consultent. Ils avaient l'air indécis. Celui qui paraissait les conduire se tourna et désigna vivement de la main droite la direction où s'était engagé Jean Valjean; un autre semblait indiquer avec une certaine obstination la direction contraire. A l'instant où le premier se retourna, la lune éclaira en plein son visage. Jean Valjean reconnut parfaitement Javert.

II

IL EST HEUREUX QUE LE PONT D'AUSTERLITZ PORTE VOITURE

L'incertitude cessait pour Jean Valjean; heureusement elle durait encore pour ces hommes. Il profita de leur hésitation ; c'était du temps perdu pour eux, gagné pour lui. Il sortit de dessous la porte où il s'était tapi, et poussa dans la rue des Postes, vers la région du Jardin des Plantes. Cosette commençait à se fatiguer, il la prit dans ses bras et la porta. Il n'y avait point un passant, et l'on n'avait pas allumé les réverbères à cause de la lune.

Il doubla le pas.

En quelques enjambées, il atteignit la poterie Goblet, sur la façade de laquelle le clair de lune faisait très-distinctement lisible la vieille inscription :

> *De Goblet fils c'est ici la fabrique;*
> *Venez choisir des cruches et des brocs,*
> *Des pots à fleurs, des tuyaux, de la brique.*
> *A tout venant le Cœur vend des Carreaux.*

Il laissa derrière lui la rue de la Clef, puis la fontaine Saint-Victor, longea le Jardin des Plantes par les rues basses et arriva au quai. Là il se retourna. Le quai était désert. Les rues étaient désertes. Personne derrière lui. Il respira.

Il gagna le pont d'Austerlitz.

Le péage y existait encore à cette époque.

Il se présenta au bureau du péager et donna un sou.

— C'est deux sous, dit l'invalide du pont. Vous portez là un enfant qui peut marcher. Payez pour deux.

Il paya, contrarié que son passage eût donné lieu à une observation. Toute fuite doit être un glissement.

Une grosse charrette passait la Seine en même temps que lui et allait comme lui sur la rive droite. Cela lui fut utile. Il put traverser tout le pont dans l'ombre de cette charrette.

Vers le milieu du pont, Cosette, ayant les pieds engourdis, désira marcher. Il la posa à terre et la reprit par la main.

Le pont franchi, il aperçut un peu à droite des chantiers devant lui. Il y marcha. Pour y arriver, il fallait s'aventurer dans un assez large espace découvert et éclairé. Il n'hésita pas. Ceux qui le traquaient étaient évidemment dépistés, et Jean Valjean se croyait hors de danger. Cherché, oui; suivi, non.

Une petite rue, la rue du Chemin-Vert-Saint-Antoine, s'ouvrait entre deux chantiers enclos de murs. Cette rue était étroite, obscure, et comme faite exprès pour lui. Avant d'y entrer, il regarda en arrière.

Du point où il était, il voyait dans toute sa longueur le pont d'Austerlitz.

Quatre ombres venaient d'entrer sur le pont.

Ces ombres tournaient le dos au Jardin des Plantes et se dirigeaient vers la rive droite.

Ces quatre ombres, c'étaient les quatre hommes.

Jean Valjean eut le frémissement de la bête reprise.

Il lui restait une espérance; c'est que ces hommes peut-être n'étaient pas encore entrés sur le pont et ne l'avaient pas aperçu au moment où il avait traversé, tenant Cosette par la main, la grande place éclairée.

En ce cas-là, en s'enfonçant dans la petite rue qui était devant lui, s'il parvenait à atteindre les chantiers, les marais, les cultures, les terrains non bâtis, il pouvait échapper.

Il lui sembla qu'on pouvait se confier à cette petite rue silencieuse. Il y entra.

III

VOIR LE PLAN DE PARIS DE 1727

Au bout de trois cents pas, il arriva à un point où la rue se bifurquait. Elle se partageait en deux rues, obliquant l'une à gauche, l'autre à droite. Jean Valjean avait devant lui comme les deux branches d'un Y. Laquelle choisir?

Il ne balança point et prit la droite.

Pourquoi?

C'est que la branche gauche allait vers le faubourg, c'est-à-dire vers les lieux habités, et la branche droite vers la campagne, c'est-à-dire vers les lieux déserts.

Cependant ils ne marchaient plus très-rapidement. Le pas de Cosette ralentissait le pas de Jean Valjean.

Il se remit à la porter. Cosette appuyait sa tête sur l'épaule du bonhomme et ne disait pas un mot.

Il se retournait de temps en temps et regardait. Il avait soin de se tenir toujours du côté obscur de la rue. La rue était droite derrière lui. Les deux ou trois premières fois qu'il se retourna, il ne vit rien, le silence était profond, il continua sa marche un peu rassuré. Tout à coup, à un certain instant, s'étant retourné, il lui sembla voir dans la partie de la rue où il venait de passer, loin dans l'obscurité, quelque chose qui bougeait.

Il se précipita en avant, plutôt qu'il ne marcha, espérant trouver quelque ruelle latérale, s'évader par là, et rompre encore une fois sa piste.

Il arriva à un mur.

Ce mur pourtant n'était point une impossibilité d'aller plus loin;

c'était une muraille bordant une rue transversale à laquelle aboutissait la rue où s'était engagé Jean Valjean.

Ici encore il fallait se décider; prendre à droite ou à gauche.

Il regarda à droite. La ruelle se prolongeait en tronçon entre des constructions qui étaient des hangars ou des granges, puis se terminait en impasse. On voyait distinctement le fond du cul-de-sac; un grand mur blanc.

Il regarda à gauche. La ruelle de ce côté était ouverte, et, au bout de deux cents pas environ, tombait dans une rue dont elle était l'affluent. C'était de ce côté-là qu'était le salut.

Au moment où Jean Valjean songeait à tourner à gauche, pour tâcher de gagner la rue qu'il entrevoyait au bout de la ruelle, il aperçut, à l'angle de la ruelle et de cette rue vers laquelle il allait se diriger, une espèce de statue noire, immobile.

C'était quelqu'un, un homme, qui venait d'être posté là évidemment, et qui, barrant le passage, attendait.

Jean Valjean recula.

Le point de Paris où se trouvait Jean Valjean, situé entre le faubourg Saint-Antoine et la Râpée, est un de ceux qu'ont transformés de fond en comble les travaux récents, enlaidissement selon les uns, transfiguration selon les autres. Les cultures, les chantiers et les vieilles bâtisses se sont effacés. Il y a là aujourd'hui de grandes rues toutes neuves, des arènes, des cirques, des hippodromes, des embarcadères de chemins de fer, une prison, Mazas ; le progrès, comme on voit, avec son correctif.

Il y a un demi-siècle, dans cette langue usuelle populaire, toute faite de traditions, qui s'obstine à appeler l'Institut *les Quatre-Nations* et l'Opéra-Comique *Feydeau*, l'endroit précis où était parvenu Jean Valjean se nommait *le Petit-Picpus*. La porte Saint-Jacques, la porte Paris, la barrière des Sergents, les Porcherons, la Galiote, les Célestins, les Capucins, le Mail, la Bourbe, l'Arbre de Cracovie, la Petite-Pologne, le Petit-Picpus, ce sont les noms du vieux Paris surnageant dans le nouveau. La mémoire du peuple flotte sur ces épaves du passé.

Le Petit-Picpus, qui du reste a existé à peine et n'a jamais été qu'une ébauche de quartier, avait presque l'aspect monacal d'une ville espagnole. Les chemins étaient peu pavés, les rues étaient peu bâties. Excepté les deux ou trois rues dont nous allons parler, tout y était muraille et solitude. Pas une boutique, pas une voiture, à peine çà et là une chandelle allumée aux fenêtres ; toute lumière éteinte après dix heures. Des jardins, des couvents, des chantiers, des marais ; de rares maisons basses, et de grands murs aussi hauts que les maisons.

Tel était ce quartier au dernier siècle. La révolution l'avait déjà fort rabroué. L'édilité républicaine l'avait démoli, percé, troué. Des dépôts de gravats y avaient été établis. Il y a trente ans, ce quartier disparaissait sous la rature des constructions nouvelles. Aujourd'hui il est biffé tout à fait. Le Petit-Picpus, dont aucun plan actuel n'a gardé trace, est assez clairement indiqué dans le plan de 1727, publié à Paris chez Denis Thierry, rue Saint-Jacques, vis-à-vis la rue du Plâtre, et à Lyon chez Jean Girin, rue Mercière, à la Prudence. Le Petit-Picpus avait ce que nous venons d'appeler un Y de rues, formé par la rue du Chemin-Vert-Saint-Antoine s'écartant en deux branches et prenant à gauche le nom de petite rue Picpus et à droite le nom de rue Polonceau. Les deux branches de l'Y étaient réunies à leur sommet comme par une barre. Cette barre se nommait rue Droit-Mur. La rue Polonceau y aboutissait; la petite rue Picpus passait outre, et montait vers le marché Lenoir. Celui qui, venant de la Seine, arrivait à l'extrémité de la rue Polonceau avait à sa gauche la rue Droit-Mur, tournant brusquement à angle droit, devant lui la muraille de cette rue, et à sa droite un prolongement tronqué de la rue Droit-Mur, sans issue, appelé le cul-de-sac Genrot.

C'était là qu'était Jean Valjean.

Comme nous venons de le dire, en apercevant la silhouette noire, en vedette à l'angle de la rue Droit-Mur et de la petite rue Picpus, il recula. Nul doute. Il était guetté par ce fantôme.

Que faire?

Il n'était plus temps de rétrograder. Ce qu'il avait vu remuer dans l'ombre à quelque distance derrière lui le moment d'auparavant, c'était sans doute Javert et son escouade. Javert était probablement déjà au commencement de la rue à la fin de laquelle était Jean Valjean. Javert, selon toute apparence, connaissait ce petit dédale et avait pris ses précautions en envoyant un de ses hommes garder l'issue. Ces conjectures, si ressemblantes à des évidences, tourbillonnèrent tout de suite, comme une poignée de poussière qui s'envole à un vent subit, dans le cerveau douloureux de Jean Valjean. Il examina le cul-de-sac Genrot; là, barrage. Il examina la petite rue Picpus; là, une sentinelle. Il voyait cette figure sombre se détacher en noir sur le pavé blanc inondé de lune. Avancer, c'était tomber sur cet homme. Reculer, c'était se jeter dans Javert. Jean Valjean se sentait pris comme dans un filet qui se resserrait lentement. Il regarda le ciel avec désespoir.

IV

LES TATONNEMENTS DE L'ÉVASION

Pour comprendre ce qui va suivre, il faut se figurer d'une manière exacte la ruelle Droit-Mur et en particulier l'angle qu'on laissait à gauche quand on sortait de la rue Polonceau pour entrer dans cette ruelle. La ruelle Droit-Mur était à peu près entièrement bordée à droite jusqu'à la petite rue Picpus par des maisons de pauvre apparence; à gauche par un seul bâtiment d'une ligne sévère composé de plusieurs corps de logis qui allaient se haussant graduellement d'un étage ou deux à mesure qu'ils approchaient de la petite rue Picpus, de sorte que ce bâtiment, très-élevé du côté de la petite rue Picpus, était assez bas du côté de la rue Polonceau. Là, à l'angle dont nous avons parlé, il s'abaissait au point de n'avoir plus qu'une muraille. Cette muraille n'allait pas aboutir carrément à la rue; elle dessinait un pan coupé fort en retraite, dérobé par ses deux angles à deux observateurs qui eussent été l'un rue Polonceau, l'autre rue Droit-Mur.

A partir des deux angles du pan coupé, la muraille se prolongeait sur la rue Polonceau jusqu'à une maison qui portait le n° 49 et sur la rue Droit-Mur, où son tronçon était beaucoup plus court, jusqu'au bâtiment sombre dont nous avons parlé et dont elle coupait le pignon, faisant ainsi dans la rue un nouvel angle rentrant. Ce pignon était d'un aspect morne; on n'y voyait qu'une seule fenêtre, ou pour mieux dire, deux volets revêtus d'une feuille de zinc, et toujours fermés.

L'état de lieux que nous dressons ici est d'une rigoureuse exactitude et éveillera certainement un souvenir très-précis dans l'esprit des anciens habitants du quartier.

Le pan coupé était entièrement rempli par une chose qui ressemblait à une porte colossale et misérable. C'était un vaste assemblage informe de planches perpendiculaires, celles d'en haut plus larges que celles d'en bas, reliées par de longues lanières de fer transversales. A côté il y avait une porte cochère de dimension ordinaire et dont le percement ne remontait évidemment pas à plus d'une cinquantaine d'années.

Un tilleul montrait son branchage au-dessus du pan coupé et le mur était couvert de lierre du côté de la rue Polonceau.

Dans l'imminent péril où se trouvait Jean Valjean, ce bâtiment sombre avait quelque chose d'inhabité et de solitaire qui le tentait. Il le parcourut rapidement des yeux. Il se disait que s'il parvenait à y pénétrer, il était peut-être sauvé. Il eut d'abord une idée et une espérance.

Dans la partie moyenne de la devanture de ce bâtiment sur la rue Droit-Mur, il y avait à toutes les fenêtres des divers étages de vieilles cuvettes-entonnoirs en plomb. Les embranchements variés des conduits qui allaient d'un conduit central aboutir à toutes ces cuvettes, dessinaient sur la façade une espèce d'arbre. Ces ramifications de tuyaux avec leurs cent coudes imitaient ces vieux ceps de vigne dépouillés qui se tordent sur les devantures des anciennes fermes.

Ce bizarre espalier aux branches de tôle et de fer fut le premier objet qui frappa Jean Valjean. Il assit Cosette le dos contre une borne en lui recommandant le silence, et courut à l'endroit où le conduit venait toucher le pavé. Peut-être y avait-il moyen d'escalader par là et d'entrer dans la maison. Mais le conduit était délabré et hors de service et tenait à peine à son scellement. D'ailleurs toutes les fenêtres de ce logis silencieux étaient grillées d'épaisses barres de fer, même les mansardes du toit. Et puis la lune éclairait pleinement cette façade, et l'homme qui l'observait du bout de la rue aurait vu Jean Valjean faire l'escalade. Enfin que faire de Cosette? comment la hisser au haut d'une maison à trois étages?

Il renonça à grimper par le conduit et rampa le long du mur pour rentrer dans la rue Polonceau.

Quand il fut au pan coupé où il avait laissé Cosette, il remarqua que, là, personne ne pouvait le voir. Il échappait, comme nous venons de l'expliquer, à tous les regards, de quelque côté qu'ils vinssent. En outre il était dans l'ombre. Enfin il y avait deux portes. Peut-être pourrait-on les forcer. Le mur au-dessus duquel il voyait le tilleul et le lierre donnait évidemment dans un jardin où il pourrait au moins se cacher, quoiqu'il n'y eût pas encore de feuilles aux arbres, et passer le reste de la nuit.

Le temps s'écoulait. Il fallait faire vite.

Il tâta la porte cochère et reconnut tout de suite qu'elle était condamnée au dedans et au dehors.

Il s'approcha de l'autre grande porte avec plus d'espoir. Elle était affreusement décrépite, son immensité même la rendait moins solide, les planches étaient pourries, les ligatures de fer, il n'y en avait que trois, étaient rouillées. Il semblait possible de percer cette clôture vermoulue.

En l'examinant, il vit que cette porte n'était pas une porte. Elle n'avait ni gonds, ni pentures, ni serrure, ni fente au milieu. Les bandes de fer la traversaient de part en part sans solution de continuité. Par les crevasses des planches, il entrevit des moellons et des pierres grossièrement cimentés que les passants pouvaient y voir encore il y a dix ans. Il fut forcé de s'avouer avec consternation que cette apparence de porte était simplement le parement en bois d'une bâtisse à laquelle elle était adossée. Il était facile d'arracher une planche, mais on se trouvait face à face avec un mur.

V

QUI SERAIT IMPOSSIBLE AVEC L'ÉCLAIRAGE AU GAZ

En ce moment un bruit sourd et cadencé commença à se faire entendre à quelque distance. Jean Valjean risqua un peu son regard en dehors du coin de la rue. Sept ou huit soldats disposés en peloton venaient de déboucher dans la rue Polonceau. Il voyait briller les baïonnettes. Cela venait vers lui.

Ces soldats, en tête desquels il distinguait la haute stature de Javert, s'avançaient lentement et avec précaution. Ils s'arrêtaient fréquemment. Il était visible qu'ils exploraient tous les recoins des murs et toutes les embrasures de portes et d'allées.

C'était, et ici la conjecture ne pouvait se tromper, quelque patrouille que Javert avait rencontrée et qu'il avait requise.

Les deux acolytes de Javert marchaient dans leurs rangs.

Du pas dont ils marchaient et avec les stations qu'ils faisaient, il leur fallait environ un quart d'heure pour arriver à l'endroit où se trouvait Jean Valjean. Ce fut un instant affreux. Quelques minutes séparaient Jean Valjean de cet épouvantable précipice qui s'ouvrait devant lui pour la troisième fois. Et le bagne maintenant n'était plus seulement le bagne, c'était Cosette perdue à jamais; c'est-à-dire une vie qui ressemblait au dedans d'une tombe.

Il n'y avait plus qu'une chose possible.

Jean Valjean avait cela de particulier qu'on pouvait dire qu'il portait deux besaces; dans l'une il avait les pensées d'un saint, dans l'autre les redoutables talents d'un forçat. Il fouillait dans l'une ou dans l'autre, selon l'occasion.

Entre autres ressources, grâce à ses nombreuses évasions du bagne de Toulon, il était, on s'en souvient, passé maître dans cet art incroyable de s'élever, sans échelles, sans crampons, par la seule force musculaire, en s'appuyant de la nuque, des épaules, des hanches et des genoux, en s'aidant à peine des rares reliefs de la pierre, dans l'angle droit d'un mur, au besoin jusqu'à la hauteur d'un sixième étage; art qui a rendu si effrayant et si célèbre le coin de la cour de la Conciergerie de Paris par où s'échappa, il y a une vingtaine d'années, le condamné Battemolle.

Jean Valjean mesura des yeux la muraille au-dessus de laquelle il voyait le tilleul. Elle avait environ dix-huit pieds de haut. L'angle qu'elle faisait avec le pignon du grand bâtiment était rempli, dans sa partie inférieure, d'un massif de maçonnerie de forme triangulaire, probablement destiné à préserver ce trop commode recoin des stations de ces stercoraires qu'on appelle les passants. Ce remplissage préventif des coins de mur est fort usité à Paris.

Ce massif avait environ cinq pieds de haut. Du sommet de ce massif l'espace à franchir pour arriver sur le mur n'était guère que de quatorze pieds.

Le mur était surmonté d'une pierre plate sans chevron.

La difficulté était Cosette. Cosette, elle, ne savait pas escalader un mur. L'abandonner? Jean Valjean n'y songeait pas. L'emporter était impossible. Toutes les forces d'un homme lui sont nécessaires pour mener à bien ces étranges ascensions. Le moindre fardeau dérangerait son centre de gravité et le précipiterait.

Il aurait fallu une corde. Jean Valjean n'en avait pas. Où trouver une corde à minuit, rue Polonceau? Certes, en cet instant-là, si Jean Valjean avait eu un royaume, il l'eût donné pour une corde.

Toutes les situations extrêmes ont leurs éclairs qui tantôt nous aveuglent, tantôt nous illuminent.

Le regard désespéré de Jean Valjean rencontra la potence du réverbère du cul-de-sac Genrot.

A cette époque, il n'y avait point de becs de gaz dans les rues de Paris. A la nuit tombante on y allumait des réverbères placés de distance en distance, lesquels montaient et descendaient au moyen d'une corde qui traversait la rue de part en part et qui s'ajustait dans la rainure d'une potence. Le tourniquet où se dévidait cette corde était scellé au-dessous de la lanterne dans une petite armoire de fer dont l'allumeur avait la clef, et la corde elle-même était protégée par un étui de métal.

Jean Valjean, avec l'énergie d'une lutte suprême, franchit la rue d'un bond, entra dans le cul-de-sac, fit sauter le pêne de la petite armoire avec la pointe de son couteau, et un instant après il était revenu près de Cosette. Il avait une corde. Ils vont vite en besogne, ces sombres trouveurs d'expédients, aux prises avec la fatalité.

Nous avons expliqué que les réverbères n'avaient pas été allumés cette nuit-là. La lanterne du cul-de-sac Genrot se trouvait donc naturellement éteinte comme les autres; et l'on pouvait passer à côté sans même remarquer qu'elle n'était plus à sa place.

Cependant l'heure, le lieu, l'obscurité, la préoccupation de Jean Valjean, ses gestes singuliers, ses allées et venues, tout cela commençait à inquiéter Cosette. Tout autre enfant qu'elle aurait depuis longtemps jeté les hauts cris. Elle se borna à tirer Jean Valjean par le pan de sa redingote. On entendait toujours de plus en plus distinctement le bruit de la patrouille qui approchait.

— Père, dit-elle tout bas, j'ai peur. Qu'est-ce qui vient donc là?

— Chut! répondit le malheureux homme, c'est la Thénardier.

Cosette tressaillit. Il ajouta :

— Ne dis rien. Laisse-moi faire. Si tu cries, si tu pleures, la Thénardier te guette. Elle vient pour te ravoir.

Alors, sans se hâter, mais sans s'y prendre à deux fois pour rien, avec une précision ferme et brève, d'autant plus remarquable en un pareil moment que la patrouille et Javert pouvaient survenir d'un instant à l'autre, il défit sa cravate, la passa autour du corps de Cosette sous les aisselles, en ayant soin qu'elle ne pût blesser l'enfant, rattacha cette cravate à un bout de la corde au moyen de ce

nœud que les gens de mer appellent nœud d'hirondelle, prit l'autre bout de cette corde dans ses dents, ôta ses souliers et ses bas, qu'il jeta par-dessus la muraille, monta sur le massif de maçonnerie et commença à s'élever dans l'angle du mur et du pignon avec autant de solidité et de certitude que s'il eût eu des échelons sous les talons et sous les coudes. Une demi-minute ne s'était pas écoulée qu'il était à genoux sur le mur.

Cosette le considérait avec stupeur, sans dire une parole. La recommandation de Jean Valjean et le nom de la Thénardier l'avaient glacée.

Tout à coup elle entendit la voix de Jean Valjean qui lui criait, tout en restant très-basse :

— Adosse-toi au mur.

Elle obéit.

— Ne dis pas un mot et n'aie pas peur, reprit Jean Valjean.

Et elle se sentit enlever de terre.

Avant qu'elle eût le temps de se reconnaître, elle était au haut de la muraille.

Jean Valjean la saisit, la mit sur son dos, lui prit ses deux petites mains dans sa main gauche, se coucha à plat ventre et rampa sur le haut du mur jusqu'au pan coupé. Comme il l'avait deviné, il y avait là une bâtisse dont le toit partait du haut de la clôture en bois et descendait fort près de terre, selon un plan assez doucement incliné, en effleurant le tilleul. Circonstance heureuse, car la muraille était beaucoup plus haute de ce côté que du côté de la rue. Jean Valjean n'apercevait le sol au-dessous de lui que très-profondément.

Il venait d'arriver au plan incliné du toit et n'avait pas encore lâché la crête de la muraille lorsqu'un hourvari violent annonça l'arrivée de la patrouille. On entendit la voix tonnante de Javert :

— Fouillez le cul-de-sac ! La rue Droit-Mur est gardée, la petite rue Picpus aussi. Je réponds qu'il est dans le cul-de-sac !

Les soldats se précipitèrent dans le cul-de-sac Genrot.

Jean Valjean se laissa glisser le long du toit, tout en soutenant Cosette, atteignit le tilleul et sauta à terre. Soit terreur, soit courage, Cosette n'avait pas soufflé. Elle avait les mains un peu écorchées.

VI

COMMENCEMENT D'UNE ÉNIGME

Jean Valjean se trouvait dans une espèce de jardin fort vaste et d'un aspect singulier ; un de ces jardins tristes qui semblent faits pour être regardés l'hiver et la nuit. Ce jardin était d'une forme oblongue avec une allée de grands peupliers au fond, des futaies assez hautes dans les coins, et un espace sans ombre au milieu, où l'on distinguait un très-grand arbre isolé, puis quelques arbres fruitiers tordus et hérissés comme de grosses broussailles, des carrés de légumes, une melonnière dont les cloches brillaient à la lune et un vieux puisard. Il y avait çà et là des bancs de pierre qui semblaient noirs de mousse. Les allées étaient bordées de petits arbustes sombres et toutes droites. L'herbe en envahissait la moitié et une moisissure verte couvrait le reste.

Jean Valjean avait à côté de lui la bâtisse dont le toit lui avait servi pour descendre, un tas de fagots, et, derrière les fagots, tout contre le mur, une statue de pierre dont la face mutilée n'était plus qu'un masque informe qui apparaissait vaguement dans l'obscurité.

La bâtisse était une sorte de ruine où l'on distinguait des chambres démantelées dont une, tout encombrée, semblait servir de hangar.

Le grand bâtiment de la rue Droit-Mur, qui faisait retour sur la petite rue Picpus, développait sur ce jardin deux façades en équerre. Ces façades du dedans étaient plus tragiques encore que celle du dehors. Toutes les fenêtres étaient grillées. On n'y entrevoyait aucune lumière. Aux étages supérieurs il y avait des hottes comme aux prisons. L'une de ces façades projetait sur l'autre son ombre, qui retombait sur le jardin comme un immense drap noir.

On n'apercevait pas d'autre maison. Le fond du jardin se perdait dans la brume et dans la nuit. Cependant on y distinguait confusément des murailles qui s'entrecoupaient comme s'il y avait d'autres cultures au delà, et les toits bas de la rue Polonceau.

On ne pouvait rien se figurer de plus farouche et de plus solitaire que ce jardin. Il n'y avait personne, ce qui était tout simple à cause de l'heure ; mais il ne semblait pas que cet endroit fût fait pour que quelqu'un y marchât, même en plein midi.

Le premier soin de Jean Valjean avait été de retrouver ses souliers et de se rechausser, puis d'entrer dans le hangar avec Cosette. Celui qui s'évade ne se croit jamais assez caché. L'enfant, songeant toujours à la Thénardier, partageait son instinct de se blottir le plus possible.

Cosette tremblait et se serrait contre lui. On entendait le bruit tumultueux de la patrouille qui fouillait le cul-de-sac et la rue, les coups de crosse contre les pierres, les appels de Javert aux mouchards qu'il avait postés, et ses imprécations mêlées de paroles qu'on ne distinguait point.

Au bout d'un quart d'heure, il sembla que cet espèce de grondement orageux commençait à s'éloigner. Jean Valjean ne respirait pas.

Il avait posé doucement sa main sur la bouche de Cosette.

Au reste la solitude où il se trouvait était si étrangement calme que cet effroyable tapage, si furieux et si proche, n'y jetait même pas l'ombre d'un trouble. Il semblait que ces murs fussent bâtis avec ces pierres sourdes dont parle l'Écriture.

Tout à coup au milieu de ce calme profond, un nouveau bruit s'éleva; un bruit céleste, divin, ineffable, aussi ravissant que l'autre était horrible. C'était un hymne qui sortait des ténèbres, un éblouissement de prière et d'harmonie dans l'obscur et effrayant silence de la nuit; des voix de femmes, mais des voix composées à la fois de l'accent pur des vierges et de l'accent naïf des enfants, de ces voix qui ne sont pas de la terre et qui ressemblent à celles que les nouveau-nés entendent encore et que les moribonds entendent déjà. Ce chant venait du sombre édifice qui dominait le jardin. Au moment où le vacarme des démons s'éloignait, on eût dit un chœur d'anges qui s'approchait dans l'ombre.

Cosette et Jean Valjean tombèrent à genoux.

Ils ne savaient pas ce que c'était, ils ne savaient pas où ils étaient, mais ils sentaient tous deux, l'homme et l'enfant, le pénitent et l'innocent, qu'il fallait qu'ils fussent à genoux.

Ces voix avaient cela d'étrange qu'elles n'empêchaient pas que le bâtiment ne parût désert. C'était comme un chant surnaturel dans une demeure inhabitée.

Pendant que ces voix chantaient, Jean Valjean ne songeait plus à rien. Il ne voyait plus la nuit, il voyait un ciel bleu. Il lui semblait sentir s'ouvrir ces ailes que nous avons tous au dedans de nous.

Le chant s'éteignit. Il avait peut-être duré longtemps. Jean Valjean n'aurait pu le dire. Les heures de l'extase ne sont jamais qu'une minute.

Tout était retombé dans le silence. Plus rien dans la rue, plus rien dans le jardin. Ce qui menaçait, ce qui rassurait, tout s'était évanoui. Le vent froissait dans la crête du mur quelques herbes sèches qui faisaient un petit bruit doux et lugubre.

VII

SUITE DE L'ÉNIGME

La bise de nuit s'était levée, ce qui indiquait qu'il devait être entre une et deux heures du matin. La pauvre Cosette ne disait rien. Comme elle s'était assise à son côté et qu'elle avait penché sa tête sur lui, Jean Valjean pensa qu'elle s'était endormie. Il se baissa et la regarda. Cosette avait les yeux tout grands ouverts et un air pensif qui fit mal à Jean Valjean.

Elle tremblait toujours.

— As-tu envie de dormir? dit Jean Valjean.

— J'ai bien froid, répondit-elle.

Un moment après elle reprit :

— Est-ce qu'elle est toujours là?

— Qui? dit Jean Valjean.

— Madame Thénardier.

Jean Valjean avait déjà oublié le moyen dont il s'était servi pour faire garder le silence à Cosette.

— Ah! dit-il, elle est partie. Ne crains plus rien.

L'enfant soupira comme si un poids se soulevait de dessus sa poitrine.

La terre était humide, le hangar ouvert de toute part, la bise plus fraîche à chaque instant. Le bonhomme ôta sa redingote et en enveloppa Cosette.

— As-tu moins froid, ainsi? dit-il.

— Oh oui, père?

— Eh bien, attends-moi un instant. Je vais revenir.

Il sortit de la ruine et se mit à longer le grand bâtiment, cherchant quelque abri meilleur. Il rencontra des portes, mais elles étaient fermées. Il y avait des barreaux à toutes les croisées du rez-de-chaussée.

Comme il venait de dépasser l'angle intérieur de l'édifice, il remarqua qu'il arrivait à des fenêtres cintrées, et il y aperçut quelque clarté. Il se haussa sur la pointe du pied et regarda par l'une de ces fenêtres. Elles donnaient toutes dans une salle assez vaste, pavée de larges dalles, coupée d'arcades et de piliers, où l'on ne distinguait rien qu'une petite lueur et de grandes ombres. La lueur venait d'une veilleuse allumée dans un coin. Cette salle était déserte et rien n'y bougeait. Cependant, à force de regarder, il crut voir à terre, sur le pavé, quelque chose qui paraissait couvert d'un linceul et qui ressemblait à une forme humaine. Cela était étendu à plat ventre, la face contre la pierre, les bras en croix, dans l'immobilité de la mort. On eût dit, à une sorte de serpent qui traînait sur le pavé, que cette forme sinistre avait la corde au cou.

Toute la salle baignait dans cette brume des lieux à peine éclairés, qui ajoute à l'horreur.

Jean Valjean a souvent dit depuis que, quoique bien des spectacles funèbres eussent traversé sa vie, jamais il n'avait rien vu de plus glaçant et de plus terrible que cette figure énigmatique accomplissant on ne sait quel mystère inconnu dans ce lieu sombre et ainsi entrevue dans la nuit. Il était effrayant de supposer que cela était peut-être mort, et plus effrayant encore de songer que cela était peut-être vivant.

Il eut le courage de coller son front à la vitre et d'épier si cette chose remuerait. Il eut beau rester un temps qui lui parut très-long, la forme étendue ne faisait aucun mouvement. Tout à coup, il se sentit pris d'une épouvante inexprimable, et il s'enfuit. Il se mit à courir vers le hangar sans oser regarder en arrière. Il lui semblait que, s'il tournait la tête, il verrait la figure marcher derrière lui à grands pas en agitant les bras.

Il arriva à la ruine haletant. Ses genoux pliaient; la sueur lui coulait dans les reins.

Où était-il? qui aurait jamais pu s'imaginer quelque chose de pareil à cette espèce de sépulcre au milieu de Paris! qu'était-ce que cette étrange maison? Édifice plein de mystère nocturne, appelant les âmes dans l'ombre avec la voix des anges et, lorsqu'elles viennent, leur offrant brusquement cette vision épouvantable, promettant d'ouvrir la porte radieuse du ciel et ouvrant la porte horrible du tombeau! Et cela était bien en effet un édifice, une maison qui avait son numéro dans une rue! Ce n'était pas un rêve! Il avait besoin d'en toucher les pierres pour y croire.

Le froid, l'anxiété, l'inquiétude, les émotions de la soirée, lui donnaient une véritable fièvre, et toutes ces idées s'entre-heurtaient dans son cerveau.

Il s'approcha de Cosette. Elle dormait.

VIII

L'ÉNIGME REDOUBLE

L'enfant avait posé sa tête sur une pierre et s'était endormie.

Il s'assit auprès d'elle et se mit à la considérer. Peu à peu, à mesure qu'il la regardait, il se calmait et il reprenait possession de sa liberté d'esprit.

Il apercevait clairement cette vérité, le fond de sa vie désormais, que tant qu'elle serait là, tant qu'il l'aurait près de lui, il n'aurait besoin de rien que pour elle, ni peur de rien qu'à cause d'elle. Il ne sentait même pas qu'il avait très-froid, ayant quitté sa redingote pour l'en couvrir.

Cependant, à travers la rêverie où il était tombé, il entendait depuis quelque temps un bruit singulier. C'était comme un grelot qu'on agitait. Ce bruit était dans le jardin. On l'entendait distinctement, quoique faiblement. Cela ressemblait à la petite musique vague que font les clarines des bestiaux la nuit dans les pâturages.

Ce bruit fit retourner Jean Valjean.

Il regarda et vit qu'il y avait quelqu'un dans le jardin.

Un être qui ressemblait à un homme marchait au milieu des cloches de la melonnière, se levant, se baissant, s'arrêtant avec des mouvements réguliers, comme s'il traînait ou étendait quelque chose à terre. Cet être paraissait boiter.

Jean Valjean tressaillit avec ce tremblement continuel des malheureux. Tout leur est hostile et suspect. Ils se défient du jour, parce qu'il aide à les voir et de la nuit parce qu'elle aide à les surprendre. Tout à l'heure il frissonnait de ce que le jardin était désert, maintenant il frissonnait de ce qu'il y avait quelqu'un.

Il retomba des terreurs chimériques aux terreurs réelles. Il se dit que Javert et les mouchards n'étaient peut-être pas partis, que sans doute ils avaient laissé dans la rue des gens en observation; que, si cet homme le découvrait dans ce jardin, il crierait au voleur et le livrerait. Il prit doucement Cosette endormie dans ses bras et la porta

derrière un tas de vieux meubles hors d'usage, dans le coin le plus reculé du hangar. Cosette ne remua pas.

De là il observa les allures de l'être qui était dans la melonnière. Ce qui était bizarre, c'est que le bruit du grelot suivait tous les mouvements de cet homme. Quand l'homme s'approchait, le bruit s'approchait; quand il s'éloignait, le bruit s'éloignait; s'il faisait quelque geste précipité, un trémolo accompagnait ce geste; quand il s'arrêtait, le bruit cessait. Il paraissait évident que le grelot était attaché à cet homme; mais alors qu'est-ce que cela pouvait signifier? qu'était-ce que cet homme auquel une clochette était suspendue comme à un bélier ou à un bœuf?

Tout en se faisant ces questions, il toucha les mains de Cosette. Elles étaient glacées.

— Ah! mon Dieu! dit-il.

Il l'appela à voix basse :

— Cosette!

Elle n'ouvrit pas les yeux.

Il la secoua vivement.

Elle ne s'éveilla pas.

— Serait-elle morte? dit-il, et il se dressa debout, frémissant de la tête aux pieds.

Les idées les plus affreuses lui traversèrent l'esprit pêle-mêle. Il y a des moments où les suppositions hideuses nous assiégent comme une cohue de furies et forcent violemment les cloisons de notre cerveau. Quand il s'agit de ceux que nous aimons, notre prudence invente toutes les folies. Il se souvint que le sommeil peut être mortel en plein air dans une nuit froide.

Cosette, pâle, était retombée étendue à terre à ses pieds sans faire un mouvement.

Il écouta son souffle; elle respirait, mais d'une respiration qui lui paraissait faible et prête à s'éteindre.

Comment la réchauffer? comment la réveiller? Tout ce qui n'était pas ceci s'effaça de sa pensée. Il s'élança éperdu hors de la ruine.

Il fallait absolument qu'avant un quart d'heure Cosette fût devant un feu et dans un lit.

IX

L'HOMME AU GRELOT

Il marcha droit à l'homme qu'il apercevait dans le jardin. Il avait pris à sa main le rouleau d'argent qui était dans la poche de son gilet.

Cet homme baissait la tête et ne le voyait pas venir. En quelques enjambées, Jean Valjean fut à lui.

Jean Valjean l'aborda en criant :

— Cent francs!

L'homme fit un soubresaut et leva les yeux.

— Cent francs à gagner, reprit Jean Valjean, si vous me donnez asile pour cette nuit !

La lune éclairait en plein le visage effaré de Jean Valjean.

— Tiens, c'est vous, père Madeleine ! dit l'homme.

Ce nom, ainsi prononcé, à cette heure obscure, dans ce lieu inconnu, par cet homme inconnu, fit reculer Jean Valjean.

Il s'attendait à tout, excepté à cela. Celui qui lui parlait était un vieillard courbé et boiteux, vêtu à peu près comme un paysan, qui avait au genou gauche une genouillère de cuir où pendait une assez grosse clochette. On ne distinguait pas son visage qui était dans l'ombre.

Cependant le bonhomme avait ôté son bonnet, et s'écriait tout tremblant.

— Ah ! mon Dieu ! comment êtes-vous ici, père Madeleine ? Par où êtes-vous entré, Dieu Jésus ? Vous tombez donc du ciel ! Ce n'est pas l'embarras, si vous tombez jamais, c'est de là que vous tomberez. Et comme vous voilà fait ! Vous n'avez pas de cravate, vous n'avez pas de chapeau, vous n'avez pas d'habit ! Savez-vous que vous auriez fait peur à quelqu'un qui ne vous aurait pas connu ? Pas d'habit ! Mon Dieu Seigneur, est-ce que les saints deviennent fous à présent ? Mais comment donc êtes-vous entré ici ?

Un mot n'attendait pas l'autre. Le vieux homme parlait avec une volubilité campagnarde où il n'y avait rien d'inquiétant. Tout cela était dit avec un mélange de stupéfaction et de bonhomie naïve.

— Qui êtes-vous ? et qu'est-ce que c'est que cette maison-ci ? demanda Jean Valjean ?

— Ah ! pardieu, voilà qui est fort, s'écria le vieillard, je suis celui que vous avez fait placer ici, et cette maison est celle où vous m'avez fait placer. Comment ! vous ne me reconnaissez pas ?

— Non, dit Jean Valjean. Et comment se fait-il que vous me connaissiez, vous ?

— Vous m'avez sauvé la vie, dit l'homme.

Il se tourna, un rayon de lune lui dessina le profil, et Jean Valjean reconnut le vieux Fauchelevent.

— Ah ! dit Jean Valjean, c'est vous ? oui, je vous reconnais.

— C'est bien heureux ! fit le vieux d'un ton de reproche.

— Et que faites-vous ici ? reprit Jean Valjean.

— Tiens! je couvre mes melons, donc!

Le vieux Fauchelevent tenait en effet à la main, au moment où Jean Valjean l'avait accosté, le bout d'un paillasson qu'il était occupé à étendre sur la melonnière. Il en avait déjà ainsi posé un certain nombre depuis une heure environ qu'il était dans le jardin. C'était cette opération qui lui faisait faire les mouvements particuliers observés du hangar par Jean Valjean.

Il continua :

— Je me suis dit : la lune est claire, il va geler. Si je mettais à mes melons leurs carricks? Et, ajouta-t-il, en regardant Jean Valjean avec un gros rire, vous auriez pardieu bien dû en faire autant! Mais comment donc êtes-vous ici?

Jean Valjean, se sentant connu par cet homme, du moins sous son nom de Madeleine, n'avançait plus qu'avec précaution. Il multipliait les questions. Chose bizarre, les rôles semblaient intervertis. C'était lui, intrus, qui interrogeait.

— Et qu'est-ce que c'est que cette sonnette que vous avez au genou?

— Ça? répondit Fauchelevent, c'est pour qu'on m'évite.

— Comment! pour qu'on vous évite?

Le vieux Fauchelevent cligna de l'œil d'un air inexprimable.

— Ah dame! il n'y a que des femmes dans cette maison-ci; beaucoup de jeunes filles. Il paraît que je serais dangereux à rencontrer. La sonnette les avertit. Quand je viens, elles s'en vont.

— Qu'est-ce que c'est que cette maison-ci?

— Tiens, vous savez bien.

— Mais non, je ne sais pas.

— Puisque vous m'y avez fait placer jardinier!

— Répondez-moi comme si je ne savais rien.

— Eh bien, c'est le couvent du Petit-Picpus, donc.

Les souvenirs revenaient à Jean Valjean. Le hasard, c'est-à-dire la providence, l'avait jeté précisément dans ce couvent du quartier Saint-Antoine, où le vieux Fauchelevent, estropié par la chute de sa charrette, avait été admis sur sa recommandation, il y avait deux ans de cela.

Il répéta comme se parlant à lui-même :

— Le couvent du Petit-Picpus.

— Ah çà, mais au fait, reprit Fauchelevent, comment diable

avez-vous fait pour y entrer, vous, père Madeleine? Vous avez beau être un saint, vous êtes un homme, et il n'entre pas d'hommes ici.

— Vous y êtes bien.

— Il n'y a que moi.

— Cependant, reprit Jean Valjean, il faut que j'y reste.

— Ah mon Dieu! s'écria Fauchelevent.

Jean Valjean s'approcha du vieillard et lui dit d'une voix grave :

— Père Fauchelevent, je vous ai sauvé la vie.

— C'est moi qui m'en suis souvenu le premier, répondit Fauchelevent.

— Eh bien, vous pouvez faire aujourd'hui pour moi ce que j'ai fait autrefois pour vous.

Fauchelevent prit dans ses vieilles mains ridées et tremblantes les deux robustes mains de Jean Valjean, et fut quelques secondes comme s'il ne pouvait parler. Enfin il s'écria :

— Oh! ce serait une bénédiction du bon Dieu, si je pouvais vous rendre un peu cela! Moi! vous sauver la vie! Monsieur le maire, disposez du vieux bonhomme.

Une joie admirable avait comme transfiguré ce vieillard. Un rayon semblait lui sortir du visage.

— Que voulez-vous que je fasse? reprit-il.

— Je vous expliquerai cela. Vous avez une chambre?

— J'ai une baraque isolée, là, derrière la ruine du vieux couvent, dans un recoin que personne ne voit. Il y a trois chambres.

La baraque était en effet si bien cachée derrière la ruine et si bien disposée pour que personne ne la vît, que Jean Valjean ne l'avait pas vue.

— Bien, dit Jean Valjean. Maintenant, je vous demande deux choses.

— Lesquelles, monsieur le maire?

— Premièrement, vous ne direz à personne ce que vous savez de moi. Deuxièmement, vous ne chercherez pas à en savoir davantage.

— Comme vous voudrez. Je sais que vous ne pouvez rien faire que d'honnête et que vous avez toujours été un homme du bon Dieu. Et puis, d'ailleurs, c'est vous qui m'avez mis ici. Ça vous regarde. Je suis à vous.

— C'est dit. A présent, venez avec moi. Nous allons chercher l'enfant.

— Ah! dit Fauchelevent, il y a un enfant?

Il n'ajouta pas une parole, et suivit Jean Valjean comme un chien suit son maître.

Moins d'une demi-heure après, Cosette, redevenue rose à la flamme d'un bon feu, dormait dans le lit du vieux jardinier. Jean Valjean avait remis sa cravate et sa redingote; le chapeau lancé par-dessus le mur avait été retrouvé et ramassé; pendant que Jean Valjean endossait sa redingote, Fauchelevent avait ôté sa genouillère à clochette, qui maintenant, accrochée à un clou près d'une hotte, ornait le mur. Les deux hommes se chauffaient accoudés sur une table où Fauchelevent avait posé un morceau de fromage, du pain bis, une bouteille de vin et deux verres, et le vieux disait à Jean Valjean en lui posant la main sur le genou :

— Ah! père Madeleine! vous ne m'avez pas reconnu tout de suite! vous sauvez la vie aux gens, et après vous les oubliez! Oh! c'est mal! eux ils se souviennent de vous! vous êtes un ingrat!

X

OU IL EST EXPLIQUÉ COMMENT JAVERT A FAIT BUISSON CREUX

Les événements dont nous venons de voir, pour ainsi dire, l'envers, s'étaient accomplis dans les conditions les plus simples.

Lorsque Jean Valjean, dans la nuit même du jour où Javert l'arrêta près du lit de mort de Fantine, s'échappa de la prison municipale de M.— sur M.—, la police supposa que le forçat évadé avait dû se diriger vers Paris. Paris est un malstroëm où tout se perd, et tout disparaît dans ce nombril du monde comme dans le nombril de la mer. Aucune forêt ne cache un homme comme cette foule. Les fugitifs de toute espèce le savent. Ils vont à Paris comme à un engloutissement; il y a des engloutissements qui sauvent. La police le sait aussi, et c'est à Paris qu'elle cherche ce qu'elle a perdu ailleurs. Elle y chercha l'ex-maire de M.— sur M.—. Javert fut appelé à Paris afin d'éclairer les perquisitions. Javert, en effet, aida puissamment à reprendre Jean Valjean. Le zèle et l'intelligence de Javert en cette occasion furent remarqués de M. Chabouillet, secrétaire de la préfecture sous le comte Anglès. M. Chabouillet, qui du reste avait déjà protégé Javert, fit attacher l'inspecteur de M.— sur M.— à la police de Paris. Là Javert se rendit diversement et, disons-le, quoique le mot semble inattendu pour de pareils services, honorablement utile.

Il ne songeait plus à Jean Valjean, — à ces chiens toujours en chasse le loup d'aujourd'hui fait oublier le loup d'hier, — lorsqu'en décembre 1823, il lut un journal, lui qui ne lisait jamais de journaux; mais Javert, homme monarchique, avait tenu à savoir les détails de l'entrée triomphale du « prince généralissime » à Bayonne. Comme il achevait l'article qui l'intéressait, un nom, le nom de Jean Valjean, au bas d'une page, appela son attention. Le journal annonçait que le forçat Jean Valjean était mort, et publiait le fait en termes si formels que Javert n'en douta pas. Il se borna à dire : *C'est là le bon écrou.* Puis il jeta le journal, et n'y pensa plus.

Quelque temps après, il arriva qu'une note de police fut transmise par la préfecture de Seine-et-Oise à la préfecture de police de Paris sur l'enlèvement d'un enfant, qui avait eu lieu, disait-on avec des circonstances particulières, dans la commune de Montfermeil. Une petite fille de sept à huit ans, disait la note, qui avait été confiée par sa mère à un aubergiste du pays, avait été volée par un inconnu; cette petite répondait au nom de Cosette et était l'enfant d'une fille nommée Fantine, morte à l'hôpital, on ne savait quand ni où. Cette note passa sous les yeux de Javert, et le rendit rêveur.

Le nom de Fantine lui était bien connu. Il se souvenait que Jean Valjean l'avait fait éclater de rire, lui Javert, en lui demandant un répit de trois jours pour aller chercher l'enfant de cette créature. Il se rappela que Jean Valjean avait été arrêté à Paris au moment où il montait dans la voiture de Montfermeil. Quelques indications avaient même fait songer à cette époque que c'était la seconde fois qu'il montait dans cette voiture et qu'il avait déjà, la veille, fait une première excursion aux environs de ce village, car on ne l'avait point vu dans le village même. Qu'allait-il faire dans ce pays de Montfermeil? on ne l'avait pu deviner. Javert le comprenait maintenant. La fille de Fantine s'y trouvait. Jean Valjean l'allait chercher. Or cette enfant venait d'être volée par un inconnu! Quel pouvait être cet inconnu? Serait-ce Jean Valjean? mais Jean Valjean était mort. — Javert, sans rien dire à personne, prit le coucou du Plat d'étain, cul-de-sac de la Planchette, et fit le voyage de Montfermeil.

Il s'attendait à trouver là un grand éclaircissement; il y trouva une grande obscurité.

Dans les premiers jours, les Thénardier, dépités, avaient jasé. La disparition de l'Alouette avait fait bruit dans le village. Il y avait eu tout de suite plusieurs versions de l'histoire qui avait fini par être un vol d'enfant. De là, la note de police. Cependant, la première humeur passée, le Thénardier, avec son admirable instinct, avait très-vite compris qu'il n'est jamais utile d'émouvoir M. le procureur du roi, et que ses plaintes à propos de l'*enlèvement* de Cosette auraient pour premier résultat de fixer sur lui, Thénardier, et sur beaucoup d'affaires troubles qu'il avait, l'étincelante prunelle de la justice. La première chose que les hiboux ne veulent pas, c'est qu'on leur apporte une chandelle. Et d'abord, comment se tirerait-il des quinze cents francs qu'il avait reçus? Il tourna court, mit un bâillon à sa femme, et fit l'étonné quand on lui parlait de l'*enfant volé*. Il n'y comprenait rien; sans doute il s'était plaint dans le moment de ce qu'on lui « enlevait » si vite cette chère petite ; il eût voulu par tendresse la garder encore deux ou trois jours ; mais c'était son « grand-père » qui était venu la chercher le plus naturellement du monde. Il avait ajouté le « grand-père », qui faisait bien. Ce fut sur cette histoire que Javert tomba en arrivant à Montfermeil. Le grand-père faisait évanouir Jean Valjean.

Javert pourtant enfonça quelques questions, comme des sondes, dans l'histoire de Thénardier. — Qu'était-ce que ce grand-père et comment s'appelait-il? — Thénardier répondit avec simplicité : — C'est un riche cultivateur. J'ai vu son passe-port. Je crois qu'il s'appelle M. Guillaume Lambert.

Lambert est un nom bonhomme et très-rassurant. Javert s'en revint à Paris.

— Le Jean Valjean est bien mort, se dit-il, et je suis un jobard.

Il recommençait à oublier toute cette histoire, lorsque, dans le courant de mars 1824, il entendit parler d'un personnage bizarre qui habitait sur la paroisse de Saint-Médard et qu'on surnommait « le mendiant qui fait l'aumône ». Ce personnage était, disait-on, un rentier dont personne ne savait au juste le nom et qui vivait seul avec une petite fille de huit ans, laquelle ne savait rien elle-même, sinon qu'elle venait de Montfermeil. Montfermeil! ce nom revenait toujours, et fit dresser l'oreille à Javert. Un vieux mendiant mouchard, ancien bedeau, auquel ce personnage faisait la charité, ajoutait quelques autres détails. — Ce rentier était un être très-farouche, — ne sortant jamais que le soir, — ne parlant à personne, — qu'aux pauvres quelquefois, — et ne se laissant pas approcher. Il portait une horrible vieille redingote jaune qui valait plusieurs millions, étant toute cousue de billets de banque. — Ceci piqua décidément la curiosité de Javert. Afin de voir ce rentier fantastique de très-près sans l'effaroucher, il emprunta un jour au bedeau sa défroque et la place où le vieux mouchard s'accroupissait tous les soirs en nasillant des oraisons et en espionnant à travers la prière.

« L'individu suspect » vint en effet à Javert ainsi travesti, et lui fit l'aumône; en ce moment Javert leva la tête, et la secousse que reçut Jean Valjean en croyant reconnaître Javert, Javert la reçut en croyant reconnaître Jean Valjean.

Cependant l'obscurité avait pu le tromper; la mort de Jean Valjean était officielle; il restait à Javert des doutes graves; et dans le doute, Javert, l'homme du scrupule, ne mettait la main au collet de personne.

Il suivit son homme jusqu'à la masure Gorbeau, et fit parler « la vieille », ce qui n'était pas malaisé. La vieille lui confirma le fait de la redingote doublée de millions et lui conta l'épisode du billet de mille francs. Elle avait vu! elle avait touché! Javert loua une chambre. Le soir même, il s'y installa. Il vint écouter à la porte du locataire mystérieux, espérant entendre le son de sa voix, mais Jean Valjean aperçut sa chandelle à travers la serrure et déjoua l'espion en gardant le silence.

Le lendemain Jean Valjean décampait. Mais le bruit de la pièce de cinq francs qu'il laissa tomber fut remarqué de la vieille qui, entendant remuer de l'argent, songea qu'on allait déménager et se hâta de prévenir Javert. A la nuit, lorsque Jean Valjean sortit, Javert l'attendait derrière les arbres du boulevard avec deux hommes.

Javert avait réclamé main-forte à la préfecture, mais il n'avait pas dit le nom de l'individu qu'il espérait saisir. C'était son secret; et il l'avait gardé pour trois raisons : d'abord, parce que la moindre indiscrétion pouvait donner l'éveil à Jean Valjean; ensuite, parce que mettre la main sur un vieux forçat évadé et réputé mort, sur un condamné que les notes de justice avaient jadis classé à jamais *parmi les malfaiteurs de l'espèce la plus dangereuse*, c'était un magnifique succès que les anciens de la police parisienne ne laisseraient certainement pas à un nouveau venu comme Javert, et qu'il craignait qu'on ne lui prît son galérien; enfin, parce que Javert, étant un artiste, avait le goût de l'imprévu. Il haïssait ces succès annoncés qu'on déflore en en parlant longtemps d'avance. Il tenait à élaborer ses chefs-d'œuvre dans l'ombre et à les dévoiler ensuite brusquement.

Javert avait suivi Jean Valjean d'arbre en arbre, puis de coin de rue en coin de rue, et ne l'avait pas perdu de vue un seul instant;

même dans les moments où Jean Valjean se croyait le plus en sûreté, l'œil de Javert était sur lui. Pourquoi Javert n'arrêtait-il pas Jean Valjean? c'est qu'il doutait encore.

Il faut se souvenir qu'à cette époque la police n'était pas précisément à son aise; la presse libre la gênait. Quelques arrestations arbitraires, dénoncées par les journaux, avaient retenti jusqu'aux Chambres, et rendu la préfecture timide. Attenter à la liberté individuelle était un fait grave. Les agents craignaient de se tromper; le préfet s'en prenait à eux; une erreur, c'était la destitution. Se figure-t-on l'effet qu'eût fait dans Paris ce bref entrefilet reproduit par vingt journaux : — Hier, un vieux grand-père en cheveux blancs, rentier respectable, qui se promenait avec sa petite-fille âgée de huit ans, a été arrêté et conduit au dépôt de la Préfecture comme forçat évadé! —

Répétons en outre que Javert avait ses scrupules à lui; les recommandations de sa conscience s'ajoutaient aux recommandations du préfet. Il doutait réellement.

Jean Valjean tournait le dos et marchait dans l'obscurité.

La tristesse, l'inquiétude, l'anxiété, l'accablement, ce nouveau malheur d'être obligé de s'enfuir la nuit et de chercher un asile au hasard dans Paris pour Cosette et pour lui, la nécessité de régler son pas sur le pas d'un enfant, tout cela, à son insu même, avait changé la démarche de Jean Valjean et imprimé à son habitude de corps une telle sénilité que la police elle-même, incarnée dans Javert, pouvait s'y tromper, et s'y trompa. L'impossibilité d'approcher de trop près, son costume de vieux précepteur émigré, la déclaration de Thénardier qui le faisait grand-père, enfin la croyance de sa mort au bagne, ajoutaient encore aux incertitudes qui s'épaississaient dans l'esprit de Javert.

Il eut un moment l'idée de lui demander brusquement ses papiers. Mais si cet homme n'était pas Jean Valjean, et si cet homme n'était pas un bon vieux rentier honnête, c'était probablement quelque gaillard profondément et savamment mêlé à la trame obscure des méfaits parisiens, quelque chef de bande dangereux, faisant l'aumône pour cacher ses autres talents, vieille rubrique. Il avait des affidés, des complices, des logis en-cas où il allait se réfugier sans doute. Tous ces détours qu'il faisait dans les rues semblaient indiquer que ce n'était pas un simple bonhomme. L'arrêter trop vite, c'était « tuer la poule aux œufs d'or ». Où était l'inconvénient d'attendre? Javert était bien sûr qu'il n'échapperait pas.

Il cheminait donc assez perplexe, en se posant cent questions sur ce personnage énigmatique.

Ce ne fut qu'assez tard, rue de Pontoise, que, grâce à la vive clarté que jetait un cabaret, il reconnut décidément Jean Valjean.

Il y a dans ce monde deux êtres qui tressaillent profondément, la mère qui retrouve son enfant, et le tigre qui retrouve sa proie. Javert eut ce tressaillement profond.

Dès qu'il eut positivement reconnu Jean Valjean, le forçat redoutable, il s'aperçut qu'ils n'étaient que trois, et il fit demander du renfort au commissaire de police de la rue de Pontoise. Avant d'empoigner un bâton d'épine, on met des gants.

Ce retard et la station au carrefour Rollin pour se concerter avec ses agents faillirent lui faire perdre la piste. Cependant il eut bien vite deviné que Jean Valjean voudrait placer la rivière entre ses chasseurs et lui. Il pencha la tête et réfléchit, comme un limier qui met le nez à terre pour être juste à la voie. Javert, avec sa puissante rectitude d'instinct, alla droit au pont d'Austerlitz. Un mot au péager le mit au fait : — Avez-vous vu un homme avec une petite fille? — Je lui ai fait payer deux sous, répondit le péager. — Javert arriva sur le pont à temps pour voir de l'autre côté de l'eau Jean Valjean traverser avec Cosette à la main l'espace éclairé par la lune. Il le vit s'engager dans la rue du Chemin-Vert-Saint-Antoine, il songea au cul-de-sac Genrot disposé là comme une trappe et à l'issue unique de la rue Droit-Mur sur la petite rue Picpus. Il *assura les grands devants*, comme parlent les chasseurs; il envoya en hâte par un détour un de ses agents garder cette issue. Une patrouille, qui rentrait au poste de l'Arsenal, ayant passé, il la requit et s'en fit accompagner. Dans ces parties-là les soldats sont des atouts. D'ailleurs, c'est le principe que, pour venir à bout d'un sanglier, il faut faire science de vèneur et force de chiens. Ces dispositions combinées, sentant Jean Valjean saisi entre l'impasse Genrot à droite, son agent à gauche, et lui Javert derrière, il prit une prise de tabac.

Puis il se mit à jouer. Il eut un moment ravissant et infernal; il laissa aller son homme devant lui, sachant qu'il le tenait, mais désirant reculer le plus possible le moment de l'arrêter, heureux de le sentir pris et de le voir libre, le couvant du regard avec cette volupté

JAVERT EN CHASSE.

de l'araignée, qui laisse voleter la mouche, et du chat, qui laisse courir la souris. La griffe et la serre ont une sensualité monstrueuse, c'est le mouvement obscur de la bête emprisonnée dans leur tenaille. Quel délice que cet étouffement!

Javert jouissait. Les mailles de son filet étaient solidement attachées. Il était sûr du succès; il n'avait plus maintenant qu'à fermer la main.

Accompagné comme il l'était, l'idée même de la résistance était impossible, si énergique, si vigoureux et si désespéré que fût Jean Valjean.

Javert avança lentement, sondant et fouillant sur son passage tous les recoins de la rue comme les poches d'un voleur.

Quand il arriva au centre de la toile, il n'y trouva plus la mouche.

On imagine son exaspération.

Il interrogea sa vedette des rues Droit-Mur et Picpus; cet agent, resté imperturbable à son poste, n'avait point vu passer l'homme.

Il arrive quelquefois qu'un cerf est brisé la tête couverte, c'est-à-dire s'échappe quoique ayant la meute sur le corps; et alors les plus vieux chasseurs ne savent que dire. Duvivier, Ligniville et Desprez restent court. Dans une déconvenue de ce genre, Artonge s'écria : *Ce n'est pas un cerf, c'est un sorcier.*

Javert eût volontiers jeté le même cri.

Son désappointement tint un moment du désespoir et de la fureur.

Il est certain que Napoléon fit des fautes dans la guerre de Russie, qu'Alexandre fit des fautes dans la guerre de l'Inde, que César fit des fautes dans la guerre d'Afrique, que Cyrus fit des fautes dans la guerre de Scythie, et que Javert fit des fautes dans cette campagne contre Jean Valjean. Il eut tort peut-être d'hésiter à reconnaître l'ancien galérien. Le premier coup d'œil aurait dû lui suffire. Il eut tort de ne pas l'appréhender purement et simplement dans la masure; il eut tort de ne pas l'arrêter quand il le reconnut positivement rue de Pontoise. Il eut tort de se concerter avec ses auxiliaires en plein clair de lune dans le carrefour Rollin. Certes les avis sont utiles, et il est bon de connaître et d'interroger ceux des chiens qui méritent créance; mais le chasseur ne saurait prendre trop de précautions quand il chasse des animaux inquiets, comme le loup et le forçat. Javert, en se préoccupant trop de mettre les limiers de meute sur la voie, alarma la bête en lui donnant vent du trait et la fit partir. Il eut tort surtout, dès qu'il eut retrouvé la piste au pont d'Austerlitz, de jouer ce jeu formidable et puéril de tenir un pareil homme au bout d'un fil. Il s'estima plus fort qu'il n'était, et crut pouvoir jouer à la souris avec un lion. En même temps, il s'estima trop faible quand il jugea nécessaire de s'adjoindre du renfort. Précaution fatale, perte d'un temps précieux. Javert commit toutes ces fautes, et n'en était pas moins un des espions les plus savants et les plus corrects qui aient existé. Il était, dans toute la force du terme, ce qu'en vénerie on appelle un *chien sage*. Mais qui est-ce qui est parfait?

Les grands stratégistes ont leurs éclipses.

Les fortes sottises sont souvent faites, comme les grosses cordes, d'une multitude de brins. Prenez le câble fil à fil, prenez séparément tous les petits motifs déterminants, vous les cassez l'un après l'autre et vous dites : ce n'est que cela! Tressez-les et tordez-les ensemble, c'est une énormité; c'est Attila qui hésite entre Marcien à l'orient et Valentinien à l'occident; c'est Annibal qui s'attarde à Capoue; c'est Danton qui s'endort à Arcis-sur-Aube.

Quoi qu'il en soit, au moment même où il s'aperçut que Jean Valjean lui échappait, Javert ne perdit pas la tête. Sûr que le forçat en rupture de ban ne pouvait être bien loin, il établit des guets, il organisa des souricières et des embuscades et battit le quartier toute la nuit. La première chose qu'il vit, ce fut le désordre du réverbère dont la corde était coupée. Indice précieux qui l'égara pourtant en ce qu'il fit dévier toutes les recherches vers le cul-de-sac Genrot. Il y a dans ce cul-de-sac des murs assez bas qui donnent sur des jardins dont les enceintes touchent à d'immenses terrains en friche. Jean Valjean avait dû évidemment s'enfuir par là. Le fait est que, s'il eût pénétré un peu plus avant dans le cul-de-sac Genrot, il l'eût fait probablement, et il était perdu. Javert explora ces jardins et ces terrains comme s'il eût cherché une aiguille.

Au point du jour, il laissa deux hommes intelligents en observation, et il regagna la préfecture de police, honteux comme un mouchard qu'un voleur aurait pris.

LE PETIT PICPUS

LIVRE SIXIÈME

LE PETIT-PICPUS

I

PETITE RUE PICPUS, NUMÉRO 62

Rien ne ressemblait plus, il y a un demi-siècle, à la première porte cochère venue que la porte cochère du numéro 62 de la petite rue Picpus. Cette porte, habituellement entr'ouverte de la façon la plus engageante, laissait voir deux choses qui n'ont rien de très-funèbre, une cour entourée de murs tapissés de vigne et la face d'un portier qui flâne. Au-dessus du mur du fond, on apercevait de grands arbres. Quand un rayon de soleil égayait la cour, quand un verre de vin égayait le portier, il était difficile de passer devant le numéro 62 de la petite rue Picpus sans en emporter une idée riante. C'était pourtant un lieu sombre qu'on avait entrevu.

Le seuil souriait, la maison priait et pleurait.

Si l'on parvenait, ce qui n'était point facile, à franchir le portier, — ce qui même pour presque tous était impossible, car il y avait un *Sésame, ouvre-toi!* qu'il fallait savoir, — si, le portier franchi, on entrait à droite dans un petit vestibule où donnait un escalier resserré entre deux murs et si étroit qu'il n'y pouvait passer qu'une personne à la fois, si l'on ne se laissait pas effrayer par le badigeonnage jaune serin avec soubassement chocolat qui enduisait cet escalier, si l'on s'aventurait à monter, on dépassait un premier palier, puis un deuxième, et l'on arrivait au premier étage dans un corridor où la détrempe jaune et la plinthe chocolat vous suivaient avec un acharnement paisible. Escalier et corridor étaient éclairés par deux belles fenêtres. Le corridor faisait un coude et devenait obscur. Si l'on doublait ce cap, on parvenait après quelques pas devant une porte d'autant plus mystérieuse qu'elle n'était pas fermée. On la poussait, et l'on se trouvait dans une petite chambre d'environ six pieds carrés, carrelée, lavée, propre, froide, tendue de papier nankin à fleurettes vertes, à quinze sous le rouleau. Un jour blanc et mat venait d'une grande fenêtre à petits carreaux qui était à gauche et qui tenait toute la largeur de la chambre. On regardait, on ne voyait personne; on écoutait, on n'entendait ni un pas ni un murmure humain. La muraille était nue; la chambre n'était point meublée; pas une chaise.

On regardait encore et l'on voyait au mur en face de la porte un trou quadrangulaire d'environ un pied carré, grillé d'une grille en fer à barreaux entre-croisés, noirs, noueux, solides, lesquels formaient des carreaux, j'ai presque dit des mailles, de moins d'un pouce et demi de diagonale. Les petites fleurettes vertes du papier nankin arrivaient avec calme et en ordre jusqu'à ces barreaux de fer, sans que ce contact funèbre les effarouchât et les fît tourbillonner. En supposant qu'un être vivant eût été assez admirablement maigre pour essayer d'entrer ou de sortir par le trou carré, cette grille l'en eût empêché. Elle ne laissait point passer le corps, mais elle laissait passer les yeux, c'est-à-dire l'esprit. Il semblait qu'on eût songé à cela, car on l'avait doublée d'une lame de fer-blanc sertie dans la muraille un peu en arrière et piquée de mille trous plus microscopiques que les trous d'une écumoire. Au bas de cette plaque était percée une ouverture tout à fait pareille à la bouche d'une boîte aux lettres. Un ruban de fil attaché à un mouvement de sonnette pendait à droite du trou grillé.

Si l'on agitait ce ruban, une clochette tintait et l'on entendait une voix, tout près de soi, ce qui faisait tressaillir.

— Qui est là? demandait la voix.

C'était une voix de femme, une voix douce, si douce qu'elle en était lugubre.

Ici encore il y avait un mot magique qu'il fallait savoir. Si on ne le savait pas, la voix se taisait, et le mur redevenait silencieux comme si l'obscurité effarée du sépulcre eût été de l'autre côté.

Si l'on savait le mot, la voix reprenait : — Entrez à droite.

On remarquait alors à sa droite, en face de la fenêtre, une porte vitrée surmontée d'un châssis vitré et peinte en gris. On soulevait le loquet, on franchissait la porte, et l'on éprouvait absolument la même impression que lorsqu'on entre au spectacle dans une baignoire grillée avant que la grille soit baissée et que le lustre soit allumé. On était, en effet, dans une espèce de loge de théâtre, à peine éclairée par le jour vague de la porte vitrée, étroite, meublée de deux vieilles chaises et d'un paillasson tout démaillé, véritable loge avec sa devanture à hauteur d'appui qui portait une tablette en bois noir. Cette loge était grillée, seulement ce n'était pas une grille de bois doré comme à l'Opéra, c'était un monstrueux treillis de barres de fer affreusement enchevêtrées et scellées au mur par des scellements énormes qui ressemblaient à des poings fermés.

Les premières minutes passées, quand le regard commençait à se faire à ce demi-jour de cave, il essayait de franchir la grille, mais il n'allait pas plus loin que six pouces au delà. Là il rencontrait une barrière de volets noirs, assurés et fortifiés de traverses de bois peintes en jaune pain d'épice. Ces volets étaient à jointures, divisés en longues lames minces, et masquaient toute la longueur de la grille. Ils étaient toujours clos.

Au bout de quelques instants, on entendait une voix qui vous appelait de derrière ces volets et qui vous disait :

— Je suis là. Que me voulez-vous?

C'était une voix aimée, quelquefois une voix adorée. On ne voyait personne. On entendait à peine le bruit d'un souffle. Il semblait que ce fût une évocation qui vous parlait à travers la cloison de la tombe.

Si l'on était dans de certaines conditions voulues, bien rares, l'étroite lame d'un des volets s'ouvrait en face de vous, et l'évocation devenait une apparition. Derrière la grille, derrière le volet on apercevait, autant que la grille permettait d'apercevoir, une tête dont on ne voyait que la bouche et le menton; le reste était couvert d'un voile noir. On entrevoyait une guimpe noire et une forme à peine distincte couverte d'un suaire noir. Cette tête vous parlait, mais ne vous regardait pas et ne vous souriait jamais.

Le jour qui venait de derrière vous était disposé de telle façon que vous la voyiez blanche et qu'elle vous voyait noir. Ce jour était un symbole.

Cependant les yeux plongeaient avidement, par cette ouverture qui s'était faite, dans ce lieu clos à tous les regards. Un vague profond enveloppait cette forme vêtue de deuil. Les yeux fouillaient ce vague et cherchaient à démêler ce qui était autour de l'apparition. Au bout de très-peu de temps on s'apercevait qu'on ne voyait rien. Ce qu'on voyait, c'était la nuit, le vide, les ténèbres, une brume de l'hiver mêlée à une vapeur du tombeau, une sorte de paix effrayante, un silence où l'on ne recueillait rien, pas même des soupirs, une ombre où l'on ne distinguait rien, pas même des fantômes.

Ce qu'on voyait, c'était l'intérieur d'un cloître.

C'était l'intérieur de cette maison morne et sévère qu'on appelait le couvent des bernardines de l'Adoration Perpétuelle. Cette loge où l'on était, c'était le parloir. Cette voix, la première qui vous avait parlé, c'était la voix de la tourière qui était toujours assise, immobile et silencieuse, de l'autre côté du mur, près de l'ouverture carrée, défendue par la grille de fer et par la plaque à mille trous comme par une double visière.

L'obscurité où plongeait la loge grillée venait de ce que le parloir qui avait une fenêtre du côté du monde n'en avait aucune du côté du couvent. Les yeux profanes ne devaient rien voir de ce lieu sacré.

Pourtant il y avait quelque chose au delà de cette ombre, il y avait une lumière; il y avait une vie dans cette mort. Quoique ce couvent fût le plus muré de tous, nous allons essayer d'y pénétrer, et d'y faire pénétrer le lecteur, et de dire, sans oublier la mesure, des choses que les raconteurs n'ont jamais vues et par conséquent jamais dites.

II

L'OBÉDIENCE DE MARTIN VERGA

Ce couvent qui, en 1824, existait depuis longues années déjà petite rue Picpus, était une communauté de bernardines de l'obédience de Martin Verga.

Ces bernardines, par conséquent, se rattachaient non à Clairvaux, comme les bernardins, mais à Cîteaux, comme les bénédictins.

En d'autres termes, elles étaient sujettes, non de saint Bernard, mais de saint Benoît.

Quiconque a un peu remué des in-folio sait que Martin Verga fonda en 1425 une congrégation de bernardines-bénédictines, ayant pour chef d'ordre Salamanque et pour succursale Alcala.

Cette congrégation avait poussé des rameaux dans tous les pays catholiques de l'Europe.

Ces greffes d'un ordre sur l'autre n'ont rien d'inusité dans l'église latine. Pour ne parler que du seul ordre de Saint-Benoît dont il est ici question, à cet ordre se rattachent, sans compter l'obédience de Martin Verga, quatre congrégations, deux en Italie, le Mont-Cassin et Sainte-Justine de Padoue, deux en France, Cluny et Saint-Maur; et neuf ordres, Valombrosa, Grammont, les célestins, les camaldules, les chartreux, les humiliés, les olivateurs et les silvestrins, enfin Cîteaux; car Cîteaux lui-même, tronc pour d'autres ordres, n'est qu'un rejeton pour Saint-Benoît. Cîteaux date de saint Robert, abbé de Molesme dans le diocèse de Langres en 1098. Or c'est en 529 que le diable, retiré au désert de Subiaco (il était vieux, s'était-il fait ermite?), fut chassé de l'ancien temple d'Apollon où il demeurait, par saint Benoît âgé de dix-sept ans.

Après la règle des carmélites, lesquelles vont pieds nus, portent une pièce d'osier sur la gorge et ne s'asseyent jamais, la règle la plus dure est celle des bernardines-bénédictines de Martin Verga. Elles sont vêtues de noir, avec une guimpe qui, selon la prescription expresse de saint Benoît monte jusqu'au menton. Une robe de serge à manches larges, un grand voile de laine, la guimpe qui monte jusqu'au menton coupée carrément sur la poitrine, le bandeau qui descend jusqu'aux yeux, voilà leur habit. Tout est noir, excepté le bandeau qui est blanc. Les novices portent le même habit, tout blanc. Les professes ont en outre un rosaire aux côtés.

Les bernardines-bénédictines de Martin Verga pratiquent l'Adoration Perpétuelle, comme les bénédictines dites dames du Saint-Sacrement, lesquelles, au commencement de ce siècle, avaient à Paris deux maisons, l'une au Temple, l'autre rue Neuve-Sainte-Geneviève. Du reste les bernardines-bénédictines du Petit-Picpus, dont nous parlons, étaient un ordre absolument autre que les dames du Saint-Sacrement, cloîtrées rue Neuve-Sainte-Geneviève et au Temple. Il y avait de nombreuses différences dans la règle; il y en avait dans le costume.

Les bernardines-bénédictines du Petit-Picpus portaient la guimpe noire, et les bénédictines du Saint-Sacrement et de la rue Neuve-Sainte-Geneviève la portaient blanche, et avaient de plus sur la poitrine un saint sacrement d'environ trois pouces de haut en vermeil ou en cuivre doré. Les religieuses du Petit-Picpus ne portaient point ce saint sacrement. L'Adoration Perpétuelle, commune à la maison du Petit-Picpus et à la maison du Temple, laisse les deux ordres parfaitement distincts. Il y a seulement ressemblance pour cette pratique entre les dames du Saint-Sacrement et les bernardines de Martin Verga, de même qu'il y avait similitude, pour l'étude et la glorification de tous les mystères relatifs à l'enfance, à la vie et à la mort de Jésus-Christ, et à la Vierge, entre deux ordres pourtant fort séparés et dans l'occasion ennemis, l'Oratoire d'Italie, établi à Florence par Philippe de Néri, et l'Oratoire de France, établi à Paris par Pierre de Bérulle. L'Oratoire de Paris prétendait le pas, Philippe de Néri n'étant que saint, et Bérulle étant cardinal.

Revenons à la dure règle espagnole de Martin Verga.

Les bernardines-bénédictines de cette obédience font maigre toute l'année, jeûnent le carême et beaucoup d'autres jours qui leur sont spéciaux, se relèvent dans leur premier sommeil depuis une heure du matin jusqu'à trois pour lire le bréviaire et chanter matines, couchent dans des draps de serge en toute saison et sur la paille, n'usent point de bains, n'allument jamais de feu, se donnent la discipline tous les vendredis, observent la règle du silence, ne se parlent qu'aux récréations, lesquelles sont très-courtes, et portent des chemises de bure pendant six mois, du 14 septembre, qui est l'exaltation de la sainte-Croix, jusqu'à Pâques. Ces six mois sont une modération, la règle dit toute l'année; mais cette chemise de bure, insupportable dans les chaleurs de l'été, produisait des fièvres et des spasmes nerveux. Il a fallu en restreindre l'usage. Même avec cet adoucissement, le 14 septembre, quand les religieuses mettent cette chemise, elles ont trois ou quatre jours de fièvre. Obéissance, pauvreté, chasteté, stabilité sous clôture; voilà leurs vœux, fort aggravés par la règle.

La prieure est élue pour trois ans par les mères, qu'on appelle *mères vocales* parce qu'elles ont voix au chapitre. Une prieure ne peut être réélue que deux fois, ce qui fixe à neuf ans le plus long règne possible d'une prieure.

Elles ne voient jamais le prêtre officiant, qui leur est toujours

caché par une serge tendue à neuf pieds de haut. Au sermon, quand le prédicateur est dans la chapelle, elles baissent leur voile sur leur visage; elles doivent toujours parler bas, marcher les yeux à terre et la tête inclinée. Un seul homme peut entrer dans le couvent, l'archevêque diocésain.

Il y en a bien un autre, qui est le jardinier; mais c'est toujours un vieillard, et, afin qu'il soit perpétuellement seul dans le jardin et que les religieuses soient averties de l'éviter, on lui attache une clochette au genou.

Elles sont soumises à la prieure d'une soumission absolue et passive. C'est la sujétion canonique dans toute son abnégation. Comme à la voix du Christ, *ut voci Christi*, au geste, au premier signe, *ad nutum, ad primum signum*, tout de suite, avec bonheur, avec persévérance, avec une certaine obéissance aveugle, *prompte, hilariter, perseveranter, et cæca quadam obedientia*, comme la lime dans la main de l'ouvrier, *quasi limam in manibus fabri*, ne pouvant lire ni écrire quoi que ce soit sans permission expresse, *legere vel scribere non addiscerit sine expressa superioris licentia*.

A tour de rôle chacune d'elles fait ce qu'elles appellent *la réparation*. La réparation, c'est la prière pour tous les péchés, pour toutes les fautes, pour tous les désordres, pour toutes les violations, pour toutes les iniquités, pour tous les crimes qui se commettent sur la terre. Pendant douze heures consécutives, de quatre heures du soir à quatre heures du matin, ou de quatre heures du matin à quatre heures du soir, la sœur qui fait *la réparation* reste à genoux sur la pierre devant le saint sacrement, les mains jointes, la corde au cou. Quand la fatigue devient insupportable, elle se prosterne à plat ventre, la face contre terre, les bras en croix ; c'est là tout son soulagement. Dans cette attitude, elle prie pour tous les coupables de l'univers. Ceci est grand jusqu'au sublime.

Comme cet acte s'accomplit devant un poteau au haut duquel brûle un cierge, on dit indistinctement, *faire la réparation* ou *être au poteau*. Les religieuses préfèrent même, par humilité, cette dernière expression, qui contient une idée de supplice et d'abaissement.

Faire la réparation est une fonction où toute l'âme s'absorbe. La sœur au poteau ne se retournerait pas pour le tonnerre tombant derrière elle.

En outre, il y a toujours une religieuse à genoux devant le saint sacrement. Cette station dure une heure. Elles se relèvent comme les soldats en faction. C'est là l'Adoration perpétuelle.

Les prieures et les mères portent presque toujours des noms empreints d'une gravité particulière, rappelant, non des saintes et des martyres, mais des moments de la vie de Jésus-Christ, comme la mère Nativité, la mère Conception, la mère Présentation, la mère Passion. Cependant les noms de saintes ne sont pas interdits.

Quand on les voit, on ne voit jamais que leur bouche.

Toutes ont les dents jaunes. Jamais une brosse à dents n'est entrée dans ce couvent. Se brosser les dents est au haut d'une échelle au bas de laquelle il y a : perdre son âme.

Elles ne disent de rien *ma* ni *mon*. Elles n'ont rien à elles et ne doivent tenir à rien. Elles disent de toute chose *notre*; ainsi : notre voile, notre chapelet; si elles parlaient de leur chemise, elles diraient *notre chemise*. Quelquefois elles s'attachent à quelque petit objet, à un livre d'heures, à une relique, à une médaille bénie. Dès qu'elles s'aperçoivent qu'elles commencent à tenir à cet objet, elles doivent le donner. Elles se rappellent le mot de sainte Thérèse, à laquelle une grande dame, au moment d'entrer dans son ordre, disait : Permettez, ma mère, que j'envoie chercher une sainte bible à laquelle je tiens beaucoup. — *Ah! vous tenez à quelque chose! En ce cas, n'entrez pas chez nous.*

Défense à qui que ce soit de s'enfermer et d'avoir un *chez-soi*, une *chambre*. Elles vivent cellules ouvertes. Quand elles s'abordent, l'une dit : *Loué soit et adoré le très-saint sacrement de l'autel!* L'autre répond : *A jamais*. Même cérémonie quand l'une frappe à la porte de l'autre. A peine la porte a-t-elle été touchée qu'on entend de l'autre côté une voix douce dire précipitamment : *A jamais!* Comme toutes les pratiques, cela devient machinal par l'habitude; et l'une dit quelquefois *à jamais* avant que l'autre ait eu le temps de dire, ce qui est assez long d'ailleurs : *Loué soit et adoré le très-saint sacrement de l'autel!*

Chez les visitandines, celle qui entre dit : *Ave Maria*, et celle chez laquelle on entre dit : *Gratia plena*. C'est leur bonjour, qui est « plein de grâce » en effet.

A chaque heure du jour, trois coups supplémentaires sonnent à la cloche de l'église du couvent. A ce signal, prieure, mères vocales, professes, converses, novices, postulantes, interrompent ce qu'elles disent, ce qu'elles font ou ce qu'elles pensent, et toutes disent à la fois, s'il est cinq heures, par exemple : — *A cinq heures et à toute heure, loué soit et adoré le très-saint sacrement de l'autel.* S'il est huit heures : — *A huit heures et à toute heure*, etc., et ainsi de suite, selon l'heure qu'il est.

Cette coutume, qui a pour but de rompre la pensée et de la ramener toujours à Dieu, existe dans beaucoup de communautés; seulement la formule varie. Ainsi, à l'Enfant-Jésus, on dit : — *A l'heure qu'il est et à toute heure que l'amour de Jésus enflamme mon cœur!*

Les bénédictines-bernardines de Martin Verga, cloîtrées il y a cinquante ans au Petit-Picpus, chantent les offices sur une psalmodie grave, plain-chant pur, et toujours à pleine voix toute la durée de l'office. Partout où il y a un astérisque dans le missel, elles font une pause et disent à voix basse : *Jésus-Marie-Joseph*. Pour l'office des morts, elles prennent le ton si bas, que c'est à peine si des voix de femmes peuvent descendre jusque-là. Il en résulte un effet saisissant et tragique.

Celles du Petit-Picpus avaient fait faire un caveau sous leur maître-autel pour la sépulture de leur communauté. *Le gouvernement*, comme elles disent, ne permit pas que ce caveau reçût les cercueils. Elles sortaient donc du couvent quand elles étaient mortes. Ceci les affligeait et les consternait comme une infraction.

Elles avaient obtenu, consolation médiocre, d'être enterrées à une heure spéciale et en un coin spécial dans l'ancien cimetière Vaugirard, qui était fait d'une terre appartenant jadis à la communauté.

Le jeudi, ces religieuses entendent la grand'messe, vêpres et tous les offices comme le dimanche. Elles observent en outre scrupuleusement toutes les petites fêtes, inconnues aux gens du monde, que l'église prodiguait autrefois en France et prodigue encore en Espagne et en Italie. Leurs stations à la chapelle sont interminables. Quant au nombre et à la durée de leurs prières, nous ne pouvons en donner une meilleure idée qu'en citant le mot naïf de l'une d'elles : *Les prières des postulantes sont effrayantes, les prières des novices encore pires, et les prières des professes encore pires.*

Une fois par semaine, on assemble le chapitre; la prieure préside, les mères vocales assistent. Chaque sœur vient à son tour s'agenouiller sur la pierre, et confesser à haute voix, devant toutes, les fautes et les péchés qu'elle a commis dans la semaine. Les mères vocales se consultent après chaque confession, et infligent tout haut les pénitences.

Outre la confession à haute voix, pour laquelle on réserve toutes les fautes un peu graves, elles ont pour les fautes vénielles ce qu'elles appellent *la coulpe*. Faire sa coulpe, c'est se prosterner à plat ventre durant l'office devant la prieure jusqu'à ce que celle-ci, qu'on ne nomme jamais que *notre mère*, avertisse la patiente par un petit coup frappé sur le bois de sa stalle qu'elle peut se relever. On fait sa coulpe pour très-peu de chose, un verre cassé, un voile déchiré, un retard involontaire de quelques secondes à un office, une fausse note à l'église, etc., cela suffit, on fait sa coulpe. La coulpe est toute spontanée ; c'est la *coupable* elle-même (ce mot est ici étymologiquement à sa place) qui se juge et qui se l'inflige. Les jours de fête et les dimanches il y a quatre mères chantres qui psalmodient les offices devant un grand lutrin à quatre pupitres. Un jour une mère chantre entonna un psaume qui commençait par *Ecce*, et, au lieu de *Ecce*, dit à haute voix les trois notes : *ut, si, sol*; elle subit pour cette distraction une coulpe qui dura tout l'office. Ce qui rendait la faute énorme, c'est que le chapitre avait ri.

Lorsqu'une religieuse est appelée au parloir, fût-ce la prieure, elle baisse son voile de façon, l'on s'en souvient, à ne laisser voir que sa bouche.

La prieure seule peut communiquer avec des étrangers. Les autres ne peuvent voir que leur famille étroite, et très-rarement. Si par hasard une personne du dehors se présente pour voir une religieuse qu'elle a connue ou aimée dans le monde, il faut toute une négociation. Si c'est une femme, l'autorisation peut être quelquefois accordée ; la religieuse vient, et on lui parle à travers les volets, lesquels ne s'ouvrent que pour une mère ou une sœur. Il va sans dire que la permission est toujours refusée aux hommes.

Telle est la règle de saint Benoît, aggravée par Martin Verga.

Ces religieuses ne sont point gaies, roses et fraîches comme le sont souvent les filles des autres ordres. Elles sont pâles et graves. De 1825 à 1830 trois sont devenues folles.

III

SÉVÉRITÉS

On est au moins deux ans postulante, souvent quatre ; quatre ans novice. Il est rare que les vœux définitifs puissent être prononcés avant vingt-trois ou vingt-quatre ans. Les bernardines-bénédictines de Martin Verga n'admettent point de veuves dans leur ordre.

Elles se livrent dans leurs cellules à beaucoup de macérations inconnues dont elles ne doivent jamais parler.

Le jour où une novice fait profession, on l'habille de ses plus beaux atours, on la coiffe de roses blanches, on lustre et on boucle ses cheveux, puis elle se prosterne; on étend sur elle un grand voile noir et l'on chante l'office des morts. Alors les religieuses se divisent en deux files, une file passe près d'elle en disant d'un accent plaintif : *notre sœur est morte* : et l'autre file répond d'une voix éclatante : *vivante en Jésus-Christ.*

A l'époque où se passe cette histoire, un pensionnat était joint au couvent. Pensionnat de jeunes filles nobles, la plupart riches, parmi lesquelles on remarquait mesdemoiselles de Sainte-Aulaire et de Bélissen et une Anglaise portant l'illustre nom catholique de Talbot. Ces jeunes filles, élevées par ces religieuses entre quatre murs, grandissaient dans l'horreur du monde et du siècle. Une d'elles nous disait un jour : *Voir le pavé de la rue me faisait frissonner de la tête aux pieds.* Elles étaient vêtues de bleu avec un bonnet blanc et un saint-esprit de vermeil ou de cuivre fixé sur la poitrine. A de certains jours de grande fête, particulièrement à la Sainte-Marthe, on leur accordait, comme haute faveur et bonheur suprême, de s'habiller en religieuse et de faire les offices et les pratiques de saint Benoît pendant toute une journée. Dans les premiers temps, les religieuses leur prêtaient leurs vêtements noirs. Cela parut profane, et la prieure le défendit. Ce prêt ne fut permis qu'aux novices. Il est remarquable que ces représentations, tolérées sans doute et encouragées dans le couvent par un secret esprit de prosélytisme, et pour donner à ces enfants quelque avant-goût du saint habit, étaient un bonheur réel et une vraie récréation pour les pensionnaires. Elles s'en amusaient tout simplement. *C'était nouveau; cela les changeait.* Candides raisons de l'enfance qui ne réussissent pas d'ailleurs à faire comprendre, à nous mondains, cette félicité de tenir en main un goupillon et de rester debout des heures entières chantant à quatre devant un lutrin.

Les élèves, aux austérités près, se conformaient à toutes les pratiques du couvent. Il est telle jeune femme qui, entrée dans le monde et après plusieurs années de mariage, n'était pas encore parvenue à se déshabituer de dire en toute hâte chaque fois qu'on frappait à sa porte : *à jamais!* Comme les religieuses, les pensionnaires ne voyaient leurs parents qu'au parloir. Leurs mères elles-mêmes n'obtenaient pas de les embrasser. Voici jusqu'où allait la sévérité sur ce point. Un jour, une jeune fille fut visitée par sa mère accompagnée d'une petite sœur de trois ans. La jeune fille pleurait, car elle eût bien voulu embrasser sa sœur. Impossible. Elle supplia du moins qu'il fût permis à l'enfant de passer à travers les barreaux sa petite main pour qu'elle pût la baiser. Ceci fut refusé presque avec scandale.

VI

GAIETÉS

Ces jeunes filles n'en ont pas moins rempli cette grave maison de souvenirs charmants.

A de certaines heures, l'enfance étincelait dans ce cloître. La récréation sonnait. Une porte tournait sur ses gonds. Les oiseaux disaient : bon! voilà les enfants! Une irruption de jeunesse inondait ce jardin coupé d'une croix comme un linceul. Des visages radieux, des fronts blancs, des yeux ingénus pleins de gaie lumière, toutes sortes d'aurores, s'éparpillaient dans ces ténèbres. Après les psalmodies, les cloches, les sonneries, les glas, les offices, tout à coup éclatait ce bruit des petites filles, plus doux qu'un bruit d'abeilles. La ruche de la joie s'ouvrait, et chacune apportait son miel. On jouait, on s'appelait, on se groupait, on courait ; de jolies petites dents blanches jasaient dans des coins ; les voiles, de loin, surveillaient les rires, les ombres guettaient les rayons, mais qu'importe! on rayonnait et on riait. Ces quatre murs lugubres avaient leur minute d'éblouissement. Ils assistaient, vaguement blanchis du reflet de tant de joie, à ce doux tourbillonnement d'essaims. C'était comme une pluie de roses traversant ce deuil. Les jeunes filles folâtraient sous l'œil des religieuses ; le regard de l'impeccabilité ne gêne pas l'innocence. Grâce à ces enfants, parmi tant d'heures austères, il y avait l'heure naïve. Les petites sautaient, les grandes dansaient. Dans ce cloître, le jeu était mêlé de ciel. Rien n'était ravissant et auguste comme toutes ces fraîches âmes épanouies. Homère fût venu rire là avec Perrault, et il y avait, dans ce jardin noir, de la jeunesse, de la santé, du bruit, des cris, de l'étourdissement, du plaisir, du bonheur, à dérider toutes les aïeules, celles de l'épopée comme celles du conte, celles du trône comme celles du chaume, depuis Hécube jusqu'à la Mère-Grand.

Il s'est dit dans cette maison, plus que partout ailleurs peut-être, de ces *mots d'enfants* qui ont tant de grâce et qui font rire d'un rire plein de rêverie. C'est entre ces quatre murs funèbres qu'une enfant de cinq ans s'écria un jour : — *Ma mère ! une grande vient de me dire que je n'ai plus que neuf ans et dix mois à rester ici. Quel bonheur !*

C'est encore là qu'eut lieu ce dialogue mémorable :

Une mère vocale. — Pourquoi pleurez-vous, mon enfant ?

L'enfant (six ans), sanglotant. — J'ai dit à Alix que je savais mon histoire de France. Elle me dit que je ne la sais pas, et je la sais.

Alix, la grande (neuf ans). — Non. Elle ne la sait pas.

La mère. — Comment cela, mon enfant?

Alix. — Elle m'a dit d'ouvrir le livre au hasard et de lui faire une question qu'il y a dans le livre, et qu'elle répondrait.

— Eh bien?

— Elle n'a pas répondu.

— Voyons. Que lui avez-vous demandé?

— J'ai ouvert le livre au hasard comme elle disait, et je lui ai demandé la première demande que j'ai trouvée.

— Et qu'est-ce que c'était que cette demande?

— C'était : *Qu'arriva-t-il ensuite?*

C'est là qu'a été faite cette observation profonde sur une perruche un peu gourmande qui appartenait à une dame pensionnaire :

— *Est-elle gentille! elle mange le dessus de sa tartine, comme une personne!*

C'est sur une des dalles de ce cloître qu'a été ramassée cette confession, écrite d'avance, pour ne pas l'oublier, par une pécheresse de sept ans :

« — Mon père, je m'accuse d'avoir été avarice.

« — Mon père, je m'accuse d'avoir été adultère.

« — Mon père, je m'accuse d'avoir élevé mes regards vers les monsieurs. »

C'est sur un des bancs de gazon de ce jardin qu'a été improvisé par une bouche rose de six ans ce conte écouté par des yeux bleus de quatre et cinq ans :

« — Il y avait trois petits coqs qui avaient un pays où il y avait beaucoup de fleurs. Ils ont cueilli les fleurs, et ils les ont mises dans leur poche. Après ça, ils ont cueilli les feuilles, et ils les ont mises dans leurs joujoux. Il y avait un loup dans le pays, et il y avait beaucoup de bois; et le loup était dans le bois; et il a mangé les petits coqs. »

Et cet autre poëme :

« — Il est arrivé un coup de bâton.

« C'est Polichinelle qui l'a donné au chat.

« Ça ne lui a pas fait de bien, ça lui a fait du mal.

« Alors une dame a mis Polichinelle en prison. »

C'est là qu'a été dit, par une petite abandonnée, enfant trouvé que le couvent élevait par charité, ce mot doux et navrant. Elle enten-

dait les autres parler de leurs mères, et elle murmura dans son coin :
— *Moi, ma mère n'était pas là quand je suis née!*

Il y avait une grosse tourière qu'on voyait toujours se hâter dans les corridors avec son trousseau de clefs et qui se nommait sœur Agathe. Les *grandes grandes,* — au-dessus de dix ans, l'appelaient *Agathoclès.*

Le réfectoire, grande pièce oblongue et carrée qui ne recevait de jour que par un cloître à archivoltes de plain-pied avec le jardin, était obscur et humide, et, comme disent les enfants, — plein de bêtes. Tous les lieux circonvoisins y fournissaient leur contingent d'insectes.

Chacun des quatre coins en avait reçu, dans le langage des pensionnaires, un nom particulier et expressif. Il y avait le coin des Araignées, le coin des Chenilles, le coin des Cloportes et le coin des Cricris. Le coin des Cricris était voisin de la cuisine et fort estimé. On y avait moins froid qu'ailleurs. Du réfectoire les noms avaient passé au pensionnat et servaient à y distinguer, comme à l'ancien collége Mazarin, quatre nations. Toute élève était de l'une de ces quatre nations selon le coin du réfectoire où elle s'asseyait aux heures des repas. Un jour, M. l'archevêque, faisant la visite pastorale, vit entrer dans la classe où il passait une jolie petite fille toute vermeille avec d'admirables cheveux blonds; il demanda à une autre pensionnaire, charmante brune aux joues fraîches qui était près de lui :

— Qu'est-ce que c'est que celle-ci?
— C'est une araignée, monseigneur.
— Bah! et cette autre?
— C'est un cricri.
— Et celle-là?
— C'est une chenille.
— En vérité, et vous-même?
— Je suis un cloporte, monseigneur.

Chaque maison de ce genre a ses particularités. Au commencement de ce siècle, Écouen était un de ces lieux gracieux et sévères où grandit, dans une ombre presque auguste, l'enfance des jeunes filles. A Écouen, pour prendre rang dans la procession du saint sacrement, on distinguait entre les vierges et les fleuristes. Il y avait aussi « les dais » et « les encensoirs, » les unes portant les cordons du dais, les autres encensant le saint sacrement. Les fleurs revenaient de droit aux fleuristes. Quatre « vierges » marchaient en avant.

Le matin de ce grand jour, il n'était pas rare d'entendre demander dans le dortoir : Qui est-ce qui est vierge?

Madame Campan citait ce mot d'une « petite » de sept ans à une « grande » de seize, qui prenait la tête de la procession pendant qu'elle, la petite, restait à la queue : — Tu es vierge, toi; moi, je ne le suis pas.

V

DISTRACTIONS

Au-dessus de la porte du réfectoire était écrite en grosses lettres noires cette prière qu'on appelait *la Patenôtre blanche*, et qui avait pour vertu de mener les gens droit en paradis :

« Petite patenôtre blanche, que Dieu fit, que Dieu dit, que Dieu mit en paradis. Au soir, m'allant coucher, je trouvis (*sic*) trois anges à mon lit couchés, un aux pieds, deux au chevet, la bonne vierge Marie au milieu, qui me dit que je m'y couchis, que rien ne doutis. Le bon Dieu est mon père, la bonne Vierge est ma mère, les trois apôtres sont mes frères, les trois vierges sont mes sœurs. La chemise où Dieu fut né, mon corps en est enveloppé; la croix Sainte-Marguerite à ma poitrine est écrite. Madame la Vierge s'en va sur les champs, Dieu pleurant, rencontrit M. saint Jean. Monsieur saint Jean, d'où venez-vous? Je viens d'*Ave Salus*. Vous n'avez pas vu le bon Dieu, si est? Il est dans l'arbre de la Croix, les pieds pendans, les mains clouans, un petit chapeau d'épine blanche sur la tête. Qui la dira trois fois au soir, trois fois au matin, gagnera le paradis à la fin. »

En 1827, cette oraison caractéristique avait disparu du mur sous une triple couche de badigeon. Elle achève à cette heure de s'effacer dans la mémoire de quelques jeunes filles d'alors, vieilles femmes aujourd'hui.

Un grand crucifix accroché au mur complétait la décoration de ce réfectoire, dont la porte unique, nous croyons l'avoir dit, s'ouvrait sur le jardin. Deux tables étroites, côtoyées chacune de deux bancs de bois, faisaient deux longues lignes parallèles d'un bout à l'autre du réfectoire. Les murs étaient blancs, les tables étaient noires; ces deux couleurs du deuil sont le seul rechange des couvents. Les repas étaient revêches et la nourriture des enfants eux-mêmes sévère. Un seul plat, viande et légumes mêlés, ou poisson salé, tel était le luxe. Ce bref ordinaire, réservé aux pensionnaires seules, était pourtant une exception. Les enfants mangeaient et se taisaient sous le guet de la mère semainière qui, de temps en temps, si une mouche s'avisait de voler ou de bourdonner contre la règle, ouvrait et fermait bruyamment un livre de bois. Ce silence était assaisonné de la vie des saints, lue à haute voix dans une petite chaire avec pupitre située au pied d'un crucifix. La lectrice était une grande élève, de semaine. Il y avait de distance en distance sur la table nue des terrines vernies où les élèves lavaient elles-mêmes leur timbale et leur couvert, et quelquefois jetaient quelques morceaux de rebut, viande dure ou poisson gâté; ceci était puni. On appelait ces terrines *ronds d'eau*.

L'enfant qui rompait le silence faisait une « croix de langue ». Où? à terre. Elle léchait le pavé. La poussière, cette fin de toutes les joies, était chargée de châtier ces pauvres petites feuilles de roses, coupables de gazouillement.

Il y avait dans le couvent un livre qui n'a jamais été imprimé qu'à *exemplaire unique*, et qu'il est défendu de lire. C'est la règle de saint Benoît. Arcane où nul œil profane ne doit pénétrer. *Nemo regulas, seu constitutiones nostras, externis communicabit.*

Les pensionnaires parvinrent un jour à dérober ce livre, et se mirent à le lire avidement, lecture souvent interrompue par des terreurs d'être surprises qui leur faisaient refermer le volume précipitamment. Elles ne tirèrent de ce grand danger couru qu'un plaisir médiocre. Quelques pages inintelligibles sur les péchés des jeunes garçons, voilà ce qu'elles eurent de « plus intéressant ».

Elles jouaient dans une allée du jardin, bordée de quelques maigres arbres fruitiers. Malgré l'extrême surveillance et la sévérité des punitions, quand le vent avait secoué les arbres, elles réussissaient quelquefois à ramasser furtivement une pomme verte ou un abricot gâté, ou une poire habitée. Maintenant je laisse parler une lettre que j'ai sous les yeux, lettre écrite il y a vingt-cinq ans par une ancienne pensionnaire, aujourd'hui madame la duchesse de —, une des plus élégantes femmes de Paris. Je cite textuellement : « On « cache sa poire ou sa pomme, comme on peut. Lorsqu'on monte « mettre le voile sur le lit en attendant le souper, on les fourre sous

« son oreiller et le soir on les mange dans son lit, et lorsqu'on ne
« peut pas, on les mange dans les commodités. » C'était là une de
leurs voluptés les plus vives.

Une fois, c'était encore à l'époque d'une visite de M. l'archevêque au couvent, une des jeunes filles, mademoiselle Bouchard, qui était un peu Montmorency, gagea qu'elle lui demanderait un jour de congé, énormité dans une communauté si austère. La gageure fut acceptée, mais aucune de celles qui tenaient le pari n'y croyait. Au moment venu, comme l'archevêque passait devant les pensionnaires, mademoiselle Bouchard, à l'indescriptible épouvante de ses compagnes, sortit des rangs, et dit : « Monseigneur, un jour de congé. » Mademoiselle Bouchard était fraîche et grande, avec la plus jolie petite mine rose du monde. M. de Quélen sourit et dit : *Comment donc, ma chère enfant, un jour de congé! Trois jours, s'il vous plaît. J'accorde trois jours.* La prieure n'y pouvait rien, l'archevêque avait parlé. Scandale pour le couvent, mais joie pour le pensionnat. Qu'on juge de l'effet.

Ce cloître bourru n'était pourtant pas si bien muré que la vie des passions du dehors, que le drame, que le roman même, n'y pénétrassent. Pour le prouver, nous nous bornerons à constater ici et à indiquer brièvement un fait réel et incontestable, qui d'ailleurs n'a en lui-même aucun rapport et ne tient par aucun fil à l'histoire que nous racontons. Nous mentionnons ce fait pour compléter dans l'esprit du lecteur la physionomie du couvent.

Vers cette époque donc, il y avait dans le couvent une personne mystérieuse qui n'était pas religieuse, qu'on traitait avec un grand respect, et qu'on nommait *madame Albertine*. On ne savait rien d'elle, sinon qu'elle était folle, et que dans le monde elle passait pour morte. Il y avait sous cette histoire, disait-on, des arrangements de fortune nécessaires pour un grand mariage.

Cette femme, de trente ans à peine, brune, assez belle, regardait vaguement avec de grands yeux noirs. Voyait-elle? On en doutait. Elle glissait plutôt qu'elle ne marchait; elle ne parlait jamais; on n'était pas bien sûr qu'elle respirât. Ses narines étaient pincées et livides comme après le dernier soupir. Toucher sa main, c'était toucher de la neige. Elle avait une étrange grâce spectrale. Là où elle entrait, on avait froid. Un jour une sœur, la voyant passer, dit à une autre : Elle passe pour morte. — Elle l'est peut-être, répondit l'autre.

On faisait sur madame Albertine cent récits. C'était l'éternelle curiosité des pensionnaires. Il y avait dans la chapelle une tribune qu'on appelait *l'OEil-de-Bœuf*. C'est dans cette tribune qui n'avait qu'une baie circulaire, un *œil-de-bœuf*, que madame Albertine assistait aux offices. Elle y était habituellement seule, parce que de cette tribune, placée au premier étage, on pouvait voir le prédicateur ou l'officiant; ce qui était interdit aux religieuses. Un jour la chaire était occupée par un jeune prêtre de haut rang, M. le duc de Rohan, pair de France, officier des mousquetaires rouges en 1815 lorsqu'il était prince de Léon, mort après 1830 cardinal et archevêque de

Besançon. C'était la première fois que M. de Rohan prêchait au couvent du Petit-Picpus. Madame Albertine assistait ordinairement aux sermons et aux offices dans un calme parfait et dans une immobilité complète. Ce jour-là, dès qu'elle aperçut M. de Rohan, elle se dressa à demi, et dit à haute voix dans le silence de la chapelle : *Tiens! Auguste!* Toute la communauté stupéfaite tourna la tête, le prédicateur leva les yeux, mais madame Albertine était retombée dans son immobilité. Un souffle du monde extérieur, une lueur de vie avait passé un moment sur cette figure éteinte et glacée, puis tout s'était évanoui, et la folle était redevenue cadavre.

Ces deux mots cependant firent jaser tout ce qui pouvait parler dans le couvent. Que de choses dans ce *tiens! Auguste!* que de révélations! M. de Rohan s'appelait en effet Auguste. Il était évident que madame Albertine sortait du plus grand monde, puisqu'elle connaissait M. de Rohan, qu'elle y était elle-même haut placée, puisqu'elle parlait d'un si grand seigneur si familièrement, et qu'elle avait avec lui une relation, de parenté peut-être, mais à coup sûr bien étroite, puisqu'elle savait son « petit nom ».

Deux duchesses très-sévères, mesdames de Choiseul et de Sérent, visitaient souvent la communauté, où elles pénétraient sans doute en vertu du privilège *Magnates mulieres,* et faisaient grand'peur au pensionnat. Quand les deux vieilles dames passaient, toutes les pauvres jeunes filles tremblaient et baissaient les yeux.

M. de Rohan était du reste, à son insu, l'objet de l'attention des pensionnaires. Il venait à cette époque d'être fait, en attendant l'épiscopat, grand vicaire de l'archevêque de Paris. C'était une de ses habitudes de venir assez souvent chanter aux offices de la chapelle des religieuses du Petit-Picpus. Aucune des jeunes recluses ne pouvait l'apercevoir, à cause du rideau de serge, mais il avait une voix douce et un peu grêle, qu'elles étaient parvenues à reconnaître et à distinguer. Il avait été mousquetaire; et puis on le disait fort coquet, fort bien coiffé avec de beaux cheveux châtains, arrangés en rouleau autour de la tête, et qu'il avait une large ceinture de moire magnifique, et que sa soutane noire était coupée le plus élégamment du monde. Il occupait fort toutes ces imaginations de seize ans.

Aucun bruit du dehors ne pénétrait dans le couvent. Cependant il y eut une année où le son d'une flûte y parvint. Ce fut un événement, et les pensionnaires d'alors s'en souviennent encore.

C'était une flûte dont quelqu'un jouait dans le voisinage. Cette flûte jouait toujours le même air, un air aujourd'hui bien lointain, *Ma Zétulbé, viens régner sur mon âme*, et on l'entendait deux ou trois fois dans la journée. Les jeunes filles passaient des heures à écouter, les mères vocales étaient bouleversées, les cervelles travaillaient, les punitions pleuvaient. Cela dura plusieurs mois. Les pensionnaires étaient toutes plus ou moins amoureuses du musicien inconnu. Chacune se rêvait Zétulbé. Le bruit de la flûte venait du côté de la rue Droit-Mur, elles auraient tout donné, tout compromis, tout tenté pour voir, ne fût-ce qu'une seconde, pour entrevoir, pour apercevoir le « jeune homme » qui jouait si délicieusement de cette flûte et qui, sans s'en douter, jouait en même temps de toutes ces âmes. Il y en eut qui s'échappèrent par une porte de service et qui montèrent au troisième sur la rue Droit-Mur, afin d'essayer de voir par les jours de souffrance. Impossible. Une alla jusqu'à passer son bras au-dessus de sa tête par la grille et agita son mouchoir blanc. Deux furent plus hardies encore. Elles trouvèrent moyen de grimper jusque sur un toit et s'y risquèrent et réussirent enfin à voir « le jeune homme ». C'était un vieux gentilhomme émigré, aveugle et ruiné, qui jouait de la flûte dans son grenier pour se désennuyer.

VI

LE PETIT COUVENT

Il y avait dans cette enceinte du Petit-Picpus trois bâtiments parfaitement distincts, le Grand-Couvent qu'habitaient les religieuses, le Pensionnat où logeaient les élèves, et enfin ce qu'on appelait le Petit-Couvent. C'était un corps de logis avec jardin où demeuraient en commun toutes sortes de vieilles religieuses de divers ordres, restes des cloîtres détruits par la révolution; une réunion de toutes les bigarrures noires, grises et blanches, de toutes les communautés et de toutes les variétés possibles; ce qu'on pourrait appeler, si un pareil accouplement de mots était permis, une sorte de couvent-arlequin.

Dès l'empire il avait été accordé à toutes ces pauvres filles dispersées et dépaysées de venir s'abriter là sous les ailes des bénédictines-bernardines. Le gouvernement leur payait une petite pension; les dames du Petit-Picpus les avaient reçues avec empressement. C'était un pêle-mêle bizarre. Chacune suivait sa règle. On permettait quelquefois aux élèves pensionnaires, comme grande récréation, de leur rendre visite; ce qui fait que ces jeunes mémoires ont gardé entre autres le souvenir de la mère sainte Bazile, de la mère sainte Scolastique et de la mère Jacob.

Une de ces réfugiées se retrouvait presque chez elle. C'était une religieuse de Sainte-Aure, la seule de son ordre qui eût survécu. L'ancien couvent des dames de Sainte-Aure occupait dès le commencement du dix-huitième siècle précisément cette même maison du Petit-Picpus qui appartint plus tard aux bénédictines de Martin Verga. Cette sainte fille, trop pauvre pour porter le magnifique habit de son ordre, qui était une robe blanche avec le scapulaire écarlate, en avait revêtu pieusement un petit mannequin qu'elle montrait avec complaisance et qu'à sa mort elle a légué à la maison. En 1824, il ne restait de cet ordre qu'une religieuse; aujourd'hui il n'en reste qu'une poupée.

Outre ces dignes mères, quelques vieilles femmes du monde

avaient obtenu de la prieure, comme madame Albertine, la permission de se retirer dans le Petit-Couvent. De ce nombre étaient madame de Beaufort d'Hautpoul et madame la marquise Dufresne. Une autre n'a jamais été connue dans le couvent que par le bruit formidable qu'elle faisait en se mouchant. Les élèves l'appelaient madame Vacarmini.

Vers 1820 ou 1821, madame de Genlis, qui rédigeait à cette époque un petit recueil périodique intitulé l'*Intrépide*, demanda à entrer dame en chambre au couvent du Petit-Picpus. M. le duc d'Orléans la recommandait. Rumeur dans la ruche; les mères vocales étaient toutes tremblantes; madame de Genlis avait fait des romans. Mais elle déclara qu'elle était la première à les détester, et puis elle était arrivée à sa phase de dévotion farouche. Dieu aidant, et le prince aussi, elle entra. Elle s'en alla au bout de six ou huit mois, donnant pour raison que le jardin n'avait pas d'ombre. Les religieuses en furent ravies. Quoique très-vieille, elle jouait encore de la harpe, et fort bien.

En s'en allant, elle laissa sa marque à sa cellule. Madame de Genlis était superstitieuse et latiniste. Ces deux mots donnent d'elle un assez bon profil. On voyait encore, il y a quelques années, collés dans l'intérieur d'une petite armoire de sa cellule où elle serrait son argent et ses bijoux, ces cinq vers latins écrits de sa main à l'encre rouge sur papier jaune, et qui, dans son opinion, avaient la vertu d'effaroucher les voleurs :

> Imparibus meritis pendent tria corpora ramis :
> Dismas et Gesmas, media est divina potestas;
> Alta petit Dismas, infelix, infima, Gesmas;
> Nos et res nostras conservet summa potestas.
> Hos versus dicas, ne tu furto tua perdas.

Ces vers, en latin du sixième siècle, soulèvent la question de savoir si les deux larrons du calvaire s'appelaient, comme on le croit communément, Dismas et Gestas, ou Dismas et Gesmas. Cette orthographe eût pu contrarier les prétentions qu'avait, au siècle dernier, le vicomte de Gestas à descendre du mauvais larron. Du reste, la vertu utile attachée à ces vers fait article de foi dans l'ordre des hospitalières.

L'église de la maison, construite de manière à séparer, comme une véritable coupure, le Grand-Couvent du Pensionnat, était, bien entendu, commune au Pensionnat, au Grand-Couvent et au Petit-

Couvent. On y admettait même le public par une sorte d'entrée de lazaret ménagée sur la rue. Mais tout était disposé de façon qu'aucune des habitantes du cloître ne pût voir un visage du dehors. Supposez une église dont le chœur serait saisi par une main gigantesque et plié de manière à former, non plus, comme dans les églises ordinaires, un prolongement derrière l'autel, mais une sorte de salle ou de caverne obscure à la droite de l'officiant; supposez cette salle fermée par le rideau de sept pieds de haut dont nous avons déjà parlé; entassez dans l'ombre de ce rideau, sur des stalles de bois, les religieuses de chœur à gauche, les pensionnaires à droite, les converses et les novices au fond, et vous aurez quelque idée des religieuses du Petit-Picpus, assistant au service divin. Cette caverne, qu'on appelait le chœur, communiquait avec le cloître par un couloir. L'église prenait jour sur le jardin. Quand les religieuses assistaient à des offices où leur règle leur commandait le silence, le public n'était averti de leur présence que par le choc des miséricordes des stalles se levant et s'abaissant avec bruit.

VII

QUELQUES SILHOUETTES DE CETTE OMBRE

Pendant les six années qui séparent 1819 de 1825, la prieure du Petit-Picpus était mademoiselle de Blemeur qui, en religion, s'appelait mère Innocente. Elle était de la famille de la Marguerite de Blemeur, auteur de la *Vie des Saints de l'ordre de Saint-Benoît*. Elle avait été réélue. C'était une femme d'une soixantaine d'années, courte, grosse, « chantant comme un pot fêlé, » dit la lettre que nous avons déjà citée; du reste excellente, la seule gaie dans tout le couvent, et pour cela adorée.

Mère Innocente tenait de son ascendante Marguerite, la Dacier de l'ordre. Elle était lettrée, érudite, savante, compétente, curieusement historienne, farcie de latin, bourrée de grec, pleine d'hébreu, et plutôt bénédictin que bénédictine.

La sous-prieure était une vieille religieuse espagnole presque aveugle, la mère Cineres.

Les plus comptées parmi les *vocales* étaient la mère Sainte-Honorine, trésorière, la mère Sainte-Gertrude, première maîtresse des novices, la mère Saint-Ange, deuxième maîtresse, la mère Annonciation, sacristaine, la mère Saint-Augustin, infirmière, la seule dans tout le couvent qui fût méchante ; puis mère Sainte-Mechtide (mademoiselle Gauvain), toute jeune, ayant une admirable voix ; mère des Anges (mademoiselle Drouet), qui avait été au couvent des Filles-Dieu et au couvent du Trésor, entre Gisors et Magny ; mère Saint-Joseph (mademoiselle de Cogolludo), mère Sainte-Adélaïde (mademoiselle d'Auverney), mère Miséricorde (mademoiselle de Cifuentes, qui ne put résister aux austérités), mère Compassion (mademoiselle de la Miltière, reçue à soixante ans malgré la règle, très-riche) ; mère Providence (mademoiselle de Laudinière), mère Présentation (mademoiselle de Siguenza), qui fut prieure en 1847 ; enfin, mère Sainte-Céligne (la sœur du sculpteur Ceracchi), devenue folle, mère Sainte-Chantal (mademoiselle de Suzon), devenue folle.

Il y avait encore parmi les plus jolies une charmante fille de vingt-trois ans, qui était de l'île Bourbon et descendante du chevalier Roze, qui se fût appelée mademoiselle Roze et qui s'appelait mère Assomption.

La mère Sainte-Mechtilde, chargée du chant et du chœur, y employait volontiers les pensionnaires. Elle en prenait ordinairement une gamme complète, c'est-à-dire sept, de dix ans à seize inclusivement, voix et tailles assorties, qu'elle faisait chanter debout, alignées côte à côte par rang d'âge de la plus petite à la plus grande. Cela offrait aux regards quelque chose comme un pipeau de jeunes filles, une sorte de flûte de Pan vivante faite avec des anges.

Celles des sœurs converses que les pensionnaires aimaient le mieux, c'était la sœur Sainte-Euphrasie, la sœur Sainte-Marguerite, la sœur Sainte-Marthe, qui était en enfance, et la sœur Saint-Michel, dont le long nez les faisait rire.

Toutes ces femmes étaient douces pour tous ces enfants. Les religieuses n'étaient sévères que pour elles-mêmes. On ne faisait de feu qu'au pensionnat, et la nourriture, comparée à celle du couvent, y était recherchée. Avec cela, mille soins. Seulement quand un enfant passait près d'une religieuse et lui parlait, la religieuse ne répondait jamais.

Cette règle du silence avait engendré ceci que, dans tout le

couvent, la parole était retirée aux créatures humaines et donnée aux objets inanimés. Tantôt c'était la cloche de l'église qui parlait, tantôt le grelot du jardinier. Un timbre très-sonore, placé à côté de la tourière et qu'on entendait de toute la maison, indiquait par des sonneries variées, qui étaient une façon de télégraphe acoustique, toutes les actions de la vie matérielle à accomplir, et appelait au parloir, si besoin était, telle ou telle habitante de la maison. Chaque personne et chaque chose avait sa sonnerie. La prieure avait un et un; la sous-prieure un et deux. Six-cinq annonçait la classe, de telle sorte que les élèves ne disaient jamais rentrer en classe, mais aller à six-cinq. Quatre-quatre était le timbre de madame de Genlis. On l'entendait très-souvent. *C'est le diable à quatre*, disaient celles qui n'étaient point charitables. Dix-neuf coups annonçaient un grand événement. C'était l'ouverture de la *porte de clôture*, effroyable planche de fer hérissée de verrous qui ne tournait sur ses gonds que devant l'archevêque.

Lui et le jardinier exceptés, nous l'avons dit, aucun homme n'entrait dans le couvent. Les pensionnaires en voyaient deux autres: l'un, l'aumônier, l'abbé Banès, vieux et laid, qu'il leur était donné de contempler au chœur à travers une grille; l'autre, le maître de dessin, M. Ansiaux, que la lettre dont on a déjà lu quelques lignes appelle *M. Anciot*, et qualifie *vieux affreux bossu*.

On voit que tous les hommes étaient choisis.

Telle était cette curieuse maison.

VIII

POST CORDA LAPIDES

Après en avoir esquissé la figure morale, il n'est pas inutile d'en indiquer en quelques mots la configuration matérielle. Le lecteur en a déjà quelque idée.

Le couvent du Petit-Picpus-Saint-Antoine emplissait presque entièrement le vaste trapèze qui résultait des intersections de la rue Polonceau, de la rue Droit-Mur, de la petite rue Picpus et de la ruelle condamnée, nommée dans les vieux plans rue Aumarais. Ces quatre

rues entouraient ce trapèze comme ferait un fossé. Le couvent se composait de plusieurs bâtiments et d'un jardin. Le bâtiment principal, pris dans son entier, était une juxtaposition de constructions hybrides qui, vues à vol d'oiseau, dessinaient assez exactement une potence posée sur le sol. Le grand bras de la potence occupait tout le tronçon de la rue Droit-Mur compris entre la petite rue Picpus et la rue Polonceau; le petit bras était une haute, grise et sévère façade grillée qui regardait la petite rue Picpus; la porte cochère n° 62 en marquait l'extrémité. Vers le milieu de cette façade, la poussière et la cendre blanchissaient une vieille porte basse cintrée, où les araignées faisaient leur toile et qui ne s'ouvrait qu'une heure ou deux le dimanche et aux rares occasions où le cercueil d'une religieuse sortait du couvent. C'était l'entrée publique de l'église. Le coude de la potence était une salle carrée qui servait d'office et que les religieuses nommaient *la dépense*. Dans le grand bras étaient les cellules des mères et des sœurs et le noviciat. Dans le petit bras les cuisines, le réfectoire, doublé du cloître, et l'église. Entre la porte n° 62 et le coin de la ruelle fermée Aumarais était le pensionnat, qu'on ne voyait pas du dehors. Le reste du trapèze formait le jardin, qui était beaucoup plus bas que le niveau de la rue Polonceau, ce qui faisait les murailles bien plus élevées encore au dedans qu'à l'extérieur. Le jardin, légèrement bombé, avait à son milieu, au sommet d'une butte, un beau sapin aigu et conique, duquel partaient, comme du rond-point à pique d'un bouclier, quatre grandes allées, et, disposées deux par deux dans les embranchements des grandes, huit petites, de façon que, si l'enclos eût été circulaire, le plan géométral des allées eût ressemblé à une croix posée sur une roue. Les allées, venant toutes aboutir aux murs très-irréguliers du jardin, étaient de longueurs inégales. Elles étaient bordées de groseilliers. Au fond une allée de grands peupliers allait des ruines du vieux couvent, qui était à l'angle de la rue Droit-Mur, à la maison du Petit-Couvent, qui était à l'angle de la ruelle Aumarais. En avant du Petit-Couvent, il y avait ce qu'on intitulait le petit jardin. Qu'on ajoute à cet ensemble une cour, toutes sortes d'angles variés que faisaient les corps de logis intérieurs, des murailles de prison, pour toute perspective et pour tout voisinage la longue ligne noire de toits qui bordait l'autre côté de la rue Polonceau, et l'on pourra se faire une image complète de ce qu'était, il y a quarante-cinq ans, la maison des bernardines du Petit-Picpus. Cette sainte maison avait été bâtie précisément sur l'emplacement d'un jeu de paume fameux du quatorzième au seizième siècle qu'on appelait le *tripot des onze mille diables*.

Toutes ces rues, du reste, étaient des plus anciennes de Paris. Ces noms, Droit-Mur et Aumarais, sont bien vieux; les rues qui les portent sont beaucoup plus vieilles encore. La ruelle Aumarais s'est appelée la ruelle Maugout; la rue Droit-Mur s'est appelée la rue des Églantiers, car Dieu ouvrait les fleurs avant que l'homme taillât les pierres.

IX

UN SIÈCLE SOUS UNE GUIMPE

Puisque nous sommes en train de détails sur ce qu'était autrefois le couvent du Petit-Picpus et que nous avons osé ouvrir une fenêtre sur ce discret asile, que le lecteur nous permette encore une petite digression, étrangère au fond de ce livre, mais caractéristique et utile en ce qu'elle fait comprendre que le cloître lui-même a ses figures originales.

Il y avait dans le Petit-Couvent une centenaire qui venait de l'abbaye de Fontevrault. Avant la révolution elle avait même été du monde. Elle parlait beaucoup de M. de Miromesnil, garde des sceaux sous Louis XVI, et d'une présidente Duplat qu'elle avait beaucoup connue. C'était son plaisir et sa vanité de ramener ces deux noms à tout propos. Elle disait merveilles de l'abbaye de Fontevrault, que c'était comme une ville, et qu'il y avait des rues dans le monastère.

Elle parlait avec un parler picard qui égayait les pensionnaires. Tous les ans, elle renouvelait solennellement ses vœux, et, au moment de faire serment, elle disait au prêtre : Monseigneur saint François l'a baillé à monseigneur saint Julien, monseigneur saint Julien l'a baillé à monseigneur saint Eusèbe, monseigneur saint Eusèbe l'a baillé à monseigneur saint Procope, etc., etc. ; ainsi je vous le baille, mon père. — Et les pensionnaires de rire, non sous cape, mais sous voile ; charmants petits rires étouffés qui faisaient froncer le sourcil aux mères vocales.

Une autre fois, la centenaire racontait des histoires. Elle disait que *dans sa jeunesse les bernardins ne le cédaient pas aux mousquetaires.* C'était un siècle qui parlait, mais c'était le dix-huitième siècle. Elle contait la coutume champenoise et bourguignonne des quatre vins avant la révolution. Quand un grand personnage, un maréchal de France, un prince, un duc et pair, traversait une ville de Bourgogne ou de Champagne, le corps de ville venait le haranguer et lui présen-

tait quatre gondoles d'argent dans lesquelles on avait versé de quatre vins différents. Sur le premier gobelet on lisait cette inscription : *vin de singe;* sur le deuxième : *vin de lion;* sur le troisième : *vin de mouton;* sur le quatrième : *vin de cochon.* Ces quatre légendes exprimaient les quatre degrés que descend l'ivrogne ; la première ivresse, celle qui égaye; la deuxième, celle qui irrite; la troisième, celle qui hébète; la dernière enfin, celle qui abrutit.

Elle avait dans une armoire, sous clef, un objet mystérieux auquel elle tenait fort. La règle de Fontevrault ne le lui défendait pas. Elle ne voulait montrer cet objet à personne. Elle s'enfermait, ce que sa règle lui permettait, et se cachait chaque fois qu'elle voulait le contempler. Si elle entendait marcher dans le corridor, elle refermait l'armoire aussi précipitamment qu'elle le pouvait avec ses vieilles mains. Dès qu'on lui parlait de cela, elle se taisait, elle qui parlait si volontiers. Les plus curieuses échouèrent devant son silence et les plus tenaces devant son obstination. C'était aussi là un sujet de commentaires pour tout ce qui était désœuvré ou ennuyé dans le couvent. Que pouvait donc être cette chose si précieuse et si secrète qui était le trésor de la centenaire? Sans doute quelque saint livre? quelque chapelet unique? quelque relique prouvée? On se perdait en conjectures. A la mort de la pauvre vieille, on courut à l'armoire plus vite peut-être qu'il n'eût convenu, et on l'ouvrit. On trouva l'objet sous un triple linge comme une patène bénie. C'était un plat de Faënza représentant des amours qui s'envolent poursuivis par des garçons apothicaires armés d'énormes seringues. La poursuite abonde en grimaces et en postures comiques. Un des charmants petits amours est déjà tout embroché. Il se débat, agite ses petites ailes et essaye encore de voler, mais le matassin rit d'un air satanique. Moralité : l'amour vaincu par la colique. Ce plat, fort curieux d'ailleurs, et qui a peut-être eu l'honneur de donner une idée à Molière, existait encore en septembre 1845; il était à vendre chez un marchand de bric-à-brac du boulevard Beaumarchais.

Cette bonne vieille ne voulait recevoir aucune visite du dehors, *à cause*, disait-elle, *que le parloir est trop triste.*

X

ORIGINE DE L'ADORATION PERPÉTUELLE

Du reste, ce parloir presque sépulcral, dont nous avons essayé de donner une idée, est un fait tout local qui ne se reproduit pas avec la même sévérité dans d'autres couvents. Au couvent de la rue du Temple en particulier qui, à la vérité, était d'un autre ordre, les volets noirs étaient remplacés par des rideaux bruns, et le parloir lui-même était un salon parqueté dont les fenêtres s'encadraient de bonnes-grâces en mousseline blanche et dont les murailles admettaient toutes sortes de cadres, un portrait d'une bénédictine à visage découvert, des bouquets en peinture, et jusqu'à une tête de Turc.

C'est dans le jardin du couvent de la rue du Temple que se trouvait ce marronnier d'Inde qui passait pour le plus beau et le plus grand de France et qui avait parmi le bon peuple du dix-huitième siècle la renommée d'être *le père de tous les marronniers du royaume*.

Nous l'avons dit, ce couvent du Temple était occupé par des bénédictines de l'Adoration Perpétuelle, bénédictines tout autres que celles qui relevaient de Cîteaux. Cet ordre de l'Adoration Perpétuelle n'est pas très-ancien et ne remonte pas à plus de deux cents ans. En 1649, le saint-sacrement fut profané deux fois, à quelques jours de distance, dans deux églises de Paris, à Saint-Sulpice et à Saint-Jean en Grève, sacrilége effrayant et rare qui émut toute la ville. M. le prieur grand vicaire de Saint-Germain des Prés ordonna une procession solennelle de tout son clergé où officia le nonce du pape. Mais l'expiation ne suffit pas à deux dignes femmes, madame Courtin, marquise de Boucs, et la comtesse de Châteauvieux. Cet outrage, fait au « très-auguste sacrement de l'autel, » quoique passager, ne sortait pas de ces deux saintes âmes, et leur parut ne pouvoir être réparé que par une « Adoration Perpétuelle » dans quelque monastère de filles. Toutes deux, l'une en 1652, l'autre en 1653, firent donation de sommes notables à la mère Catherine de Bar, dite du Saint-Sacrement, religieuse bénédictine, pour fonder, dans ce but pieux, un monastère de l'ordre de Saint-Benoît ; la première permission pour cette fondation fut donnée à la mère Catherine de Bar par M. de Metz, abbé de Saint-Germain « à la charge qu'aucune fille ne pourrait être « reçue, qu'elle n'apportât trois cents livres de pension, qui font six « mille livres au principal ». Après l'abbé de Saint-Germain, le roi accorda des lettres patentes, et le tout, charte abbatiale et lettres royales, fut homologué en 1654 à la chambre des comptes et au parlement.

Telle est l'origine et la consécration légale de l'établissement des bénédictines de l'Adoration Perpétuelle du Saint-Sacrement à Paris. Leur premier couvent fut « bâti à neuf, » rue Cassette, des deniers de mesdames de Boucs et de Châteauvieux.

Cet ordre, comme on voit, ne se confondait point avec les bénédictines dites de Cîteaux. Il relevait de l'abbé de Saint-Germain des Prés, de la même manière que les dames du Sacré-Cœur relèvent du général des jésuites et les sœurs de Charité du général des lazaristes.

Il était également tout à fait différent des bernardines du Petit-Picpus, dont nous venons de montrer l'intérieur. En 1657, le pape Alexandre VII avait autorisé, par bref spécial, les bernardines du Petit-Picpus à pratiquer l'Adoration Perpétuelle comme les bénédictines du Saint-Sacrement. Mais les deux ordres n'en étaient pas moins restés distincts.

XI

FIN DU PETIT-PICPUS

Dès le commencement de la restauration, le couvent du Petit-Picpus dépérissait ; ce qui fait partie de la mort générale de l'ordre, lequel, après le dix-huitième siècle, s'en va comme tous les ordres religieux. La contemplation est, ainsi que la prière, un besoin de l'humanité ; mais, comme tout ce que la révolution a touché, elle se

transformera, et d'hostile au progrès social, lui deviendra favorable.

La maison du Petit-Picpus se dépeuplait rapidement. En 1840, le Petit-Couvent avait disparu, le Pensionnat avait disparu. Il n'y avait plus ni les vieilles femmes, ni les jeunes filles; les unes étaient mortes, les autres s'en étaient allées. *Volaverunt.*

La règle de l'Adoration Perpétuelle est d'une telle rigidité qu'elle épouvante, les vocations reculent, l'ordre ne se recrute pas. En 1845, il se faisait encore çà et là quelques sœurs converses ; mais de religieuses de chœur, point. Il y a quarante ans les religieuses étaient près de cent; il y a quinze ans elles n'étaient plus que vingt-huit. Combien sont-elles aujourd'hui? En 1847, la prieure était jeune, signe que le cercle du choix se restreint. Elle n'avait pas quarante ans. A mesure que le nombre diminue, la fatigue augmente, le service de chacune devient plus pénible; on voyait dès lors approcher le moment où elles ne seraient plus qu'une douzaine d'épaules douloureuses et courbées pour porter la lourde règle de saint Benoît. Le fardeau est implacable et reste le même à peu comme à beaucoup. Il pesait, il écrase. Aussi elles meurent. Du temps que l'auteur de ce livre habitait encore Paris, deux sont mortes. L'une avait vingt-cinq ans; l'autre vingt-trois. Celle-ci peut dire comme Julia Alpinula : *Hic jacco. Vixi annos viginti et tres.* C'est à cause de cette décadence que le couvent a renoncé à l'éducation des filles.

Nous n'avons pu passer devant cette maison extraordinaire, inconnue, obscure, sans y entrer et sans y faire entrer les esprits qui nous accompagnent et qui nous écoutent raconter, pour l'utilité de quelques-uns peut-être, l'histoire mélancolique de Jean Valjean. Nous avons pénétré dans cette communauté toute pleine de ces vieilles pratiques qui semblent si nouvelles aujourd'hui. C'est le jardin fermé. *Hortus conclusus.* Nous avons parlé de ce lieu singulier avec détail, mais avec respect, autant du moins que le respect et le détail sont conciliables. Nous ne comprenons pas tout, mais nous n'insultons rien. Nous sommes à égale distance de l'hosanna de Joseph de Maistre qui aboutit à sacrer le bourreau et du ricanement de Voltaire qui va jusqu'à railler le crucifix.

Illogisme de Voltaire, soit dit en passant; car Voltaire eût défendu Jésus comme il défendait Calas; et pour ceux-là mêmes qui nient les incarnations surhumaines que représente le crucifix? Le sage assassiné.

Au dix-neuvième siècle, l'idée religieuse subit une crise. On désapprend de certaines choses, et l'on fait bien, pourvu qu'en désapprenant ceci, on apprenne cela. Pas de vide dans le cœur humain. De certaines démolitions se font, et il est bon qu'elles se fassent, mais à la condition d'être suivies de reconstructions.

En attendant, étudions les choses qui ne sont plus. Il est nécessaire de les connaître, ne fût-ce que pour les éviter. Les contrefaçons du passé prennent de faux noms et s'appellent volontiers l'avenir. Ce revenant, le passé, est sujet à falsifier son passe-port. Mettons-nous au fait du piège. Défions-nous. Le passé a un visage, la superstition, et un masque, l'hypocrisie. Dénonçons le visage et arrachons le masque.

Quant aux couvents, ils offrent une question complexe. Question de civilisation, qui les condamne; question de liberté, qui les protège.

PARENTHÈSE

LIVRE SEPTIÈME

PARENTHÈSE

I

LE COUVENT, IDÉE ABSTRAITE

Ce livre est un drame dont le premier personnage est l'infini. L'homme est le second.

Cela étant, comme un couvent s'est trouvé sur notre chemin, nous avons dû y pénétrer. Pourquoi? C'est que le couvent, qui est propre à l'Orient comme à l'Occident, à l'antiquité comme aux temps modernes, au paganisme, au bouddhisme, au mahométisme, comme au christianisme, est un des appareils d'optique appliqués par l'homme sur l'infini.

Ce n'est point ici le lieu de développer hors de mesure de certaines idées; cependant, tout en maintenant absolument nos réserves, nos restrictions et même nos indignations, nous devons le dire, toutes les fois que nous rencontrons dans l'homme l'infini, bien ou mal compris, nous nous sentons pris de respect. Il y a dans la synagogue, dans la mosquée, dans la pagode, dans le wigwam, un côté hideux que nous exécrons et un côté sublime que nous adorons. Quelle contemplation pour l'esprit et quelle rêverie sans fond, la réverbération de Dieu sur le mur humain!

II

LE COUVENT, FAIT HISTORIQUE

Au point de vue de l'histoire, de la raison et de la vérité, le monachisme est condamné.

Les monastères, quand ils abondent chez une nation, sont des nœuds à la circulation, des établissements encombrants, des centres de paresse là où il faut des centres de travail. Les communautés monastiques sont à la grande communauté sociale ce que le gui est au chêne, ce que la verrue est au corps humain. Leur prospérité et leur embonpoint sont l'appauvrissement du pays. Le régime monacal, bon au début des civilisations, utile à produire la réduction de la brutalité par le spirituel, est mauvais à la virilité des peuples. En outre, lorsqu'il se relâche, et qu'il entre dans sa période de déréglement, comme il continue à donner l'exemple, il devient mauvais par toutes les raisons qui le faisaient salutaire dans sa période de pureté.

Les claustrations ont fait leur temps. Les cloîtres, utiles à la première éducation de la civilisation moderne, ont été gênants pour sa croissance et sont nuisibles à son développement. En tant qu'institution et que mode de formation pour l'homme, les monastères, bons au dixième siècle, discutables au quinzième, sont détestables au dix-neuvième. La lèpre monacale a presque rongé jusqu'au squelette deux admirables nations, l'Italie et l'Espagne, l'une la lumière, l'autre la splendeur de l'Europe pendant des siècles, et, à l'époque où nous sommes, ces deux illustres peuples ne commencent à guérir que grâce à la saine et vigoureuse hygiène de 1789.

Le couvent, l'antique couvent de femmes particulièrement, tel qu'il apparaît encore au seuil de ce siècle en Italie, en Autriche, en Espagne, est une des plus sombres concrétions du moyen âge. Le cloître, ce cloître-là, est le point d'intersection des terreurs. Le cloître catholique proprement dit est tout rempli du rayonnement noir de la mort.

Le couvent espagnol surtout est funèbre. Là montent dans l'obscurité, sous des voûtes pleines de brume, sous des dômes vagues à force d'ombre, de massifs autels babéliques, hauts comme des cathédrales; là pendent à des chaînes dans les ténèbres d'immenses crucifix blancs; là s'étalent, nus sur l'ébène, de grands christs d'ivoire; plus que sanglants, saignants; hideux et magnifiques, les coudes montrant les os, les rotules montrant les téguments, les plaies montrant les chairs, couronnés d'épines d'argent, cloués de clous d'or, avec des gouttes de sang en rubis sur le front et des larmes en diamants dans les yeux. Les diamants et les rubis semblent mouillés, et font pleurer en bas dans l'ombre des êtres voilés qui ont les flancs meurtris par le cilice et par le fouet aux pointes de fer, les seins écrasés par des claies d'osier, les genoux écorchés par la prière; des femmes qui se croient des épouses; des spectres qui se croient des séraphins. Ces femmes pensent-elles? non. Veulent-elles? non. Aiment-elles? non. Vivent-elles? non. Leurs nerfs sont devenus des os; leurs os sont devenus des pierres. Leur voile est de la nuit tissue. Leur souffle sous le voile ressemble à on ne sait quelle tragique respiration de la mort. L'abbesse, une larve, les sanctifie et les terrifie. L'immaculé est là, farouche. Tels sont les vieux monastères d'Espagne. Repaires de la dévotion terrible, antres de vierges, lieux féroces.

L'Espagne catholique était plus romaine que Rome même. Le couvent espagnol était par excellence le couvent catholique. On y sentait l'Orient. L'archevêque, kislar-agar du ciel, verrouillait et espionnait ce sérail d'âmes réservé à Dieu. La nonne était l'odalisque, le prêtre était l'eunuque. Les ferventes étaient choisies en songe et possédaient Christ. La nuit, le beau jeune homme nu descendait de la croix et devenait l'extase de la cellule. De hautes murailles gardaient de toute distraction vivante la sultane mystique qui avait le crucifié pour sultan. Un regard dehors était une infidélité. L'*in pace* remplaçait le sac de cuir. Ce qu'on jetait à la mer en Orient, on le jetait à la terre en Occident. Des deux côtés, des femmes se tordaient les bras; la vague aux unes, la fosse aux autres; ici les noyées, là les enterrées. Parallélisme monstrueux.

Aujourd'hui, les souteneurs du passé, ne pouvant nier ces choses, ont pris le parti d'en sourire. On a mis à la mode une façon commode et étrange de supprimer les révélations de l'histoire, d'infirmer les commentaires de la philosophie, et d'élider tous les faits gênants et toutes les questions sombres. *Matière à déclamations,* disent les habiles. Déclamations, répètent les niais. Jean-Jacques, déclamateur; Diderot, déclamateur; Voltaire sur Calas, Labarre et Sirven, déclamateur. Je ne sais qui a trouvé dernièrement que Tacite était un déclamateur, que Néron était une victime, et que décidément il fallait s'apitoyer « sur ce pauvre Holopherne ».

Les faits pourtant sont malaisés à déconcerter, et s'obstinent. L'auteur de ce livre a vu, de ses yeux, à huit lieues de Bruxelles, c'est là du moyen âge que tout le monde a sous la main, à l'abbaye de Villers, le trou des oubliettes au milieu du pré qui a été la cour du cloître, et, au bord de la Thil, quatre cachots de pierre, moitié sous terre, moitié sous l'eau. C'étaient des *in pace*. Chacun de ces cachots a un reste de porte de fer, une latrine, et une lucarne grillée qui, dehors, est à deux pieds au-dessus de la rivière, et, dedans, à six pieds au-dessus du sol. Quatre pieds de rivière coulent extérieurement le long du mur. Le sol est toujours mouillé. L'habitant de l'*in pace* avait pour lit cette terre mouillée. Dans l'un des cachots, il y a un tronçon de carcan scellé au mur; dans un autre, on voit une espèce de boîte carrée faite de quatre lames de granit, trop courte pour qu'on s'y couche, trop basse pour qu'on s'y dresse. On mettait là dedans un être avec un couvercle de pierre par-dessus. Cela est. On le voit. On le touche. Ces *in pace*, ces cachots, ces gonds de fer, ces carcans, cette haute lucarne au ras de laquelle coule la rivière, cette boîte de pierre fermée d'un couvercle de granit comme une tombe, avec cette différence qu'ici le mort était un vivant, ce sol qui est de la boue, ce trou de latrines, ces murs qui suintent, quels déclamateurs!

III

A QUELLE CONDITION ON PEUT RESPECTER LE PASSÉ

Le monachisme, tel qu'il existait en Espagne et tel qu'il existe au Thibet, est pour la civilisation une sorte de phthisie. Il arrête net la vie. Il dépeuple, tout simplement. Claustration, castration. Il a été

PARENTHÈSE.

fléau en Europe. Ajoutez à cela la violence si souvent faite à la conscience, les vocations forcées, la féodalité s'appuyant au cloître, l'aînesse versant dans le monachisme le trop-plein de la famille, les férocités dont nous venons de parler, les *in pace*, les bouches closes, les cerveaux murés, tant d'intelligences infortunées mises au cachot des vœux éternels, la prise d'habit, enterrement des âmes toutes vives. Ajoutez les supplices individuels aux dégradations nationales, et, qui que vous soyez, vous vous sentirez tressaillir devant le froc et le voile, ces deux suaires d'invention humaine.

Pourtant, sur certains points et en certains lieux, en dépit de la philosophie, en dépit du progrès, l'esprit claustral persiste en plein dix-neuvième siècle, et une bizarre recrudescence ascétique étonne en ce moment le monde civilisé. L'entêtement des institutions vieillies à se perpétuer ressemble à l'obstination du parfum ranci qui réclamerait notre chevelure, à la prétention du poisson gâté qui voudrait être mangé, à la persécution du vêtement d'enfant qui voudrait habiller l'homme, et à la tendresse des cadavres qui reviendraient embrasser les vivants.

Ingrats! dit le vêtement. Je vous ai protégés dans le mauvais temps. Pourquoi ne voulez-vous plus de moi? Je viens de la pleine mer, dit le poisson. J'ai été la rose, dit le parfum. Je vous ai aimés, dit le cadavre. Je vous ai civilisés, dit le couvent.

A cela une seule réponse : Jadis.

Rêver la prolongation indéfinie des choses défuntes et le gouvernement des hommes par embaumement, restaurer les dogmes en mauvais état, redorer les châsses, recrépir les cloîtres, rebénir les reliquaires, remeubler les superstitions, ravitailler les fanatismes, remmancher les goupillons et le militarisme, reconstituer le monachisme et le militarisme, croire au salut de la société par la multiplication des parasites, imposer le passé au présent, cela semble étrange. Il y a cependant des théoriciens pour ces théories-là. Ces théoriciens, gens d'esprit d'ailleurs, ont un procédé bien simple; ils appliquent sur le passé un enduit qu'ils appellent ordre social, droit divin, morale, famille, respect des aïeux, autorité antique, tradition sainte, légitimité, religion ; et ils vont criant : Voyez! prenez ceci, honnêtes gens. — Cette logique était connue des anciens. Les aruspices la pratiquaient. Ils frottaient de craie une génisse noire, et disaient : Elle est blanche. *Bos cretatus.*

Quant à nous, nous respectons çà et là et nous épargnons partout le passé, pourvu qu'il consente à être mort. S'il veut être vivant, nous l'attaquons, et nous tâchons de le tuer.

Superstitions, bigotismes, cagotismes, préjugés, ces larves, toutes larves qu'elles sont, sont tenaces à la vie, elles ont des dents et des ongles dans leur fumée, et il faut les étreindre corps à corps et leur faire la guerre, et la leur faire sans trêve ; car c'est une des fatalités de l'humanité d'être condamnée à l'éternel combat des fantômes. L'ombre est difficile à prendre à la gorge et à terrasser.

Un couvent en France, en plein midi du dix-neuvième siècle, est un collége de hiboux faisant face au jour. Un cloître, en flagrant délit d'ascétisme au beau milieu de la cité de 89, de 1830 et de 1848, Rome s'épanouissant dans Paris, c'est un anachronisme. En temps ordinaire, pour dissoudre un anachronisme et le faire évanouir, on n'a qu'à lui faire épeler le millésime. Mais nous ne sommes point en temps ordinaire.

Combattons.

Combattons, mais distinguons. Le propre de la vérité, c'est de n'être jamais excessive. Quel besoin a-t-elle d'exagérer! Il y a ce qu'il faut détruire, et il y a ce qu'il faut simplement éclairer et regarder. L'examen bienveillant et grave, quelle force! N'apportons point la flamme là où la lumière suffit.

Donc, le dix-neuvième siècle étant donné, nous sommes contraire, en thèse générale, et chez tous les peuples, en Asie comme en Europe, dans l'Inde comme en Turquie, aux claustrations ascétiques. Qui dit couvent dit marais. Leur putrescibilité est évidente, leur stagnation est malsaine, leur fermentation enfièvre les peuples et les étiole, leur multiplication devient plaie d'Égypte. Nous ne pouvons penser sans effroi à ces pays où les fakirs, les bonzes, les santons, les caloyers, les marabouts, les talapoins et les derviches pullulent jusqu'au fourmillement vermineux.

Cela dit, la question religieuse subsiste. Cette question a de certains côtés mystérieux, presque redoutables; qu'il nous soit permis de la regarder fixement.

IV

LE COUVENT AU POINT DE VUE DES PRINCIPES

Des hommes se réunissent et habitent en commun. En vertu de quel droit? en vertu du droit d'association.

Ils s'enferment chez eux. En vertu de quel droit? en vertu du droit qu'a tout homme d'ouvrir ou de fermer sa porte.

Ils ne sortent pas. En vertu de quel droit? En vertu du droit d'aller et de venir, qui implique le droit de rester chez soi.

Là, chez eux, que font-ils?

Ils parlent bas; ils baissent les yeux; ils travaillent. Ils renoncent au monde, aux villes, aux sensualités, aux plaisirs, aux vanités, aux orgueils, aux intérêts. Ils sont vêtus de grosse laine ou de grosse toile. Pas un d'eux ne possède en propriété quoi que ce soit. En entrant là, celui qui était riche se fait pauvre. Ce qu'il a, il le donne à tous. Celui qui était ce qu'on appelle noble, gentilhomme et seigneur, est l'égal de celui qui était paysan. La cellule est identique pour tous. Tous subissent la même tonsure, portent le même froc, mangent le même pain noir, dorment sur la même paille, meurent sur la même cendre. Le même sac sur le dos, la même corde autour des reins. Si le parti pris est d'aller pieds nus, tous vont pieds nus. Il peut y avoir là un prince, ce prince est la même ombre que les autres. Plus de titres. Les noms de famille même ont disparu. Ils ne portent que des prénoms. Tous sont courbés sous l'égalité des noms de baptême. Ils ont dissous la famille charnelle, et constitué dans leur communauté la famille spirituelle. Ils n'ont plus d'autres parents que tous les hommes. Ils secourent les pauvres, ils soignent les malades. Ils élisent ceux auxquels ils obéissent. Ils se disent l'un à l'autre : mon frère.

Vous m'arrêtez, et vous vous écriez : — Mais c'est là le couvent idéal!

Il suffit que ce soit le couvent possible, pour que j'en doive tenir compte.

De là vient que, dans le livre précédent, j'ai parlé d'un couvent avec un accent respectueux. Le moyen âge écarté, l'Asie écartée, la question historique et politique réservée, au point de vue philosophique pur, en dehors des nécessités de la politique militante, à la condition que le monastère soit absolument volontaire et ne renferme que des consentements, je considérerai toujours la communauté claustrale avec une certaine gravité attentive et, à quelques égards, déférente. Là où il y a la communauté, il y a la commune; là où il y a la commune, il y a le droit. Le monastère est le produit de la formule : Égalité, Fraternité. Oh! que la liberté est grande! et quelle transfiguration splendide! la liberté suffit à transformer le monastère en république.

Continuons.

Mais ces hommes, ou ces femmes, qui sont derrière ces quatre murs, ils s'habillent de bure, ils sont égaux, ils s'appellent frères, c'est bien; mais ils font encore autre chose?

Oui.

Quoi?

Ils regardent l'ombre, ils se mettent à genoux, et ils joignent les mains.

Qu'est-ce que cela signifie?

V

LA PRIÈRE

Ils prient.

Qui?

Dieu.

Prier Dieu, que veut dire ce mot?

Y a-t-il un infini hors de nous? Cet infini est-il un, immanent, permanent; nécessairement substantiel, puisqu'il est infini, et que, si la matière lui manquait, il serait borné là; nécessairement intelligent, puisqu'il est infini, et que, si l'intelligence lui manquait, il serait fini là? Cet infini éveille-t-il en nous l'idée d'essence, tandis que nous ne pouvons nous attribuer à nous-mêmes que l'idée d'existence? En d'autres termes, n'est-il pas l'absolu dont nous sommes le relatif?

En même temps qu'il y a un infini hors de nous, n'y a-t-il pas un infini en nous? Ces deux infinis (quel pluriel effrayant!) ne se superposent-ils pas l'un à l'autre? Le second infini n'est-il pas pour ainsi dire sous-jacent au premier? n'en est-il pas le miroir, le reflet, l'écho, abîme concentrique à un autre abîme? Ce second infini est-il intelligent lui aussi? Pense-t-il? aime-t-il? veut-il? Si les deux infinis sont intelligents, chacun d'eux a un principe voulant, et il y a un moi dans l'infini d'en haut comme il y a un moi dans l'infini d'en bas. Le moi d'en bas, c'est l'âme; le moi d'en haut, c'est Dieu.

Mettre, par la pensée, l'infini d'en bas en contact avec l'infini d'en haut, cela s'appelle prier.

Ne retirons rien à l'esprit humain; supprimer est mauvais. Il faut réformer et transformer. Certaines facultés de l'homme sont dirigées vers l'Inconnu; la pensée, la rêverie, la prière. L'Inconnu est un océan. Qu'est-ce que la conscience? C'est la boussole de l'Inconnu. Pensée, rêverie, prière, ce sont là de grands rayonnements mystérieux. Respectons-les. Où vont ces irradiations majestueuses de l'âme? à l'ombre; c'est-à-dire à la lumière.

La grandeur de la démocratie, c'est de ne rien nier et de ne rien renier de l'humanité. Près du droit de l'Homme, au moins à côté, il y a le droit de l'Âme.

Écraser les fanatismes et vénérer l'infini, telle est la loi. Ne nous bornons pas à nous prosterner sous l'arbre Création, et à contempler ses immenses branchages pleins d'astres. Nous avons un devoir : travailler à l'âme humaine, défendre le mystère contre le miracle, adorer l'incompréhensible et rejeter l'absurde, n'admettre, en fait d'inexplicable, que le nécessaire, assainir la croyance, ôter les superstitions de dessus la religion; écheniller Dieu.

VI

BONTÉ ABSOLUE DE LA PRIÈRE

Quant au mode de prier, tous sont bons, pourvu qu'ils soient sincères. Tournez votre livre à l'envers, et soyez dans l'infini.

Il y a, nous le savons, une philosophie qui nie l'infini. Il y a aussi une philosophie, classée pathologiquement, qui nie le soleil; cette philosophie s'appelle cécité.

Ériger un sens qui nous manque en source de vérité, c'est un bel aplomb d'aveugle.

Le curieux, ce sont les airs hautains, supérieurs et compatissants que prend, vis-à-vis de la philosophie qui voit Dieu, cette philosophie à tâtons. On croit entendre une taupe s'écrier : Ils me font pitié avec leur soleil!

Il y a, nous le savons, d'illustres et puissants athées. Ceux-là, au fond, ramenés au vrai, par leur puissance même, ne sont pas bien sûrs d'être athées, ce n'est guère avec eux qu'une affaire de définition, et, dans tous les cas, s'ils ne croient pas Dieu, étant de grands esprits, ils prouvent Dieu.

Nous saluons en eux les philosophes, tout en qualifiant inexorablement leur philosophie.

Continuons.

L'admirable aussi, c'est la facilité à se payer de mots. Une école métaphysique du nord, un peu imprégnée de brouillard, a cru faire une révolution dans l'entendement humain en remplaçant le mot Force par le mot Volonté.

Dire : la plante veut; au lieu de : la plante croît; cela serait fécond, en effet, si l'on ajoutait : l'univers veut. Pourquoi? C'est qu'il en sortirait ceci : la plante veut, donc elle a un moi; l'univers veut, donc il a un Dieu.

Quant à nous, qui pourtant, au rebours de cette école, ne rejetons rien *a priori*, une volonté dans la plante, acceptée par cette école, nous paraît plus difficile à admettre qu'une volonté dans l'univers, niée par elle.

Nier la volonté de l'infini, c'est-à-dire Dieu, cela ne se peut qu'à la condition de nier l'infini. Nous l'avons démontré.

La négation de l'infini mène droit au nihilisme. Tout devient « une conception de l'esprit ».

Avec le nihilisme, pas de discussion possible; car le nihiliste logique doute que son interlocuteur existe, et n'est pas bien sûr d'exister lui-même.

A son point de vue, il est possible qu'il ne soit lui-même pour lui-même qu'une « conception de son esprit ».

Seulement, il ne s'aperçoit point que tout ce qu'il a nié, il l'admet en bloc, rien qu'en prononçant ce mot : esprit.

En somme, aucune voie n'est ouverte pour la pensée par une philosophie qui fait tout aboutir au monosyllabe Non.

A : Non, il n'y a qu'une réponse : Oui.

Le nihilisme est sans portée.

Il n'y a pas de néant. Zéro n'existe pas. Tout est quelque chose. Rien n'est rien.

L'homme vit d'affirmation plus encore que de pain.

Voir et montrer, cela même ne suffit pas. La philosophie doit être une énergie; elle doit avoir pour effort et pour effet d'améliorer l'homme. Socrate doit entrer dans Adam et produire Marc-Aurèle; en d'autres termes, faire sortir de l'homme de la félicité l'homme de la sagesse. Changer l'Éden en Lycée. La science doit être un cordial. Jouir, quel triste but et quelle ambition chétive! La brute jouit. Penser, voilà le triomphe vrai de l'âme. Tendre la pensée à la soif des hommes, leur donner à tous en élixir la notion de Dieu, faire fraterniser en eux la conscience et la science, les rendre justes par cette confrontation mystérieuse, telle est la fonction de la philosophie réelle. La morale est un épanouissement de vérités. Contempler mène à agir. L'absolu doit être pratique. Il faut que l'idéal soit respirable, potable et mangeable à l'esprit humain. C'est l'idéal qui a le droit de dire : *Prenez, ceci est ma chair, ceci est mon sang.* La sagesse est une communion sacrée. C'est à cette condition qu'elle cesse d'être un stérile amour de la science pour devenir le mode un et souverain du ralliement humain, et que de philosophie elle est promue religion.

La philosophie ne doit pas être un encorbellement bâti sur le mystère pour le regarder à son aise, sans autre résultat que d'être commode à la curiosité.

Pour nous, en ajournant le développement de notre pensée à une autre occasion, nous nous bornons à dire que nous ne comprenons ni l'homme comme point de départ ni le progrès comme but sans ces deux forces qui sont les deux moteurs : croire et aimer.

Le progrès est le but, l'idéal est le type.

Qu'est-ce que l'idéal? C'est Dieu.

Idéal, absolu, perfection, infini; mots identiques.

VII

PRÉCAUTIONS A PRENDRE DANS LE BLAME

L'histoire et la philosophie ont d'éternels devoirs qui sont en même temps des devoirs simples; combattre Caïphe évêque, Dracon juge, Trimalcion législateur, Tibère empereur, cela est clair, direct et limpide, et n'offre aucune obscurité. Mais le droit de vivre à part, même avec ses inconvénients et ses abus, veut être constaté et ménagé. Le cénobitisme est un problème humain.

Lorsqu'on parle des couvents, ces lieux d'erreur, mais d'innocence, d'égarement, mais de bonne volonté, d'ignorance, mais de dévouement, de supplice, mais de martyre, il faut presque toujours dire oui et non.

Un couvent, c'est une contradiction. Pour but, le salut; pour moyen, le sacrifice. Le couvent, c'est le suprême égoïsme ayant pour résultante la suprême abnégation.

Abdiquer pour régner semble être la devise du monachisme.

Au cloître, on souffre pour jouir. On tire une lettre de change sur la mort. On escompte en nuit terrestre la lumière céleste. Au cloître, l'enfer est accepté en avance d'hoirie sur le paradis.

La prise de voile ou de froc est un suicide payé d'éternité.

Il ne nous paraît pas qu'en un pareil sujet la moquerie soit de mise. Tout y est sérieux, le bien comme le mal.

L'homme juste fronce le sourcil, mais ne sourit jamais du mauvais sourire. Nous comprenons la colère, non la malignité.

VIII

FOI, LOI

Encore quelques mots.

Nous blâmons l'église quand elle est saturée d'intrigues, nous méprisons le spirituel âpre au temporel; mais nous honorons partout l'homme pensif.

Nous saluons qui s'agenouille.

Une foi; c'est là pour l'homme le nécessaire. Malheur à qui ne croit rien !

On n'est pas inoccupé parce qu'on est absorbé. Il y a le labeur visible et le labeur invisible.

Contempler, c'est labourer; penser, c'est agir.

Les bras croisés travaillent, les mains jointes font. Le regard au ciel est une œuvre.

Thalès resta quatre ans immobile. Il fonda la philosophie.

Pour nous, les cénobites ne sont pas des oisifs, et les solitaires ne sont pas des fainéants.

Songer à l'Ombre est une chose sérieuse.

Sans rien infirmer de ce que nous venons de dire, nous croyons qu'un perpétuel souvenir du tombeau convient aux vivants. Sur ce point, le prêtre et le philosophe sont d'accord. *Il faut mourir.* L'abbé de La Trappe donne la réplique à Horace.

Mêler à sa vie une certaine présence du sépulcre, c'est la loi du sage ; et c'est la loi de l'ascète. Sous ce rapport, l'ascète et le sage convergent.

Il y a la croissance matérielle ; nous la voulons. Il y a aussi la grandeur morale ; nous y tenons.

Les esprits irréfléchis et rapides disent :

— A quoi bon ces figures immobiles du côté du mystère ? à quoi servent-elles ? qu'est-ce qu'elles font ?

Hélas ! en présence de l'obscurité qui nous environne et qui nous attend, ne sachant pas ce que la dispersion immense fera de nous, nous répondons : Il n'y a pas d'œuvre plus sublime peut-être que celle que font ces âmes. Et nous ajoutons : Il n'y a peut-être pas de travail plus utile.

Il faut bien ceux qui prient toujours pour ceux qui ne prient jamais.

Pour nous, toute la question est dans la quantité de pensée qui se mêle à la prière.

Leibnitz priant, cela est grand, Voltaire adorant, cela est beau. *Deo erexit Voltaire.*

Nous sommes pour la religion contre les religions.

Nous sommes de ceux qui croient à la misère des oraisons et à la sublimité de la prière.

Du reste, dans cette minute que nous traversons, minute qui heureusement ne laissera point au dix-neuvième siècle sa figure, à cette heure où tant d'hommes ont le front bas et l'âme peu haute, parmi tant de vivants ayant pour morale de jouir, et occupés des choses courtes et difformes de la matière, quiconque s'exile nous semble vénérable.

Le monastère est un renoncement. Le sacrifice qui porte à faux est encore le sacrifice. Prendre pour devoir une erreur sévère, cela a sa grandeur.

Pris en soi, et idéalement, et pour tourner autour de la vérité jusqu'à épuisement impartial de tous les aspects, le monastère, le couvent de femmes surtout, car dans notre société, c'est la femme qui souffre le plus, et dans cet exil du cloître il y a de la protestation, le couvent de femmes a incontestablement une certaine majesté.

Cette existence claustrale si austère et si morne, dont nous venons d'indiquer quelques linéaments, ce n'est pas la vie, car ce n'est pas la liberté ; ce n'est pas la tombe, car ce n'est pas la plénitude ; c'est le lieu étrange d'où l'on aperçoit, comme de la crête d'une haute montagne, d'un côté l'abîme où nous sommes, de l'autre l'abîme où nous serons; c'est une frontière étroite et brumeuse séparant deux mondes, éclairée et obscurcie par les deux à la fois, où le rayon affaibli de la vie se mêle au rayon vague de la mort; c'est la pénombre du tombeau.

Quant à nous, qui ne croyons pas ce que ces femmes croient, mais qui vivons comme elles par la foi, nous n'avons jamais pu considérer sans une espèce de terreur religieuse et tendre, sans une sorte de pitié pleine d'envie, ces créatures dévouées, tremblantes et confiantes, ces âmes humbles et augustes qui osent vivre au bord même du mystère, attendant entre le monde qui est fermé et le ciel qui n'est pas ouvert, tournées vers la clarté qu'on ne voit pas, ayant seulement le bonheur de penser qu'elles savent où elle est, aspirant au gouffre et à l'inconnu, l'œil fixé sur l'obscurité immobile, agenouillées, éperdues, stupéfaites, frissonnantes, à demi soulevées à de certaines heures par les souffles profonds de l'éternité.

LES CIMETIÈRES PRENNENT CE QU'ON LEUR DONNE.

LIVRE HUITIÈME

LES CIMETIÈRES PRENNENT CE QU'ON LEUR DONNE

I

OU IL EST TRAITÉ DE LA MANIÈRE D'ENTRER AU COUVENT

C'est dans cette maison que Jean Valjean était, comme avait dit Fauchelevent, « tombé du ciel ».

Il avait franchi le mur du jardin qui faisait l'angle de la rue Polonceau. Cet hymne des anges qu'il avait entendu au milieu de la nuit, c'étaient les religieuses chantant matines; cette salle, qu'il avait entrevue dans l'obscurité, c'était la chapelle; ce fantôme, qu'il avait vu étendu à terre, c'était la sœur faisant la réparation; ce grelot dont le bruit l'avait si étrangement surpris, c'était le grelot du jardinier attaché au genou du père Fauchelevent.

Une fois Cosette couchée, Jean Valjean et Fauchelevent avaient, comme on l'a vu, soupé d'un verre de vin et d'un morceau de fromage devant un bon fagot flambant; puis, le seul lit qu'il y eût dans la baraque étant occupé par Cosette, ils s'étaient jetés chacun sur une botte de paille.

Avant de fermer les yeux, Jean Valjean avait dit : — Il faut désormais que je reste ici. — Cette parole avait trotté toute la nuit dans la tête de Fauchelevent.

A vrai dire, ni l'un ni l'autre n'avaient dormi.

Jean Valjean, se sentant découvert et Javert sur sa piste, comprenait que lui et Cosette étaient perdus s'ils rentraient dans Paris. Puisque le nouveau coup de vent qui venait de souffler sur lui l'avait échoué dans ce cloître, Jean Valjean n'avait plus qu'une pensée, y rester. Or, pour un malheureux dans sa position, ce couvent était à la fois le lieu le plus dangereux et le plus sûr; le plus dangereux, car, aucun homme ne pouvant y pénétrer, si on l'y découvrait, c'était un flagrant délit, et Jean Valjean ne faisait qu'un pas du couvent à la prison; le plus sûr, car si l'on parvenait à s'y faire accepter et à y demeurer, qui viendrait vous chercher là? Habiter un lieu impossible, c'était le salut.

De son côté, Fauchelevent se creusait la cervelle. Il commençait par se déclarer qu'il n'y comprenait rien. Comment M. Madeleine se trouvait-il là, avec les murs qu'il y avait? Des murs de cloître ne s'enjambent pas. Comment s'y trouvait-il avec un enfant? On n'escalade pas une muraille à pic avec un enfant dans ses bras. Qu'était-ce que cet enfant? d'où venaient-ils tous les deux? Depuis que Fauchelevent était dans le couvent, il n'avait plus entendu parler de M.— sur M.—, et il ne savait rien de ce qui s'était passé. Le père Madeleine avait cet air qui décourage les questions; et d'ailleurs Fauchelevent se disait : On ne questionne pas un saint. M. Madeleine avait conservé pour lui tout son prestige. Seulement, de quelques mots échappés à Jean Valjean, le jardinier crut pouvoir conclure que M. Madeleine avait probablement fait faillite par la dureté des temps, et qu'il était poursuivi par ses créanciers; ou bien qu'il était compromis dans une affaire politique et qu'il se cachait; ce qui ne déplut point à Fauchelevent, lequel, comme beaucoup de nos paysans du Nord, avait un vieux fond bonapartiste. Se cachant, M. Madeleine avait pris le couvent pour asile, et il était simple qu'il voulût y rester. Mais l'inexplicable, où Fauchelevent revenait toujours et où il se cassait la tête, c'était que M. Madeleine fût là, et qu'il y fût avec cette petite. Fauchelevent les voyait, les touchait, leur parlait, et n'y croyait pas. L'incompréhensible venait de faire son entrée dans la cahute de Fauchelevent. Fauchelevent était à tâtons dans les conjectures, et ne voyait plus rien de clair sinon ceci : M. Madeleine m'a sauvé la vie. Cette certitude unique suffisait et le détermina. Il se dit à part lui : C'est mon tour. Il ajouta dans sa conscience : M. Madeleine n'a pas tant délibéré quand il s'est agi de se fourrer sous la voiture pour m'en tirer. Il décida qu'il sauverait M. Madeleine.

Il se fit pourtant diverses questions et diverses réponses : — Après ce qu'il a été pour moi, si c'était un voleur, le sauverais-je? tout de même. Si c'était un assassin, le sauverais-je? tout de même. Puisque c'est un saint, le sauverai-je? tout de même.

Mais le faire rester dans le couvent, quel problème! Devant cette tentative presque chimérique, Fauchelevent ne recula point; ce pauvre paysan picard, sans autre échelle que son dévouement, sa bonne volonté, et un peu de cette vieille finesse campagnarde mise cette fois au service d'une intention généreuse, entreprit d'escalader les impossibilités du cloître et les rudes escarpements de la règle de Saint-Benoît. Le père Fauchelevent était un vieux qui toute sa vie avait été égoïste, et qui à la fin de ses jours, boiteux, infirme, n'ayant plus aucun intérêt au monde, trouva doux d'être reconnaissant, et, voyant une vertueuse action à faire, se jeta dessus comme un homme qui, au moment de mourir, rencontrerait sous sa main un verre d'un bon vin dont il n'aurait jamais goûté et le boirait avidement. On peut ajouter que l'air qu'il respirait depuis plusieurs années déjà dans ce couvent avait détruit la personnalité en lui, et avait fini par lui rendre nécessaire une bonne action quelconque.

Il prit donc sa résolution : se dévouer à M. Madeleine.

Nous venons de le qualifier *pauvre paysan picard*. La qualification est juste, mais incomplète. Au point de cette histoire où nous sommes, un peu de physiologie du père Fauchelevent devient utile. Il était paysan, mais il avait été tabellion, ce qui ajoutait de la chicane à sa finesse, et de la pénétration à sa naïveté. Ayant, pour des causes diverses, échoué dans ses affaires, de tabellion il était tombé charretier et manœuvre. Mais, en dépit des jurons et des coups de fouet, nécessaires aux chevaux à ce qu'il paraît, il était resté du tabellion en lui. Il avait quelque esprit naturel; il ne disait ni *j'ons* ni *j'avons*; il causait, chose rare au village; et les autres paysans disaient de lui : il parle quasiment comme un monsieur à chapeau. Fauchelevent était en effet de cette espèce que le vocabulaire impertinent et léger du dernier siècle qualifiait : *demi-bourgeois, demi-manant*, et que les métaphores tombant du château sur la chaumière étiquetaient dans le casier de la roture : *un peu rustre, un peu citadin; poivre et sel*. Fauchelevent, quoique fort éprouvé et fort usé par le sort, espèce de pauvre vieille âme montrant la corde, était pourtant homme de premier mouvement, et très-spontané; qualité précieuse qui empêche qu'on soit jamais mauvais. Ses défauts et ses vices, car il en avait eu, étaient de surface; en somme, sa physionomie était de celles qui réussissent près de l'observateur. Ce vieux visage n'avait aucune de ces fâcheuses rides du haut du front qui signifient méchanceté ou bêtise.

Au point du jour ayant énormément songé, le père Fauchelevent ouvrit les yeux et vit M. Madeleine qui, assis sur sa botte de paille, regardait Cosette dormir. Fauchelevent se dressa sur son séant et dit :

— Maintenant que vous êtes ici, comment allez-vous faire pour y entrer?

Ce mot résumait la situation, et réveilla Jean Valjean de sa rêverie.

Les deux bonshommes tinrent conseil.

— D'abord, dit Fauchelevent, vous allez commencer par ne pas mettre les pieds hors de cette chambre, la petite ni vous. Un pas dans le jardin, nous sommes flambés.

— C'est juste.

— Monsieur Madeleine, reprit Fauchelevent, vous êtes arrivé dans un moment très-bon, je veux dire très-mauvais, il y a une de ces dames fort malade. Cela fait qu'on ne regardera pas beaucoup de notre côté. Il paraît qu'elle se meurt. On dit les prières de quarante heures. Toute la communauté est en l'air. Ça les occupe. Celle qui est en train de s'en aller est une sainte. Au fait, nous sommes tous des saints ici; toute la différence entre elles et moi, c'est qu'elles disent : notre cellule, et que je dis : ma piolle. Il va y avoir l'oraison pour les agonisants, et puis l'oraison pour les morts. Pour aujourd'hui, nous serons tranquilles ici; mais je ne réponds pas de demain.

— Pourtant, observa Jean Valjean, cette baraque est dans le rentrant du mur, elle est cachée par une espèce de ruine, il y a des arbres, on ne la voit pas du couvent.

— Et j'ajoute que les religieuses n'en approchent jamais.

— Eh bien? fit Jean Valjean.

Le point d'interrogation qui accentuait cet eh bien, signifiait : il me semble qu'on peut y demeurer caché? C'est à ce point d'interrogation que Fauchelevent répondit :

— Il y a les petites.

— Quelles petites? demanda Jean Valjean.

Comme Fauchelevent ouvrait la bouche pour expliquer le mot qu'il venait de prononcer, une cloche sonna un coup.

— La religieuse est morte, dit-il. Voici le glas.

Et il fit signe à Jean Valjean d'écouter.

La cloche sonna un second coup.

— C'est le glas, monsieur Madeleine. La cloche va continuer de minute en minute pendant vingt-quatre heures jusqu'à la sortie du corps de l'église.—Voyez-vous, ça joue. Aux récréations, il suffit qu'une balle roule pour qu'elles s'en viennent, malgré les défenses, chercher et fourbanser partout par ici. C'est des diables, ces chérubins-là.

— Qui? demanda Jean Valjean.

— Les petites. Vous seriez bien vite découvert, allez. Elles crieraient : Tiens! un homme! Mais il n'y a pas de danger aujourd'hui. Il n'y aura pas de récréation. La journée va être tout prières. Vous entendez la cloche. Comme je vous le disais, un coup par minute. C'est le glas.

— Je comprends, père Fauchelevent. Il y a des pensionnaires.

Et Jean Valjean pensa à part lui :

— Ce serait l'éducation de Cosette toute trouvée.

Fauchelevent s'exclama :

— Pardine! s'il y a des petites filles! Et qui piailleraient autour de vous! et qui se sauveraient! Ici, être homme, c'est avoir la peste. Vous voyez bien qu'on m'attache un grelot à la patte comme à une bête féroce.

Jean Valjean songeait de plus en plus profondément. — Ce couvent nous sauverait, murmurait-il.

Puis il éleva la voix :

— Oui, le difficile, c'est de rester.

— Non, dit Fauchelevent, c'est de sortir.

Jean Valjean sentit le sang lui refluer au cœur.

— Sortir!

— Oui, monsieur Madeleine; pour rentrer, il faut que vous sortiez.

Et, après avoir laissé passer un coup de cloche du glas, Fauchelevent poursuivit :

— On ne peut pas vous trouver ici comme ça. D'où venez-vous?

Pour moi, vous tombez du ciel, parce que je vous connais; mais des religieuses, ça a besoin qu'on entre par la porte.

Tout à coup on entendit une sonnerie assez compliquée d'une autre cloche.

— Ah! dit Fauchelevent, on sonne les mères vocales. Elles vont au chapitre. On tient toujours chapitre quand quelqu'un est mort. Elle est morte au point du jour. C'est ordinairement au point du jour qu'on meurt. Mais est-ce que vous ne pourriez pas sortir par où vous êtes entré? Voyons, ce n'est pas pour vous faire une question, par où êtes-vous entré?

Jean Valjean devint pâle, la seule idée de redescendre dans cette rue formidable le faisait frissonner. Sortez d'une forêt pleine de tigres, et, une fois dehors, imaginez-vous un conseil d'ami qui vous engage à y rentrer. Jean Valjean se figurait toute la police encore grouillante dans le quartier, des agents en observation, des vedettes partout, d'affreux poings tendus vers son collet, Javert peut-être au coin du carrefour.

— Impossible! dit-il. Père Fauchelevent, mettez que je suis tombé de là-haut.

— Mais je le crois, je le crois, repartit Fauchelevent. Vous n'avez pas besoin de me le dire. Le bon Dieu vous aura pris dans sa main pour vous regarder de près, et puis vous aura lâché. Seulement il voulait vous mettre dans un couvent d'hommes; il s'est trompé. Allons, encore une sonnerie. Celle-ci est pour avertir le portier d'aller prévenir la municipalité pour qu'elle aille prévenir le médecin des morts pour qu'il vienne voir qu'il y a une morte. Tout ça, c'est la cérémonie de mourir. Elles n'aiment pas beaucoup cette visite-là, ces bonnes dames. Un médecin, ça ne croit à rien. Il lève le voile. Il lève même quelquefois autre chose. Comme elles ont vite fait avertir le médecin, cette fois-ci! Qu'est-ce qu'il y a donc? Votre petite dort toujours. Comment se nomme-t-elle?

— Cosette.

— C'est votre fille? comme qui dirait, vous seriez son grand-père?

— Oui.

— Pour elle, sortir d'ici, ce sera facile. J'ai ma porte de service qui donne sur la cour. Je cogne. Le portier ouvre; j'ai ma hotte sur le dos, la petite est dedans, je sors. Le père Fauchelevent sort

avec sa hotte, c'est tout simple. Vous direz à la petite de se tenir bien tranquille. Elle sera sous la bâche. Je la déposerai le temps qu'il faudra chez une vieille bonne amie de fruitière que j'ai rue du Chemin-Vert, qui est sourde, et où il y a un petit lit. Je crierai dans l'oreille de la fruitière que c'est une nièce à moi, et de me la garder jusqu'à demain. Puis la petite rentrera avec vous; car je vous ferai rentrer. Il le faudra bien. Mais vous, comment ferez-vous pour sortir?

Jean Valjean hocha la tête.

— Que personne ne me voie, tout est là, père Fauchelevent.

Trouvez moyen de me faire sortir comme Cosette dans une hotte et sous une bâche.

Fauchelevent se grattait le bas de l'oreille avec le médium de la main gauche, signe de sérieux embarras.

Une troisième sonnerie fit diversion.

— Voici le médecin des morts qui s'en va, dit Fauchelevent. Il a regardé, et dit : elle est morte, c'est bon. Quand le médecin a visé le passe-port pour le paradis, les pompes funèbres envoient une bière. Si c'est une mère, les mères l'ensevelissent; si c'est une sœur, les sœurs l'ensevelissent. Après quoi, je cloue. Cela fait partie de mon jardinage. Un jardinier est un peu fossoyeur. On la met dans une salle basse de l'église qui communique à la rue et où pas un homme ne peut entrer que le médecin des morts. Je ne compte pas pour des hommes les croque-morts et moi. C'est dans cette salle que je cloue la bière. Les croque-morts viennent la prendre, et fouette cocher ! c'est comme cela qu'on s'en va au ciel. On apporte une boîte où il n'y a rien, on la remporte avec quelque chose dedans. Voilà ce que c'est qu'un enterrement. *De profundis.*

Un rayon de soleil horizontal effleurait le visage de Cosette endormie qui entr'ouvrait vaguement la bouche, et avait l'air d'un ange buvant de la lumière. Jean Valjean s'était mis à la regarder. Il n'écoutait plus Fauchelevent.

N'être pas écouté, ce n'est pas une raison pour se taire. Le brave vieux jardinier continuait paisiblement son rabâchage :

— On fait la fosse au cimetière Vaugirard. On prétend qu'on va le supprimer, ce cimetière Vaugirard. C'est un ancien cimetière qui est en dehors des règlements, qui n'a pas l'uniforme, et qui va prendre sa retraite. C'est dommage, car il est commode. J'ai là un ami, le père Mestienne le fossoyeur. Les religieuses d'ici ont un privilége, c'est d'être portées à ce cimetière-là à la tombée de la nuit. Il y a un arrêté de la préfecture exprès pour elles. Mais que d'événements depuis hier ! la mère Crucifixion est morte, et le père Madeleine.....

— Est enterré, dit Jean Valjean souriant tristement.

Fauchelevent fit ricocher le mot.

— Dame ! si vous étiez ici tout à fait, ce serait un véritable enterrement.

Une quatrième sonnerie éclata. Fauchelevent détacha vivement du clou la genouillère à grelot et la reboucla à son genou.

— Cette fois, c'est moi. La mère prieure me demande. Bon, je me pique à l'ardillon de ma boucle. Monsieur Madeleine, ne bougez pas, et attendez-moi. Il y a du nouveau. Si vous avez faim, il y a là le vin, le pain et le fromage.

Et il sortit de la cahute en disant : On y va ! on y va !

Jean Valjean le vit se hâter à travers le jardin, aussi vite que sa jambe torse le lui permettait, tout en regardant de côté ses melonnières.

Moins de dix minutes après, le père Fauchelevent, dont le grelot mettait sur son passage les religieuses en déroute, frappait un petit coup à une porte, et une voix douce répondait : *A jamais, A jamais*, c'est-à-dire : *Entrez*.

Cette porte était celle du parloir réservé au jardinier pour les besoins du service. Ce parloir était contigu à la salle du chapitre. La prieure, assise sur l'unique chaise du parloir, attendait Fauchelevent.

II

FAUCHELEVENT EN PRÉSENCE DE LA DIFFICULTÉ

Avoir l'air agité et grave, cela est particulier, dans les occasions critiques, à de certains caractères et à de certaines professions, notamment aux prêtres et aux religieux. Au moment où Fauchelevent entra, cette double forme de la préoccupation était empreinte sur la physionomie de la prieure, qui était cette charmante et savante mademoiselle de Blemeur, mère Innocente, ordinairement gaie.

Le jardinier fit un salut craintif, et resta sur le seuil de la cellule. La prieure, qui égrenait son rosaire, leva les yeux et dit :

— Ah ! c'est vous, père Fauvent.

Cette abréviation avait été adoptée dans le couvent.

Fauchelevent recommença son salut.

— Père Fauvent, je vous ai fait appeler.

— Me voici, révérende mère.

— J'ai à vous parler.

— Et moi, de mon côté, dit Fauchelevent avec une hardiesse dont il avait peur intérieurement, j'ai quelque chose à dire à la très-révérende mère.

La prieure le regarda.

— Ah! vous avez une communication à me faire.

— Une prière.

— Eh bien, parlez.

Le bonhomme Fauchelevent, ex-tabellion, appartenait à la catégorie des paysans qui ont de l'aplomb. Une certaine ignorance habile est une force ; on ne s'en défie pas et cela vous prend. Depuis un peu plus de deux ans qu'il habitait le couvent, Fauchelevent avait réussi dans la communauté. Toujours solitaire, et tout en vaquant à son jardinage, il n'avait guère autre chose à faire que d'être curieux. A distance comme il était de toutes ces femmes voilées allant et venant, il ne voyait guère devant lui qu'une agitation d'ombres. A force d'attention et de pénétration, il était parvenu à remettre de la chair dans tous ces fantômes, et ces mortes vivaient pour lui. Il était comme un sourd dont la vue s'allonge et comme un aveugle dont l'ouïe s'aiguise. Il s'était appliqué à démêler le sens des diverses sonneries, et il y était arrivé, de sorte que ce cloître énigmatique et taciturne n'avait rien de caché pour lui ; ce sphinx lui bavardait tous ses secrets à l'oreille. Fauchelevent, sachant tout, cachait tout. C'était là son art. Tout le couvent le croyait stupide. Grand mérite en religion. Les mères vocales faisaient cas de Fauchelevent. C'était un curieux muet. Il inspirait la confiance. En outre, il était régulier, et ne sortait que pour les nécessités démontrées du verger et du potager. Cette discrétion d'allures lui était comptée. Il n'en avait pas moins fait jaser deux hommes : au couvent, le portier, et il savait les particularités du parloir, et, au cimetière, le fossoyeur, et il savait les singularités de la sépulture ; de la sorte, il avait, à l'endroit de ces religieuses, une double lumière, l'une sur la vie, l'autre sur la mort. Mais il n'abusait de rien. La congrégation tenait à lui. Vieux, boiteux, n'y voyant goutte, probablement un peu sourd, que de qualités ! On l'eût difficilement remplacé.

Le bonhomme, avec l'assurance de celui qui se sent apprécié, entama, vis-à-vis de la révérende prieure, une harangue campagnarde assez diffuse et très-profonde. Il parla longuement de son âge, de ses infirmités, de la surcharge des années comptant double

désormais pour lui, des exigences croissantes du travail, de la grandeur du jardin, des nuits à passer, comme la dernière, par exemple, où il avait fallu mettre des paillassons sur les melonnières à cause de la lune, et il finit par aboutir à ceci : qu'il avait un frère, — (la prieure fit un mouvement) — un frère point jeune, — (second mouvement de la prieure, mais mouvement rassuré) — que, si on le voulait bien, ce frère pourrait venir loger avec lui et l'aider, qu'il était excellent jardinier, que la communauté en tirerait de bons services, meilleurs que les siens à lui ; — que, autrement, si l'on n'admettait point son frère, comme, lui, l'aîné, il se sentait cassé, et insuffisant à la besogne, il serait, avec bien du regret, obligé de s'en aller; — et que son frère avait une petite fille qu'il amènerait avec lui, qui s'élèverait en Dieu dans la maison, et qui peut-être, qui sait? ferait une religieuse un jour.

Quand il eut fini de parler, la prieure interrompit le glissement de son rosaire entre ses doigts, et lui dit :

— Pourriez-vous, d'ici à ce soir, vous procurer une forte barre de fer?

— Pour quoi faire?

— Pour servir de levier.

— Oui, révérende mère, répondit Fauchelevent.

La prieure, sans ajouter une parole, se leva et entra dans la chambre voisine, qui était la salle du chapitre et où les mères vocales étaient probablement assemblées. Fauchelevent demeura seul.

III

MÈRE INNOCENTE

Un quart d'heure environ s'écoula. La prieure rentra et revint s'asseoir sur la chaise.

Les deux interlocuteurs semblaient préoccupés. Nous sténographions de notre mieux le dialogue qui s'engagea.

— Père Fauvent?

— Révérende mère?

— Vous connaissez la chapelle?

— J'y ai une petite cage pour entendre la messe et les offices.

— Et vous êtes entré dans le chœur pour votre ouvrage?

— Deux ou trois fois.

— Il s'agit de soulever une pierre.

— Lourde?

— La dalle du pavé qui est à côté de l'autel.

— La pierre qui ferme le caveau?

— Oui.

— C'est là une occasion où il serait bon d'être deux hommes.

— La mère Ascension, qui est forte comme un homme, vous aidera.

— Une femme n'est jamais un homme.

— Nous n'avons qu'une femme pour vous aider. Chacun fait ce qu'il peut. Parce que dom Mabillon donne quatre cent dix-sept épîtres de saint Bernard et que Merlonus Horstius n'en donne que trois cent soixante-sept, je ne méprise point Merlonus Horstius.

— Ni moi non plus.

— Le mérite est de travailler selon ses forces. Un cloître n'est pas un chantier.

— Et une femme n'est pas un homme. C'est mon frère qui est fort!

— Et puis vous aurez un levier.

— C'est la seule espèce de clef qui aille à ces espèces de portes.

— Il y a un anneau à la pierre.

— J'y passerai le levier.

— Et la pierre est arrangée de façon à pivoter.

— C'est bien, révérende mère. J'ouvrirai le caveau.

— Et les quatre mères chantres vous assisteront.

— Et quand le caveau sera ouvert?

— Il faudra le refermer.

— Sera-ce tout?

— Non.

— Donnez-moi vos ordres, très-révérende mère.

— Fauvent, nous avons confiance en vous.

— Je suis ici pour tout faire.

— Et pour tout taire.

— Oui, révérende mère.

— Quand le caveau sera ouvert...

— Je le refermerai.

— Mais auparavant...

— Quoi, révérende mère?

— Il faudra y descendre quelque chose.

Il y eut un silence. La prieure, après une moue de la lèvre inférieure qui ressemblait à de l'hésitation, le rompit.

— Père Fauvent?
— Révérende mère?
— Vous savez qu'une mère est morte ce matin.
— Non.
— Vous n'avez donc pas entendu la cloche?
— On n'entend rien au fond du jardin.
— En vérité?
— C'est à peine si je distingue ma sonnerie.
— Elle est morte à la pointe du jour.
— Et puis, ce matin, le vent ne portait pas de mon côté.
— C'est la mère Crucifixion. Une bienheureuse.

La prieure se tut, remua un moment les lèvres, comme pour une oraison mentale et reprit :

— Il y a trois ans, rien que pour avoir vu prier la mère Crucifixion, une janséniste, madame de Béthune, s'est faite orthodoxe.

— Ah! oui, j'entends le glas maintenant, révérende mère.
— Les mères l'ont portée dans la chambre des mortes qui donne dans l'église.
— Je sais.
— Aucun autre homme que vous ne peut et ne doit entrer dans cette chambre-là. Veillez-y bien. Il ferait beau voir qu'un homme entrât dans la chambre des mortes!
— Plus souvent!
— Hein?
— Plus souvent!
— Qu'est-ce que vous dites?
— Je dis plus souvent.
— Plus souvent que quoi?
— Révérende mère, je ne dis pas plus souvent que quoi, je dis plus souvent.
— Je ne vous comprends pas. Pourquoi dites-vous plus souvent?
— Pour dire comme vous, révérende mère.
— Mais je n'ai pas dit plus souvent.
— Vous ne l'avez pas dit, mais je l'ai dit pour dire comme vous.

En ce moment neuf heures sonnèrent.

— A neuf heures du matin et à toute heure loué soit et adoré le très-saint sacrement de l'autel, dit la prieure.

— Amen, dit Fauchelevent.

L'heure sonna à propos. Elle coupa court à Plus souvent. Il est probable que sans elle la prieure et Fauchelevent ne se fussent jamais tirés de cet écheveau.

Fauchelevent s'essuya le front.

La prieure fit un nouveau petit murmure intérieur probablement sacré, puis haussa la voix.

— De son vivant, mère Crucifixion faisait des conversions; après sa mort, elle fera des miracles.

— Elle en fera! répondit Fauchelevent emboîtant le pas, et faisant effort pour ne plus broncher désormais.

— Père Fauvent, la communauté a été bénie en la mère Crucifixion. Sans doute il n'est point donné à tout le monde de mourir comme le cardinal de Bérulle en disant la sainte messe, et d'exhaler son âme vers Dieu en prononçant ces paroles : *Hanc igitur oblationem.* Mais sans atteindre à tant de bonheur, la mère Crucifixion a eu une mort très-précieuse. Elle a eu sa connaissance jusqu'au dernier instant. Elle nous parlait, puis elle parlait aux anges. Elle nous a fait ses derniers commandements. Si vous aviez un peu plus de foi, et si vous aviez pu être dans sa cellule, elle vous aurait guéri votre jambe en y touchant. Elle souriait. On sentait qu'elle ressuscitait en Dieu. Il y a eu du paradis dans cette mort-là.

Fauchelevent crut que c'était une oraison qui finissait.

— Amen, dit-il.

— Père Fauvent, il faut faire ce que veulent les morts.

La prieure dévida quelques grains de son chapelet. Fauchelevent se taisait.

Elle poursuivit.

— J'ai consulté sur cette question plusieurs ecclésiastiques travaillant en Notre-Seigneur, qui s'occupent dans l'exercice de la vie cléricale et qui font un fruit admirable.

— Révérende mère, on entend bien mieux le glas d'ici que dans le jardin.

— D'ailleurs, c'est plus qu'une morte, c'est une sainte.

— Comme vous, révérende mère.

— Elle couchait dans son cercueil depuis vingt ans, par permission expresse de notre saint-père Pie VII.

— Celui qui a couronné l'emp... Buonaparte.

Pour un habile homme comme Fauchelevent, le souvenir était

malencontreux. Heureusement la prieure, toute à sa pensée, ne l'entendit pas. Elle continua :

— Père Fauvent?

— Révérende mère?

— Saint Diodore, archevêque de Cappadoce, voulut qu'on écrivît sur sa sépulture ce seul mot : *Acarus*, qui signifie ver de terre; cela fut fait. Est-ce vrai?

— Oui, révérende mère.

— Le bienheureux Mezzocane, abbé d'Aquila, voulut être inhumé sous la potence; cela fut fait.

— C'est vrai.

— Saint Térence, évêque de Port sur l'embouchure du Tibre dans la mer, demanda qu'on gravât sur sa pierre le signe qu'on mettait sur la fosse des parricides, dans l'espoir que les passants cracheraient sur son tombeau. Cela fut fait. Il faut obéir aux morts.

— Ainsi soit-il.

— Le corps de Bernard Guidonis, né en France près de Roche-Abeille, fut, comme il l'avait ordonné et malgré le roi de Castille, porté en l'église des Dominicains de Limoges, quoique Bernard Guidonis fût évêque de Tuy en Espagne. Peut-on dire le contraire?

— Pour ça non, révérende mère.

— Le fait est attesté par Plantavit de la Fosse.

Quelques grains du chapelet s'égrenèrent encore silencieusement. La prieure reprit :

— Père Fauvent, la mère Crucifixion sera ensevelie dans le cercueil où elle a couché depuis vingt ans.

— C'est juste.

— C'est une continuation de sommeil.

— J'aurai donc à la clouer dans ce cercueil-là?

— Oui.

— Et nous laisserons de côté la bière des pompes?

— Précisément.

— Je suis aux ordres de la très-révérende communauté.

— Les quatre mères chantres vous aideront.

— A clouer le cercueil? Je n'ai pas besoin d'elles.

— Non. A le descendre.

— Où?

— Dans le caveau.

— Quel caveau?
— Sous l'autel.

Fauchelevent fit un soubresaut.

— Le caveau sous l'autel?
— Sous l'autel.
— Mais...
— Vous aurez une barre de fer.
— Oui, mais...
— Vous lèverez la pierre avec la barre au moyen de l'anneau.
— Mais...
— Il faut obéir aux morts. Être enterrée dans le caveau sous l'autel de la chapelle, ne point aller en sol profane, rester morte là où elle a prié vivante; ç'a été le vœu suprême de la mère Crucifixion. Elle nous l'a demandé, c'est-à-dire commandé.
— Mais c'est défendu.
— Défendu par les hommes, ordonné par Dieu.
— Si cela venait à se savoir?
— Nous avons confiance en vous.
— Oh! moi, je suis une pierre de votre mur.
— Le chapitre s'est assemblé. Les mères vocales, que je viens de consulter encore et qui sont en délibération, ont décidé que la mère Crucifixion serait, selon son vœu, enterrée dans son cercueil sous notre autel. Jugez, père Fauvent, s'il allait se faire des miracles ici! quelle gloire en Dieu pour la communauté! Les miracles sortent des tombeaux.
— Mais, révérende mère, si l'agent de la commission de salubrité...
— Saint Benoît II, en matière de sépulture, a résisté à Constantin Pogonat.
— Pourtant le commissaire de police...
— Chonodemaire, un des sept rois allemands qui entrèrent dans les Gaules sous l'empire de Constance, a reconnu expressément le droit des religieux d'être inhumés en religion, c'est-à-dire sous l'autel.
— Mais l'inspecteur de la préfecture...
— Le monde n'est rien devant la croix. Martin, onzième général des Chartreux, a donné cette devise à son ordre : *Stat crux dum volvitur orbis*.
— Amen, dit Fauchelevent, imperturbable dans cette façon de se tirer d'affaire toutes les fois qu'il entendait du latin.

Un auditoire quelconque suffit à qui s'est tu trop longtemps. Le jour où le rhéteur Gymnastoras sortit de prison, ayant dans le corps beaucoup de dilemmes et de syllogismes rentrés, il s'arrêta devant le premier arbre qu'il rencontra, le harangua, et fit de très-grands efforts pour le convaincre. La prieure, habituellement sujette au barrage du silence et ayant du trop-plein dans son réservoir, se leva et s'écria avec une loquacité d'écluse lâchée :

— J'ai à ma droite Benoît et à ma gauche Bernard. Qu'est-ce que Bernard? c'est le premier abbé de Clairvaux. Fontaines en Bourgogne est un pays béni pour l'avoir vu naître. Son père s'appelait Técelin et sa mère Alèthe. Il a commencé par Cîteaux pour aboutir à Clairvaux; il a été ordonné abbé par l'évêque de Châlon-sur-Saône, Guillaume de Champeaux; il a eu sept cents novices et fondé cent soixante monastères; il a terrassé Abeilard au concile de Sens en 1140, et Pierre de Bruys et Henry son disciple, et une autre sorte de dévoyés qu'on nommait les Apostoliques; il a confondu Arnauld de Bresce, foudroyé le moine Raoul, le tueur de juifs, dominé en 1148 le concile de Reims, fait condamner Gilbert de la Porée, évêque de Poitiers, fait condamner Éon de l'Étoile, arrangé les différends des princes, éclairé le roi Louis le Jeune, conseillé le pape Eugène III, réglé le Temple, prêché la Croisade, fait deux cent cinquante miracles dans sa vie, et jusqu'à trente-neuf en un jour. Qu'est-ce que Benoît? c'est le patriarche de Mont-Cassin; c'est le deuxième fondateur de la Sainteté Claustrale, c'est le Basile de l'Occident. Son ordre a produit quarante papes, deux cents cardinaux, cinquante patriarches, seize cents archevêques, quatre mille six cents évêques, quatre empereurs, douze impératrices, quarante-six rois, quarante et une reines, trois mille six cents saints canonisés, et subsiste depuis quatorze cents ans. D'un côté saint Bernard; de l'autre l'agent de la salubrité! D'un côté saint Benoît; de l'autre l'inspecteur de la voirie! L'état, la voirie, les pompes funèbres, les règlements, l'administration, est-ce que nous connaissons cela? Aucuns passants seraient indignés de voir comme on nous traite. Nous n'avons même pas le droit de donner notre poussière à Jésus-Christ! Votre salubrité est une invention révolutionnaire. Dieu subordonné au commissaire de police; tel est le siècle. Silence, Fauvent!

Fauchelevent, sous cette douche, n'était pas fort à son aise. La prieure continua :

— Le droit du monastère à la sépulture ne fait doute pour personne. Il n'y a pour le nier que les fanatiques et les errants. Nous vivons dans des temps de confusion terrible. On ignore ce qu'il faut savoir, et l'on sait ce qu'il faut ignorer. On est crasse et impie. Il y a dans cette époque des gens qui ne distinguent pas entre le grandissime saint Bernard et le Bernard dit des Pauvres Catholiques, certain bon ecclésiastique qui vivait dans le treizième siècle. D'autres blasphèment jusqu'à rapprocher l'échafaud de Louis XVI de la croix de Jésus-Christ. Louis XVI n'était qu'un roi. Prenons donc garde à Dieu! Il n'y a plus ni juste ni injuste. On sait le nom de Voltaire et l'on ne sait pas le nom de César de Bus. Pourtant César de Bus est un bienheureux et Voltaire est un malheureux. Le dernier archevêque, le cardinal de Périgord, ne savait même pas que Charles de Gondren a succédé à Bérulle, et François Bourgoin à Gondren, et Jean-François Senault à Bourgoin, et le père de Sainte-Marthe à Jean-François Senault. On connaît le nom du père Coton, non parce qu'il a été un des trois qui ont poussé à la fondation de l'Oratoire, mais parce qu'il a été matière à juron pour le roi huguenot Henri IV. Ce qui fait saint François de Sales aimable aux gens du monde, c'est qu'il trichait au jeu. Et puis on attaque la religion. Pourquoi? Parce qu'il y a eu de mauvais prêtres, parce que Sagittaire, évêque de Gap, était frère de Salone, évêque d'Embrun, et que tous les deux ont suivi Mommol. Qu'est-ce que cela fait? cela empêche-t-il Martin de Tours d'être un saint et d'avoir donné la moitié de son manteau à un pauvre? On persécute les saints. On ferme les yeux aux vérités. Les ténèbres sont l'habitude. Les plus féroces bêtes sont les bêtes aveugles. Personne ne pense à l'enfer pour de bon. Oh! le méchant peuple! De par le roi signifie aujourd'hui de par la révolution. On ne sait plus ce qu'on doit, ni aux vivants ni aux morts. Il est défendu de mourir saintement. Le sépulcre est une affaire civile. Ceci fait horreur. Saint Léon II a écrit deux lettres exprès, l'une à Pierre Notaire, l'autre au roi des Visigoths, pour combattre et rejeter, dans les questions qui touchent aux morts, l'autorité de l'exarque et la suprématie de l'empereur. Gauthier, évêque de Châlons, tenait tête en cette matière à Othon, duc de Bourgogne. L'ancienne magistrature en tombait d'accord. Autrefois, nous avions voix au chapitre même dans les choses du siècle. L'abbé de Cîteaux, général de l'ordre, était conseiller-né au parlement de Bourgogne. Nous faisons de nos morts ce que nous voulons. Est-ce que le corps de saint Benoît lui-même n'est pas en France dans l'abbaye de Fleury, dite Saint-Benoît-sur-Loire, quoiqu'il soit mort en Italie au Mont-Cassin, un samedi 21 du mois de mars de l'an 543? Tout ceci est incontestable. J'abhorre les psallants, je hais les prieurs, j'exècre les hérétiques, mais je détesterais plus encore quiconque me soutiendrait le contraire. On n'a qu'à lire Arnoul Wion, Gabriel Bucelin, Trithème, Maurolicus et dom Luc d'Achery.

La prieure respira, puis se tourna vers Fauchelevent.

— Père Fauvent, est-ce dit?
— C'est dit, révérende mère.
— Peut-on compter sur vous?
— J'obéirai.
— C'est bien.
— Je suis tout dévoué au couvent.
— C'est entendu. Vous fermerez le cercueil. Les sœurs le porteront dans la chapelle. On dira l'office des morts. Puis on rentrera dans le cloître. Entre onze heures et minuit, vous viendrez avec votre barre de fer. Tout se passera dans le plus grand secret. Il n'y aura dans la chapelle que les quatre mères chantres, la mère Ascension, et vous.
— Et la sœur qui sera au poteau.
— Elle ne se retournera pas.
— Mais elle entendra.
— Elle n'écoutera pas. D'ailleurs, ce que le cloître sait, le monde l'ignore.

Il y eut encore une pause. La prieure poursuivit :

— Vous ôterez votre grelot. Il est inutile que la sœur au poteau s'aperçoive que vous êtes là.
— Révérende mère?
— Quoi, père Fauvent?
— Le médecin des morts a-t-il fait sa visite?
— Il va la faire aujourd'hui à quatre heures. On a sonné la sonnerie qui fait venir le médecin des morts. Mais vous n'entendez donc aucune sonnerie?
— Je ne fais attention qu'à la mienne.
— Cela est bien, père Fauvent.
— Révérende mère, il faudra un levier d'au moins six pieds.
— Où le prendrez-vous?

— Où il ne manque pas de grilles, il ne manque pas de barres de fer. J'ai mon tas de ferrailles au fond du jardin.
— Trois quarts d'heure environ avant minuit, n'oubliez pas.
— Révérende mère?
— Quoi?
— Si jamais vous aviez d'autres ouvrages comme ça, c'est mon frère qui est fort. Un Turc!
— Vous ferez le plus vite possible.
— Je ne vais pas hardi vite. Je suis infirme; c'est pour cela qu'il me faudrait un aide. Je boite.
— Boiter n'est pas un tort, et peut être une bénédiction. L'empereur Henri II, qui combattit l'antipape Grégoire et rétablit Benoît VIII, a deux surnoms, le Saint et le Boiteux.
— C'est bien bon deux surtouts, murmura Fauchelevent, qui, en réalité, avait l'oreille un peu dure.
— Père Fauvent, j'y pense, prenons une heure entière. Ce n'est pas trop. Soyez près du maître-autel avec votre barre de fer à onze heures. L'office commence à minuit. Il faut que tout soit fini un bon quart d'heure auparavant.
— Je ferai tout pour prouver mon zèle à la communauté. Voilà qui est dit. Je clouerai le cercueil. A onze heures précises, je serai dans la chapelle. Les mères chantres y seront, la mère Ascension y sera. Deux hommes, cela vaudrait mieux. Enfin, n'importe! j'aurai mon levier. Nous ouvrirons le caveau, nous descendrons le cercueil, et nous refermerons le caveau. Après quoi, plus trace de rien. Le gouvernement ne s'en doutera pas. Révérende mère, tout est arrangé ainsi?
— Non.
— Qu'y a-t-il donc encore?
— Il reste la bière vide.
Ceci fit un temps d'arrêt. Fauchelevent songeait. La prieure songeait.
— Père Fauvent, que fera-t-on de la bière?
— On la portera en terre.
— Vide?
Autre silence. Fauchelevent fit de la main gauche cette espèce de geste qui donne congé à une question inquiétante.
— Révérende mère, c'est moi qui cloue la bière dans la chambre

basse de l'église, et personne n'y peut entrer que moi, et je couvrirai la bière du drap mortuaire.

— Oui, mais les porteurs, en la mettant dans le corbillard et en la descendant dans la fosse, sentiront bien qu'il n'y a rien dedans.

— Ah ! di.... ! s'écria Fauchelevent.

La prieure commença un signe de croix, et regarda fixement le jardinier. *Able* lui resta dans le gosier.

Il se hâta d'improviser un expédient pour faire oublier le juron.

— Révérende mère, je mettrai de la terre dans la bière. Cela fera l'effet de quelqu'un.

— Vous avez raison. La terre, c'est la même chose que l'homme. Ainsi vous arrangerez la bière vide?

— J'en fais mon affaire.

Le visage de la prieure, jusqu'alors trouble et obscur, se rasséréna. Elle lui fit le signe du supérieur congédiant l'inférieur. Fauchelevent se dirigea vers la porte. Comme il allait sortir, la prieure éleva doucement la voix :

— Père Fauvent, je suis contente de vous; demain, après l'enterrement, amenez-moi votre frère, et dites-lui qu'il m'amène sa fille.

IV

OU JEAN VALJEAN A TOUT A FAIT L'AIR D'AVOIR LU AUSTIN CASTILLEJO

Des enjambées de boiteux sont comme des œillades de borgne; elles n'arrivent pas vite au but. En outre, Fauchelevent était perplexe. Il mit près d'un quart d'heure à revenir dans la baraque du jardin. Cosette était éveillée. Jean Valjean l'avait assise près du feu. Au moment où Fauchelevent entra, Jean Valjean lui montrait la hotte du jardinier accrochée au mur et lui disait :

— Écoute-moi bien, ma petite Cosette. Il faudra nous en aller de cette maison, mais nous y reviendrons et nous y serons très-bien. Le bonhomme d'ici t'emportera sur son dos là-dedans. Tu m'attendras chez une dame. J'irai te retrouver. Surtout, si tu ne veux pas que la Thénardier te reprenne, obéis et ne dis rien !

Cosette fit un signe de tête d'un air grave.

Au bruit de Fauchelevent poussant la porte, Jean Valjean se retourna.

— Eh bien ?

— Tout est arrangé et rien ne l'est, dit Fauchelevent. J'ai permission de vous faire entrer ; mais, avant de vous faire entrer, il faut vous faire sortir. C'est là qu'est l'embarras de charrettes. Pour la petite, c'est aisé.

— Vous l'emporterez ?

— Et elle se taira ?

— J'en réponds.

— Mais vous, père Madeleine ?

Et, après un silence où il y avait de l'anxiété, Fauchelevent s'écria :

— Mais sortez donc par où vous êtes entré !

Jean Valjean, comme la première fois, se borna à répondre : — Impossible.

Fauchelevent, se parlant plus à lui-même qu'à Jean Valjean, grommela :

— Il y a une autre chose qui me tourmente. J'ai dit que j'y mettrais de la terre. C'est que je pense que de la terre là-dedans, au lieu d'un corps, ça ne sera pas ressemblant, ça n'ira pas, ça se déplacera, ça remuera. Les hommes le sentiront. Vous comprenez, père Madeleine, le gouvernement s'en apercevra.

Jean Valjean le considéra entre les deux yeux et crut qu'il délirait.

Fauchelevent reprit :

— Comment di... — antre allez-vous sortir ? C'est qu'il faut que tout cela soit fait demain ! C'est demain que je vous amène. La prieure vous attend.

Alors il expliqua à Jean Valjean que c'était une récompense pour un service que lui, Fauchelevent, rendait à la communauté. Qu'il entrait dans ses attributions de participer aux sépultures, qu'il clouait les bières et assistait le fossoyeur au cimetière. Que la religieuse morte le matin avait demandé d'être ensevelie dans le cercueil qui lui servait de lit et enterrée dans le caveau sous l'autel de la chapelle. Que cela était défendu par les règlements de police, mais que c'était une de ces mortes à qui l'on ne refuse rien. Que la prieure et les mères vocales entendaient exécuter le vœu de la défunte. Que tant pis pour le gouvernement. Que lui Fauchelevent clouerait le cercueil dans la cellule, lèverait la pierre dans la chapelle, et descendrait la morte dans le caveau. Et que, pour le remercier, la prieure admettait dans la maison son frère comme jardinier et sa nièce comme pensionnaire. Que son frère, c'était M. Madeleine, et que sa nièce c'était Cosette. Que la prieure lui avait dit d'amener son frère le lendemain soir, après l'enterrement postiche au cimetière. Mais qu'il ne pouvait pas amener du dehors M. Madeleine, si M. Madeleine n'était pas dehors. Que c'était là le premier embarras. Et puis qu'il avait encore un embarras : la bière vide.

— Qu'est-ce que c'est que la bière vide? demanda Jean Valjean.

Fauchelevent répondit :

— La bière de l'administration.

— Quelle bière? et quelle administration?

— Une religieuse meurt. Le médecin de la municipalité vient et dit : il y a une religieuse morte. Le gouvernement envoie une bière. Le lendemain, il envoie un corbillard et des croque-morts pour reprendre la bière et la porter au cimetière. Les croque-morts viendront et soulèveront la bière; il n'y aura rien dedans.

— Mettez-y quelque chose.

— Un mort? je n'en ai pas.

— Non.

— Quoi donc?

— Un vivant.

— Quel vivant?

— Moi, dit Jean Valjean.

Fauchelevent, qui s'était assis, se leva comme si un pétard fût parti sous sa chaise.

— Vous!

— Pourquoi pas?

Jean Valjean eut un de ces rares sourires qui lui venaient comme une lueur dans un ciel d'hiver.

— Vous savez, Fauchelevent, que vous avez dit : la mère Crucifixion est morte, et que j'ai ajouté : et le père Madeleine est enterré. Ce sera cela.

— Ah! bon, vous riez, vous ne parlez pas sérieusement.
— Très-sérieusement. Il faut sortir d'ici!
— Sans doute.
— Je vous ai dit de me trouver pour moi aussi une hotte et une bâche.
— Eh bien!
— La hotte sera en sapin, et la bâche sera un drap noir.
— D'abord, un drap blanc. On enterre les religieuses en blanc.
— Va pour le drap blanc.
— Vous n'êtes pas un homme comme les autres, père Madeleine.

Voir de telles imaginations, qui ne sont pas autre chose que les sauvages et téméraires inventions du bagne, sortir des choses paisibles qui l'entouraient et se mêler à ce qu'il appelait le « petit train-train du couvent », c'était pour Fauchelevent une stupeur comparable à celle d'un passant qui verrait un goëland pêcher dans le ruisseau de la rue Saint-Denis.

Jean Valjean poursuivit :

— Il s'agit de sortir d'ici sans être vu. C'est un moyen. Mais d'abord renseignez-moi. Comment cela se passe-t-il? où est cette bière?
— Celle qui est vide?
— Oui.
— En bas, dans ce qu'on appelle la salle des mortes. Elle est sur deux tréteaux et sous le drap mortuaire.
— Quelle est la longueur de la bière?
— Six pieds.
— Qu'est-ce que c'est que la salle des mortes?
— C'est une chambre du rez-de-chaussée qui a une fenêtre grillée sur le jardin qu'on ferme du dehors avec un volet, et deux portes; l'une qui va au couvent, l'autre qui va à l'église.
— Quelle église?
— L'église de la rue, l'église de tout le monde.
— Avez-vous les clefs de ces deux portes?
— Non. J'ai la clef de la porte qui communique au couvent; le concierge a la clef de la porte qui communique à l'église.

— Quand le concierge ouvre-t-il cette porte-là?
— Uniquement pour laisser entrer les croque-morts qui viennent chercher la bière. La bière sortie, la porte se referme.
— Qui est-ce qui cloue la bière?
— C'est moi.
— Qui est-ce qui met le drap dessus?
— C'est moi.
— Êtes-vous seul?
— Pas un autre homme, excepté le médecin de la police, ne peut entrer dans la salle des mortes. C'est même écrit sur le mur.

— Pourriez-vous cette nuit, quand tout dormira dans le couvent, me cacher dans cette salle?

— Non. Mais je puis vous cacher dans un petit réduit noir qui donne dans la salle des mortes, où je mets mes outils d'enterrement, et dont j'ai la garde et la clef.

— A quelle heure le corbillard viendra-t-il chercher la bière demain?

— Vers trois heures du soir. L'enterrement se fait au cimetière Vaugirard, un peu avant la nuit. Ce n'est pas tout près.

— Je resterai caché dans votre réduit à outils toute la nuit et toute la matinée. — Et à manger? J'aurai faim.

— Je vous porterai de quoi.

— Vous pourriez venir me clouer dans la bière à deux heures.

Fauchelevent recula et se fit craquer les os des doigts.

— Mais c'est impossible!

— Bah! prendre un marteau et clouer des clous dans une planche?

Ce qui semblait inouï à Fauchelevent était, nous le répétons, simple pour Jean Valjean. Jean Valjean avait traversé de pires détroits. Quiconque a été prisonnier sait l'art de se rapetisser selon le diamètre des évasions. Le prisonnier est sujet à la fuite comme le malade à la crise qui le sauve ou qui le perd. Une évasion, c'est une guérison. Que n'accepte-t-on pas pour guérir? Se faire clouer et emporter dans une caisse comme un colis, vivre longtemps dans une boîte, trouver de l'air où il n'y en a pas, économiser sa respiration des heures entières, savoir étouffer sans mourir, c'était là un des sombres talents de Jean Valjean.

Du reste, une bière dans laquelle il y a un être vivant, cet expédient de forçat, est aussi un expédient d'empereur. S'il faut en croire le moine Austin Castillejo, ce fut le moyen que Charles-Quint, voulant après son abdication revoir une dernière fois la Plombes, employa pour la faire entrer dans le monastère de Saint-Yuste et pour l'en faire sortir.

Fauchelevent, un peu revenu à lui, s'écria :

— Mais comment ferez-vous pour respirer?

— Je respirerai.

— Dans cette boîte! Moi, seulement d'y penser, je suffoque.

— Vous avez bien une vrille, vous ferez quelques petits trous autour de la bouche çà et là, et vous clouerez sans serrer la planche de dessus.

— Bon ! et s'il vous arrive de tousser ou d'éternuer?
— Celui qui s'évade ne tousse pas et n'éternue pas.

Et Jean Valjean ajouta :

— Père Fauchelevent, il faut se décider : ou être pris ici, ou accepter la sortie par le corbillard.

Tout le monde a remarqué le goût qu'ont les chats de s'arrêter et de flâner entre les deux battants d'une porte entre-bâillée. Qui n'a dit à un chat : Mais entre donc ! Il y a des hommes qui, dans un incident entr'ouvert devant eux, ont ainsi une tendance à rester indécis entre deux résolutions, au risque de se faire écraser par le destin fermant brusquement l'aventure. Les trop prudents, tout chats qu'ils sont, et parce qu'ils sont chats, courent quelquefois plus de danger que les audacieux. Fauchelevent était de cette nature hésitante. Pourtant le sang-froid de Jean Valjean le gagnait malgré lui. Il grommela :

— Au fait, c'est qu'il n'y a pas d'autre moyen.

Jean Valjean reprit :

— La seule chose qui m'inquiète, c'est ce qui se passera au cimetière.

— C'est justement cela qui ne m'embarrasse pas, s'écria Fauchelevent. Si vous êtes sûr de vous tirer de la bière, moi je suis sûr de vous tirer de la fosse. Le fossoyeur est un ivrogne de mes amis. C'est le père Mestienne. Un vieux de la vieille vigne. Le fossoyeur met les morts dans la fosse, et moi je mets le fossoyeur dans ma poche. Ce qui se passera, je vais vous le dire. On arrivera un peu avant la brune, trois quarts d'heure avant la fermeture des grilles du cimetière. Le corbillard roulera jusqu'à la fosse. Je suivrai ; c'est ma besogne. J'aurai un marteau, un ciseau et des tenailles dans ma poche. Le corbillard s'arrête, les croque-morts vous nouent une corde autour de votre bière et vous descendent. Le prêtre dit les prières, fait le signe de croix, jette l'eau bénite, et file. Je reste seul avec le père Mestienne. C'est mon ami, je vous dis. De deux choses l'une, ou il sera soûl, ou il ne sera pas soûl. S'il n'est pas soûl, je lui dis : viens boire un coup pendant que le *Bon Coing* est encore ouvert. Je l'emmène, je le grise, le père Mestienne n'est pas long à griser, il est toujours commencé, je te le couche sous la table, je lui prends sa carte pour rentrer au cimetière, et je reviens sans lui. Vous n'avez plus affaire qu'à moi. S'il est soûl, je lui dis : va-t'en. Je vais faire ta besogne. Il s'en va, et je vous tire du trou.

Jean Valjean lui tendit sa main sur laquelle Fauchelevent se précipita avec une touchante effusion paysanne.

— C'est convenu, père Fauchelevent. Tout ira bien.

— Pourvu que rien ne se dérange, pensa Fauchelevent. Si cela allait devenir terrible!

V

IL NE SUFFIT PAS D'ÊTRE IVROGNE POUR ÊTRE IMMORTEL

Le lendemain, comme le soleil déclinait, les allants et venants fort clair-semés du boulevard du Maine ôtaient leur chapeau au passage d'un corbillard vieux modèle, orné de têtes de mort, de tibias et de larmes. Dans ce corbillard il y avait un cercueil couvert d'un drap blanc sur lequel s'étalait une vaste croix noire, pareille à une grande morte dont les bras pendent. Un carrosse drapé, où l'on apercevait un prêtre en surplis et un enfant de chœur en calotte rouge, suivait. Deux croque-morts en uniforme gris à parements noirs marchaient à droite et à gauche du corbillard. Derrière venait un vieux homme en habits d'ouvrier, qui boitait. Le cortége se dirigeait vers le cimetière Vaugirard.

On voyait passer de la poche de l'homme le manche d'un marteau, la lame d'un ciseau à froid et la double antenne d'une paire de tenailles.

Le cimetière Vaugirard faisait exception parmi les cimetières de Paris. Il avait ses usages particuliers, de même qu'il avait sa porte cochère et sa porte bâtarde que, dans le quartier, les vieilles gens, tenaces aux vieux mots, appelaient la porte cavalière et la porte piétonne. Les bernardines-bénédictines du Petit-Picpus avaient obtenu, nous l'avons dit, d'y être enterrées dans un coin à part et le soir, ce

terrain ayant jadis appartenu à leur communauté. Les fossoyeurs, ayant de cette façon dans le cimetière un service du soir l'été et de nuit l'hiver, y étaient astreints à une discipline particulière. Les portes des cimetières de Paris se fermaient à cette époque au coucher du soleil, et, ceci étant une mesure d'ordre municipal, le cimetière Vaugirard y était soumis comme les autres. La porte cavalière et la porte piétonne étaient deux grilles contiguës, accostées d'un pavillon bâti par l'architecte Perronet et habité par le portier du cimetière. Ces grilles tournaient donc inexorablement sur leurs gonds à l'instant où le soleil disparaissait derrière le dôme des Invalides.

Si quelque fossoyeur, à ce moment-là, était attardé dans le cimetière, il n'avait qu'une ressource pour sortir, sa carte de fossoyeur délivrée par l'administration des pompes funèbres. Une espèce de boîte aux lettres était pratiquée dans le volet de la fenêtre du concierge. Le fossoyeur jetait sa carte dans cette boîte, le concierge l'entendait tomber, tirait le cordon, et la porte piétonne s'ouvrait. Si le fossoyeur n'avait pas sa carte, il se nommait, le concierge, parfois couché et endormi, se levait, allait reconnaître le fossoyeur, et ouvrait la porte avec la clef; le fossoyeur sortait, mais payait quinze francs d'amende.

Ce cimetière, avec ses originalités en dehors de la règle, gênait la symétrie administrative. On l'a supprimé peu après 1830. Le cimetière Mont-Parnasse, dit cimetière de l'Est, lui a succédé, et a hérité de ce fameux cabaret mitoyen au cimetière Vaugirard, qui était surmonté d'un coing peint sur une planche, et qui faisait angle, d'un côté sur les tables des buveurs, de l'autre sur les tombeaux, avec cette enseigne : *Au Bon Coing*.

Le cimetière Vaugirard était ce qu'on pourrait appeler un cimetière fané. Il tombait en désuétude. La moisissure l'envahissait, les fleurs le quittaient. Les bourgeois se souciaient peu d'être enterrés à Vaugirard; cela sentait le pauvre. Le Père-Lachaise, à la bonne heure! être enterré au Père-Lachaise, c'est comme avoir des meubles en acajou. L'élégance se reconnaît là. Le cimetière Vaugirard était un enclos vénérable, planté en ancien jardin français. Des allées droites, des buis, des thuias, des houx, de vieilles tombes sous de vieux ifs, l'herbe très-haute. Le soir y était tragique. Il y avait là des lignes très-lugubres.

Le soleil n'était pas encore couché quand le corbillard au drap blanc et à la croix noire entra dans l'avenue du cimetière Vaugirard. L'homme boiteux qui le suivait n'était autre que Fauchelevent.

L'enterrement de la mère Crucifixion dans le caveau sous l'autel, la sortie de Cosette, l'introduction de Jean Valjean dans la salle des mortes, tout s'était exécuté sans encombre, et rien n'avait accroché.

Disons-le en passant, l'inhumation de la mère Crucifixion sous l'autel du couvent est pour nous chose parfaitement vénielle. C'est une de ces fautes qui ressemblent à un devoir. Les religieuses l'avaient accomplie, non-seulement sans trouble, mais avec l'applaudissement de leur conscience. Au cloître, ce qu'on appelle le « gouvernement » n'est qu'une immixtion dans l'autorité, immixtion toujours discutable. D'abord la règle; quant au code, on verra. Hommes, faites des lois tant qu'il vous plaira, mais gardez-les pour vous. Le péage à César n'est jamais que le reste du péage à Dieu. Un prince n'est rien près d'un principe.

Fauchelevent boitait derrière le corbillard, très-content. Ses deux complots jumeaux, l'un avec les religieuses, l'autre avec M. Madeleine, l'un pour le couvent, l'autre contre, avaient réussi de front. Le calme de Jean Valjean était de ces tranquillités puissantes qui se communiquent. Fauchelevent ne doutait plus du succès.

Ce qui restait à faire n'était rien. Depuis deux ans, il avait grisé dix fois le fossoyeur, le brave père Mestienne, un bonhomme joufflu. Il en jouait, du père Mestienne. Il en faisait ce qu'il voulait. Il le coiffait de sa volonté et de sa fantaisie. La tête de Mestienne s'ajustait au bonnet de Fauchelevent. La sécurité de Fauchelevent était complète.

Au moment où le convoi entra dans l'avenue menant au cimetière, Fauchelevent, heureux, regarda le corbillard et se frotta ses grosses mains en disant à demi-voix :

— En voilà une farce !

Tout à coup le corbillard s'arrêta ; on était à la grille. Il fallait exhiber le permis d'inhumer. L'homme des pompes funèbres s'aboucha avec le portier du cimetière. Pendant ce colloque, qui produit toujours un temps d'arrêt d'une ou deux minutes, quelqu'un, un inconnu, vint se placer derrière le corbillard à côté de Fauchelevent. C'était une espèce d'ouvrier qui avait une veste aux larges poches et une pioche sous le bras.

Fauchelevent regarda cet inconnu.

— Qui êtes-vous? demanda-t-il.

L'homme répondit :

— Le fossoyeur.

Si l'on survivait à un boulet de canon en pleine poitrine, on ferait la figure que fit Fauchelevent.

— Le fossoyeur?

— Oui.

— Vous?

— Moi.

— Le fossoyeur, c'est le père Mestienne.

— C'était.

— Comment! c'était?

— Il est mort.

Fauchelevent s'était attendu à tout, excepté à ceci, qu'un fossoyeur pût mourir. C'est pourtant vrai; les fossoyeurs eux-mêmes meurent. A force de creuser la fosse des autres, on ouvre la sienne.

Fauchelevent demeura béant. Il eut à peine la force de bégayer :

— Mais ce n'est pas possible !

— Cela est.

— Mais, reprit-il faiblement, le fossoyeur, c'est le père Mestienne

— Après Napoléon, Louis XVIII. Après Mestienne, Gribier. Paysan, je m'appelle Gribier.

Fauchelevent, tout pâle, considéra ce Gribier.

C'était un homme long, maigre, livide, parfaitement funèbre. Il avait l'air d'un médecin manqué tourné fossoyeur.

Fauchelevent éclata de rire.

— Ah! comme il arrive de drôles de choses! Le père Mestienne est mort, mais vive le petit père Lenoir! Vous savez ce que c'est que le petit père Lenoir? C'est le cruchon du rouge à six sur le plomb. C'est le cruchon du Surêne, morbigou! du vrai Surêne de Paris! Ah!

il est mort, le vieux Mestienne! J'en suis fâché; c'était un bon vivant. Mais vous aussi, vous êtes un bon vivant. Pas vrai, camarade? nous allons aller boire ensemble un coup, tout à l'heure.

L'homme répondit : — J'ai étudié. J'ai fait ma quatrième. Je ne bois jamais.

Le corbillard s'était remis en marche et roulait dans la grande allée du cimetière.

Fauchelevent avait ralenti son pas. Il boitait plus encore d'anxiété que d'infirmité.

Le fossoyeur marchait devant lui.

Fauchelevent passa encore une fois l'examen du Gribier inattendu.

C'était un de ces hommes qui, jeunes, ont l'air vieux et qui, maigres, sont très-forts.

— Camarade! cria Fauchelevent.

L'homme se retourna.

— Je suis le fossoyeur du couvent.

— Mon collègue, dit l'homme.

Fauchelevent, illettré, mais très-fin, comprit qu'il avait affaire à une espèce redoutable, à un beau parleur. Il grommela.

— Comme ça, le père Mestienne est mort.

L'homme répondit :

— Complétement. Le bon Dieu a consulté son carnet d'échéances. C'était le tour du père Mestienne. Le père Mestienne est mort.

Fauchelevent répéta machinalement :

— Le bon Dieu...

— Le bon Dieu, fit l'homme avec autorité. Pour les philosophes, le Père éternel; pour les jacobins, l'Être suprême.

— Est-ce que nous ne ferons pas connaissance? balbutia Fauchelevent.

— Elle est faite. Vous êtes paysan, je suis parisien.

— On ne se connaît pas tant qu'on n'a pas bu ensemble. Qui vide son verre vide son cœur. Vous allez venir boire avec moi. Ça ne se refuse pas.

— D'abord la besogne.

Fauchelevent pensa : je suis perdu.

On n'était plus qu'à quelques tours de roue de la petite allée qui menait au coin des religieuses.

Le fossoyeur reprit :

— Paysan, j'ai sept mioches qu'il faut nourrir. Comme il faut qu'ils mangent, il ne faut pas que je boive.

Et il ajouta avec la satisfaction d'un être sérieux qui fait une phrase :

— Leur faim est ennemie de ma soif.

Le corbillard tourna un massif de cyprès, quitta la grande allée, en prit une petite, entra dans les terres et s'enfonça dans un fourré. Ceci indiquait la proximité immédiate de la sépulture. Fauchelevent ralentissait son pas, mais ne pouvait ralentir le corbillard. Heureusement la terre meuble et mouillée par les pluies d'hiver, engluait les roues et alourdissait la marche.

Il se rapprocha du fossoyeur.

— Il y a un si bon petit vin d'Argenteuil, murmura Fauchelevent.

— Villageois, reprit l'homme, cela ne devrait pas être que je sois fossoyeur. Mon père était portier au Prytanée. Il me destinait à la littérature. Mais il a eu des malheurs. Il a fait des pertes à la Bourse. J'ai dû renoncer à l'état d'auteur. Pourtant, je suis encore écrivain public.

— Mais vous n'êtes donc pas fossoyeur? repartit Fauchelevent, se raccrochant à cette branche, bien faible.

— L'un n'empêche pas l'autre. Je cumule.

Fauchelevent ne comprit pas ce dernier mot.

— Venons boire, dit-il.

Ici une observation est nécessaire. Fauchelevent, quelle que fût son angoisse, offrait à boire, mais ne s'expliquait pas sur un point : qui payera? D'ordinaire Fauchelevent offrait, et le père Mestienne payait. Une offre à boire résultait évidemment de la situation nouvelle créée par le fossoyeur nouveau, et cette offre, il fallait la faire, mais le vieux jardinier laissait, non sans intention, le proverbial quart d'heure dit de Rabelais dans l'ombre. Quant à lui, Fauchelevent, si ému qu'il fût, il ne se souciait point de payer.

Le fossoyeur poursuivit, avec un sourire supérieur :

— Il faut manger. J'ai accepté la survivance du père Mestienne. Quand on a fait presque ses classes, on est philosophe. Au travail de la main, j'ai ajouté le travail du bras. J'ai mon échoppe d'écrivain au marché de la rue de Sèvres. Vous savez? le marché aux Parapluies.

Toutes les cuisinières de la Croix-Rouge s'adressent à moi. Je leur bâcle leurs déclarations aux tourlourous. Le matin, j'écris des billets doux; le soir, je creuse des fosses. Telle est la vie, campagnard.

Le corbillard avançait. Fauchelevent, au comble de l'inquiétude, regardait de tous les côtés autour de lui. De grosses larmes de sueur lui tombaient du front.

— Pourtant, continua le fossoyeur, on ne peut pas servir deux maîtresses. Il faudra que je choisisse de la plume ou de la pioche. La pioche me gâte la main.

Le corbillard s'arrêta.

L'enfant de chœur descendit de la voiture drapée, puis le prêtre.

Une des petites roues de devant du corbillard montait un peu sur un tas de terre au delà duquel on voyait une fosse ouverte.

— En voilà une farce! répéta Fauchelevent consterné.

VI

ENTRE QUATRE PLANCHES

Qui était dans la bière? on le sait. Jean Valjean.

Jean Valjean s'était arrangé pour vivre là dedans, et il respirait à peu près.

C'est une chose étrange à quel point la sécurité de la conscience donne la sécurité du reste. Toute la combinaison préméditée par Jean Valjean marchait, et marchait bien, depuis la veille. Il comptait, comme Fauchelevent, sur le père Mestienne. Il ne doutait pas de la fin. Jamais situation plus critique, jamais calme plus complet.

Les quatre planches du cercueil dégagent une sorte de paix terrible. Il semblait que quelque chose du repos des morts entrât dans la tranquillité de Jean Valjean.

Du fond de cette bière, il avait pu suivre et il suivait toutes les phases du drame redoutable qu'il jouait avec la mort.

Peu après que Fauchelevent eut achevé de clouer la planche de dessus, Jean Valjean s'était senti emporter, puis rouler. A moins de secousses il avait senti qu'on passait du pavé à la terre battue, c'est-à-dire qu'on quittait les rues et qu'on arrivait aux boulevards. A un bruit sourd, il avait deviné qu'on traversait le pont d'Austerlitz. Au premier temps d'arrêt, il avait compris qu'on entrait dans le cimetière; au second temps d'arrêt, il s'était dit : voici la fosse.

Brusquement il sentit que des mains saisissaient la bière, puis un frottement rauque sur les planches; il se rendit compte que c'était une corde qu'on nouait autour du cercueil pour le descendre dans l'excavation.

Puis il eut une espèce d'étourdissement.

Probablement le croque-mort et le fossoyeur avaient laissé basculer le cercueil et descendu la tête avant les pieds. Il revint pleinement à lui en se sentant horizontal et immobile. Il venait de toucher le fond.

Il sentit un certain froid.

Une voix s'éleva au-dessus de lui, glaciale et solennelle. Il entendit passer, si lentement qu'il pouvait les saisir l'un après l'autre, des mots latins qu'il ne comprenait pas :

— *Qui dormiunt in terræ pulvere, evigilabunt; alii in vitam æternam, et alii in opprobrium, ut videant semper.*

Une voix d'enfant dit :

— *De profundis.*

La voix grave recommença :

— *Requiem æternam dona ei, Domine.*

La voix d'enfant répondit :

— *Et lux perpetua luceat ei.*

Il entendit sur la planche qui le recouvrait quelque chose comme le frappement doux de quelques gouttes de pluie. C'était probablement l'eau bénite.

Il songea : Cela va être fini. Encore un peu de patience. Le prêtre va s'en aller. Fauchelevent emmènera Mestienne boire. On me laissera. Puis Fauchelevent reviendra seul et je sortirai. Ce sera l'affaire d'une bonne heure.

La voix grave reprit :

— *Requiescat in pace.*
Et la voix d'enfant dit :
— *Amen.*

Jean Valjean, l'oreille tendue, perçut quelque chose comme des pas qui s'éloignaient.

— Les voilà qui s'en vont, pensa-t-il. Je suis seul.

Tout à coup il entendit sur sa tête un bruit qui lui sembla la chute du tonnerre.

C'était une pelletée de terre qui tombait sur le cercueil.

Une seconde pelletée de terre tomba.

Un des trous par où il respirait venait de se boucher.

Une troisième pelletée de terre tomba.

Puis une quatrième.

Il est des choses plus fortes que l'homme le plus fort. Jean Valjean perdit connaissance.

VII

OU L'ON TROUVERA L'ORIGINE DU MOT : NE PAS PERDRE LA CARTE

Voici ce qui se passait au-dessus de la bière où était Jean Valjean.

Quand le corbillard se fut éloigné, quand le prêtre et l'enfant de chœur furent remontés en voiture et partis, Fauchelevent, qui ne quittait pas des yeux le fossoyeur, le vit se pencher et empoigner sa pelle, qui était enfoncée droit dans le tas de terre.

Alors Fauchelevent prit une résolution suprême.

Il se plaça entre la fosse et le fossoyeur, croisa les bras, et dit :

— C'est moi qui paye !

Le fossoyeur le regarda avec étonnement, et répondit :

— Quoi, paysan ?

Fauchelevent répéta :

— C'est moi qui paye !

— Quoi ?

— Le vin.

— Quel vin?
— L'Argenteuil.
— Où ça l'Argenteuil?
— Au Bon Coing.
— Va-t'en au diable! dit le fossoyeur.

Et il jeta une pelletée de terre sur le cercueil.

La bière rendit un son creux. Fauchelevent se sentit chanceler et prêt à tomber lui-même dans la fosse. Il cria, d'une voix où commençait à se mêler l'étranglement du râle :

— Camarade, avant que le Bon Coing soit fermé!

Le fossoyeur reprit de la terre dans sa pelle. Fauchelevent continua :

— Je paye.

Et il saisit le bras du fossoyeur.

— Écoutez-moi, camarade. Je suis le fossoyeur du couvent, je viens pour vous aider. C'est une besogne qui peut se faire la nuit. Commençons donc par aller boire un coup.

Et tout en parlant, tout en se cramponnant à cette insistance désespérée, il faisait cette réflexion lugubre : — Et quand il boirait! se griserait-il?

— Provincial, dit le fossoyeur, si vous le voulez absolument, j'y consens. Nous boirons. Après l'ouvrage, jamais avant.

Et il donna le branle à sa pelle, Fauchelevent le retint.

— C'est de l'Argenteuil à six!

— Ah ça, dit le fossoyeur, vous êtes sonneur de cloches. Din don, din don; vous ne savez dire que ça. Allez vous faire lanlaire.

Et il lança la seconde pelletée.

Fauchelevent arrivait à ce moment où l'on ne sait plus ce qu'on dit.

— Mais venez donc boire, cria-t-il, puisque c'est moi qui paye!
— Quand nous aurons couché l'enfant, dit le fossoyeur.

Il jeta la troisième pelletée.

Puis il enfonça la pelle dans la terre et ajouta :

— Voyez-vous, il va faire froid cette nuit, et la morte crierait derrière nous, si nous la plantions là sans couverture.

En ce moment, tout en chargeant sa pelle, le fossoyeur se courbait, et la poche de sa veste bâillait.

Le regard égaré de Fauchelevent tomba machinalement dans cette poche, et s'y arrêta.

Le soleil n'était pas encore caché par l'horizon ; il faisait assez de jour pour qu'on pût distinguer quelque chose de blanc au fond de cette poche béante.

Toute la quantité d'éclair que peut avoir l'œil d'un paysan picard traversa la prunelle de Fauchelevent. Il venait de lui venir une idée.

Sans que le fossoyeur, tout à sa pelletée de terre, s'en aperçût, il lui plongea par derrière la main dans la poche, et retira de cette poche la chose blanche qui était au fond.

Le fossoyeur envoya dans la fosse la quatrième pelletée.

Au moment où il se retournait pour prendre la cinquième, Fauchelevent le regarda avec un profond calme et lui dit :

— A propos, nouveau, avez-vous votre carte?

Le fossoyeur s'interrompit.

— Quelle carte?

— Le soleil va se coucher.

— C'est bon, qu'il mette son bonnet de nuit.

— La grille du cimetière va se fermer.

— Eh bien, après?

— Avez-vous votre carte?

— Ah! ma carte? dit le fossoyeur.

Et il fouilla dans sa poche.

Une poche fouillée, il fouilla l'autre. Il passa aux goussets, explora le premier, retourna le second.

— Mais non, dit-il, je n'ai pas ma carte. Je l'aurai oubliée.

— Quinze francs d'amende, dit Fauchelevent.

Le fossoyeur devint vert. Le vert est la pâleur des gens livides.

— Ah! Jésus-mon-Dieu-bancroche-à-bas-la-lune! s'écria-t-il. Quinze francs d'amende!

— Trois pièces-cent-sous, dit Fauchelevent.

Le fossoyeur laissa tomber sa pelle.

Le tour de Fauchelevent était venu.

— Ah çà, dit Fauchelevent, conscrit, pas de désespoir. Il ne s'agit pas de se suicider et de profiter de la fosse. Quinze francs, c'est quinze francs, et d'ailleurs vous pouvez ne pas les payer. Je suis vieux, vous êtes nouveau. Je connais les trucs, les trocs, les trics et les tracs. Je vas vous donner un conseil d'ami. Une chose est claire, c'est que le soleil se couche, il touche au dôme, le cimetière va fermer dans cinq minutes.

— C'est vrai, répondit le fossoyeur.

— D'ici à cinq minutes, vous n'avez pas le temps de remplir la fosse, elle est creuse comme le diable, cette fosse, et d'arriver à temps pour sortir avant que la grille soit fermée.

— C'est juste.

— En ce cas, quinze francs d'amende.

— Quinze francs.

— Mais vous avez le temps... — Où demeurez-vous?

— A deux pas de la barrière, à un quart d'heure d'ici. Rue de Vaugirard, numéro 87.

— Vous avez le temps, en pendant vos guiboles à votre cou, de sortir tout de suite.

— C'est exact.

— Une fois hors de la grille, vous galopez chez vous, vous prenez votre carte, vous revenez, le portier du cimetière vous ouvre. Ayant votre carte, rien à payer. Et vous enterrez votre mort. Moi, je vas vous le garder en attendant pour qu'il ne se sauve pas.

— Je vous dois la vie, paysan.

— Fichez-moi le camp, dit Fauchelevent.

Le fossoyeur, éperdu de reconnaissance, lui secoua la main et partit en courant.

Quand le fossoyeur eut disparu dans le fourré, Fauchelevent écouta jusqu'à ce qu'il eût entendu le pas se perdre, puis il se pencha vers la fosse et dit à demi-voix :

— Père Madeleine !

Rien ne répondit.

Fauchelevent eut un frémissement. Il se laissa rouler dans la fosse plutôt qu'il n'y descendit, se jeta sur la tête du cercueil, et cria :

— Êtes-vous là ?

Silence dans la bière.

Fauchelevent, ne respirant plus à force de tremblement, prit son ciseau à froid et son marteau, et fit sauter la planche de dessus.

La face de Jean Valjean apparut dans le crépuscule, les yeux fermés, pâle.

Les cheveux de Fauchelevent se hérissèrent, il se leva debout, puis tomba adossé à la paroi de la fosse, prêt à s'affaisser sur la bière. Il regarda Jean Valjean.

Jean Valjean gisait, blême et immobile.

Fauchelevent murmura d'une voix basse comme un souffle :

— Il est mort !

Et se redressant, croisant les bras si violemment que ses deux poings fermés vinrent frapper ses deux épaules, il cria :

— Voilà comme je le sauve, moi !

Alors le pauvre bonhomme se mit à sangloter. Monologuant, car c'est une erreur de croire que le monologue n'est pas dans la nature. Les fortes agitations parlent souvent à haute voix.

— C'est la faute au père Mestienne. Pourquoi est-il mort, cet imbécile-là? qu'est-ce qu'il avait besoin de crever au moment où on ne s'y attend pas? c'est lui qui fait mourir M. Madeleine. Père Madeleine! il est dans la bière. Il est tout porté. C'est fini. — Aussi, ces choses-là, est-ce que ça a du bon sens? Ah! mon Dieu! il est mort! Eh bien! et sa petite, qu'est-ce que je vas en faire? qu'est-ce que la fruitière va dire? Qu'un homme comme ça meure comme ça, si c'est Dieu possible! Quand je pense qu'il s'était mis sous ma charrette! Père Madeleine! père Madeleine! Pardine! il a étouffé, je disais bien. Il n'a pas voulu me croire. Eh bien! voilà une jolie polissonnerie de faite! Il est mort, ce brave homme, le plus bon homme qu'il y eût dans les bonnes gens du bon Dieu! Et sa petite! Ah! d'abord je ne rentre pas là-bas, moi. Je reste ici. Avoir fait un coup comme ça! C'est bien la peine d'être deux vieux pour être deux vieux fous. Mais d'abord comment avait-il fait pour entrer dans le couvent? c'était déjà le commencement. On ne doit pas faire de ces choses-là. Père Madeleine! père Madeleine! père Madeleine! Madeleine! monsieur Madeleine! monsieur le maire! Il ne m'entend pas. Tirez-vous donc de là à présent!

Et il s'arracha les cheveux.

On entendit au loin dans les arbres un grincement aigu. C'était la grille du cimetière qui se fermait.

Fauchelevent se pencha sur Jean Valjean et tout à coup eut une sorte de rebondissement et tout le recul qu'on peut avoir dans une fosse.

Jean Valjean avait les yeux ouverts et le regardait.

Voir une mort est effrayant, voir une résurrection l'est presque autant. Fauchelevent devint comme de pierre, pâle, hagard, bouleversé par tous ces excès d'émotions, ne sachant s'il avait affaire à un vivant ou à un mort, regardant Jean Valjean qui le regardait.

— Je m'endormais, dit Jean Valjean.

Et il se mit sur son séant.

Fauchelevent tomba à genoux.

— Juste bonne Vierge! m'avez-vous fait peur!

Puis il se releva et cria :

— Merci, père Madeleine!

Jean Valjean n'était qu'évanoui. Le grand air l'avait réveillé.

La joie est le reflux de la terreur. Fauchelevent avait presque autant à faire que Jean Valjean pour revenir à lui.

— Vous n'êtes donc pas mort! oh! comme vous avez de l'esprit, vous! Je vous ai tant appelé que vous êtes revenu. Quand j'ai vu vos yeux fermés, j'ai dit : bon! le voilà étouffé. Je serais devenu fou furieux, vrai fou à camisole. On m'aurait mis à Bicêtre. Qu'est-ce que vous vouliez que je fasse si vous étiez mort? et votre petite! c'est la fruitière qui n'y aurait rien compris! On lui campe l'enfant sur les bras, et le grand-père est mort! Quelle histoire! mes bons saints du paradis, quelle histoire! Ah! vous êtes vivant, voilà le bouquet.

— J'ai froid, dit Jean Valjean.

Ce mot rappela complétement Fauchelevent à la réalité, qui était urgente. Ces deux hommes, même revenus à eux, avaient, sans s'en rendre compte, l'âme trouble, et en eux quelque chose d'étrange qui était l'égarement sinistre du lieu.

— Sortons vite d'ici, cria Fauchelevent.

Il fouilla dans sa poche, et en tira une gourde dont il s'était pourvu.

— Mais d'abord la goutte! dit-il.

La gourde acheva ce que le grand air avait commencé. Jean Valjean but une gorgée d'eau-de-vie et reprit pleine possession de lui-même.

Il sortit de la bière, et aida Fauchelevent à en reclouer le couvercle.

Trois minutes après, ils étaient hors de la fosse.

Du reste Fauchelevent était tranquille. Il prit son temps. Le cimetière était fermé. La survenue du fossoyeur Gribier n'était pas à craindre. Ce « conscrit » était chez lui, occupé à chercher sa carte, et bien empêché de la trouver dans son logis puisqu'elle était dans la poche de Fauchelevent. Sans carte, il ne pouvait rentrer au cimetière.

Fauchelevent prit la pelle et Jean Valjean la pioche, et tous deux firent l'enterrement de la bière vide.

Quand la fosse fut comblée, Fauchelevent dit à Jean Valjean :

— Venons-nous-en. Je garde la pelle; emportez la pioche.

La nuit tombait.

Jean Valjean eut quelque peine à se remuer et à marcher. Dans cette bière, il s'était roidi et était devenu un peu cadavre. L'ankylose de la mort l'avait saisi entre ces quatre planches. Il fallut, en quelque sorte, qu'il se dégelât du sépulcre.

— Vous êtes gourd, dit Fauchelevent. C'est dommage que je sois bancal, nous battrions la semelle.

— Bah! répondit Jean Valjean, quatre pas me mettront la marche dans les jambes.

Ils s'en allèrent par les allées où le corbillard avait passé. Arrivés devant la grille fermée et le pavillon du portier, Fauchelevent, qui tenait à sa main la carte du fossoyeur, la jeta dans la boîte, le portier tira le cordon, la porte s'ouvrit, ils sortirent.

— Comme tout cela va bien! dit Fauchelevent; quelle bonne idée vous avez eue, père Madeleine!

Ils franchirent la barrière Vaugirard de la façon la plus simple du monde. Aux alentours d'un cimetière, une pelle et une pioche sont deux passe-ports.

La rue de Vaugirard était déserte.

— Père Madeleine, dit Fauchelevent tout en cheminant et en levant les yeux vers les maisons, vous avez de meilleurs yeux que moi. Indiquez-moi donc le numéro 87.

— Le voici justement, dit Jean Valjean.

— Il n'y a personne dans la rue, reprit Fauchelevent. Donnez-moi la pioche, et attendez-moi deux minutes.

Fauchelevent entra au numéro 87, monta tout en haut, guidé par l'instinct qui mène toujours le pauvre au grenier, et frappa dans l'ombre à la porte d'une mansarde.

Une voix répondit : — Entrez.

C'était la voix de Gribier.

Fauchelevent poussa la porte. Le logis du fossoyeur était, comme toutes ces infortunées demeures, un galetas démeublé et encombré. Une caisse d'emballage, — une bière peut-être, — y tenait lieu de commode, un pot à beurre y tenait lieu de fontaine, une paillasse y tenait lieu de lit, le carreau y tenait lieu de chaises et de table. Il y avait dans un coin, sur une loque qui était un vieux lambeau de tapis, une femme maigre et force enfants, faisant un tas. Tout ce pauvre intérieur portait les traces d'un bouleversement. On eût dit qu'il y avait eu là un tremblement de terre « pour un ». Les couvercles étaient déplacés, les haillons étaient épars, la cruche était cassée, la mère avait pleuré, les enfants probablement avaient été battus; traces d'une perquisition acharnée et bourrue. Il était visible que le fossoyeur avait éperdument cherché sa carte, et fait tout res-

UNE RÉSURRECTION EST PRESQUE AUSSI EFFRAYANTE QU'UNE MORT.

LES CIMETIÈRES PRENNENT CE QU'ON LEUR DONNE.

ponsable de cette perte dans le galetas, depuis sa cruche jusqu'à sa femme. Il avait l'air désespéré.

Mais Fauchelevent se hâtait trop vers le dénoûment de l'aventure pour remarquer ce côté triste de son succès.

Il entra et dit :

— Je vous rapporte votre pioche et votre pelle.

Gribier le regarda stupéfait.

— C'est vous, paysan?

— Et demain matin, chez le concierge du cimetière, vous trouverez votre carte.

Et il posa la pelle et la pioche sur le carreau.

— Qu'est-ce que cela veut dire? demanda Gribier.

— Cela veut dire que vous aviez laissé tomber votre carte de votre poche, que je l'ai trouvée à terre quand vous avez été parti, que j'ai enterré le mort, que j'ai rempli la fosse, que j'ai fait votre besogne, que le portier vous rendra votre carte, et que vous ne payerez pas quinze francs. Voilà, conscrit.

— Merci, villageois! s'écria Gribier ébloui. La prochaine fois, c'est moi qui paye à boire.

VIII

INTERROGATOIRE RÉUSSI

Une heure après, par la nuit noire, deux hommes et un enfant se présentaient au numéro 62 de la petite rue Picpus. Le plus vieux de ces hommes levait le marteau et frappait.

C'étaient Fauchelevent, Jean Valjean et Cosette.

Les deux bonshommes étaient allés chercher Cosette, chez la fruitière de la rue du Chemin-Vert, où Fauchelevent l'avait déposée la veille. Cosette avait passé ces vingt-quatre heures à ne rien comprendre et à trembler silencieusement. Elle tremblait tant qu'elle n'avait pas pleuré. Elle n'avait pas mangé non plus, ni dormi. La digne fruitière lui avait fait cent questions, sans obtenir d'autre réponse qu'un regard morne, toujours le même. Cosette n'avait rien laissé transpirer de tout ce qu'elle avait entendu et vu depuis deux jours. Elle devinait qu'on traversait une crise. Elle sentait profondément qu'il fallait « être sage ». Qui n'a éprouvé la souveraine puissance de ces trois mots prononcés avec un certain accent dans l'oreille d'un petit être effrayé : *Ne dis rien!* La peur est une muette. D'ailleurs, personne ne garde un secret comme un enfant.

Seulement, quand, après ces lugubres vingt-quatre heures, elle avait revu Jean Valjean, elle avait poussé un tel cri de joie, que quelqu'un de pensif qui l'eût entendu eût deviné dans ce cri la sortie d'un abîme.

Fauchelevent était du couvent et savait les mots de passe. Toutes les portes s'ouvrirent.

Ainsi fut résolu le double et effrayant problème : sortir et entrer.

Le portier, qui avait ses instructions, ouvrit la petite porte de service qui communiquait de la cour au jardin, et qu'il y a vingt ans on voyait encore de la rue, dans le mur du fond de la cour, faisant face à la porte cochère.

Le portier les introduisit tous les trois par cette porte, et de là, ils gagnèrent ce parloir intérieur réservé où Fauchelevent, la veille, avait pris les ordres de la prieure.

La prieure, son rosaire à la main, les attendait. Une mère vocale, le voile bas, était debout près d'elle.

Une chandelle discrète éclairait, on pourrait presque dire faisait semblant d'éclairer le parloir.

La prieure passa en revue Jean Valjean. Rien n'examine comme un œil baissé.

Puis elle le questionna :

— C'est vous le frère ?

— Oui, révérende mère, répondit Fauchelevent.

— Comment vous appelez-vous ?

Fauchelevent répondit :

— Ultime Fauchelevent.

Il avait eu en effet un frère nommé Ultime qui était mort.

— De quel pays êtes-vous ?

Fauchelevent répondit :

— De Picquigny, près Amiens.

— Quel âge avez-vous ?

Fauchelevent répondit :

— Cinquante ans.

— Quel est votre état ?

Fauchelevent répondit :

— Jardinier.

— Êtes-vous bon chrétien ?

Fauchelevent répondit :

— Tout le monde l'est dans la famille.

— Cette petite est à vous ?

Fauchelevent répondit :

— Oui, révérende mère.

— Vous êtes son père ?

Fauchelevent répondit :

— Son grand-père.

La mère vocale dit à la prieure à demi-voix :

— Il répond bien.

Jean Valjean n'avait pas prononcé un mot.

La prieure regarda Cosette avec attention, et dit à demi-voix à la mère vocale :

— Elle sera laide.

Les deux mères causèrent quelques minutes très-bas dans l'angle du parloir, puis la prieure se retourna et dit :

— Père Fauvent, vous aurez une autre genouillère avec grelot. Il en faut deux maintenant.

Le lendemain, en effet, on entendait deux grelots dans le jardin, et les religieuses ne résistaient pas à soulever un coin de leur voile. On voyait au fond, sous les arbres, deux hommes bêcher côte à côte, Fauvent et un autre. Événement énorme. Le silence fut rompu jusqu'à s'entredire : C'est un aide-jardinier.

Les mères vocales ajoutaient :
C'est un frère au père Fauvent.

Jean Valjean, en effet, était régulièrement installé; il avait la genouillère de cuir et le grelot; il était désormais officiel. Il s'appelait Ultime Fauchelevent.

La plus forte cause déterminante de l'admission avait été l'observation de la prieure sur Cosette : *Elle sera laide.*

La prieure, ce pronostic prononcé, prit immédiatement Cosette en amitié, et lui donna place au pensionnat comme élève de charité.

Ceci n'a rien que de très-logique.

On a beau n'avoir point de miroir au couvent, les femmes ont une conscience pour leur figure; or, les filles qui se sentent jolies se laissent malaisément faire religieuses; la vocation étant assez volontiers en proportion inverse de la beauté, on espère plus des laides que des belles. De là un goût vif pour les laiderons.

Toute cette aventure grandit le bon vieux Fauchelevent; il eut un triple succès; auprès de Jean Valjean, qu'il sauva et abrita; auprès du fossoyeur Gribier, qui se disait : Il m'a épargné l'amende; auprès du couvent qui, grâce à lui, en gardant le cercueil de la mère Crucifixion sous l'autel, éluda César et satisfit Dieu. Il y eut une bière avec cadavre au Petit-Picpus et une bière sans cadavre au cimetière Vaugirard, l'ordre public en fut sans doute profondément troublé, mais on ne s'en aperçut pas.

Quant au couvent, sa reconnaissance pour Fauchelevent fut grande. Fauchelevent devint le meilleur des serviteurs et le plus précieux des jardiniers. A la plus prochaine visite de l'archevêque, la prieure conta la chose à sa Grandeur, en s'en confessant un peu et en s'en vantant aussi. L'archevêque, au sortir du couvent, en parla avec applaudissement et tout bas à M. de Latil, confesseur de Monsieur, plus tard archevêque de Reims et cardinal. L'admiration pour Fauchelevent fit du chemin, car elle alla à Rome. Nous avons eu sous les yeux un billet adressé par le pape régnant alors, Léon XII, à un de ses parents, monsignor dans la nonciature de Paris, et nommé comme lui Della Genga; on y lit ces lignes : « Il paraît qu'il y « a dans un couvent de Paris un jardinier excellent, qui est un saint « homme, appelé Fauvent. » Rien de tout ce triomphe ne parvint jusqu'à Fauchelevent dans sa baraque; il continua de greffer, de sarcler et de couvrir ses melonnières, sans être au fait de son excellence et de sa sainteté. Il ne se douta pas plus de sa gloire que ne s'en doute un bœuf de Durham ou de Surrey dont le portrait est publié dans le *Illustrated London News*, avec cette inscription : *Bœuf qui a remporté le prix au concours des bêtes à cornes.*

IX

CLOTURE

Cosette au couvent continua de se taire.

Cosette se croyait tout naturellement la fille de Jean Valjean. Du reste, ne sachant rien, elle ne pouvait rien dire, et puis, dans tous les cas, elle n'aurait rien dit. Nous venons de le faire remarquer, rien ne dresse les enfants au silence comme le malheur. Cosette avait tant souffert qu'elle craignait tout, même de parler, même de respirer. Une parole avait si souvent fait crouler sur elle une avalanche. A peine commençait-elle à se rassurer depuis qu'elle était à Jean Valjean. Elle s'habitua assez vite au couvent. Seulement elle regrettait Catherine, mais elle n'osait pas le dire. Une fois pourtant elle dit à Jean Valjean : — « Père, si j'avais su, je l'aurais emmenée. »

Cosette, en devenant pensionnaire du couvent, dut prendre l'habit des élèves de la maison. Jean Valjean obtint qu'on lui remît les vêtements qu'elle dépouillait. C'était ce même habillement de deuil qu'il lui avait fait revêtir lorsqu'elle avait quitté la gargote Thénardier. Il n'était pas encore très-usé. Jean Valjean enferma ces nippes, plus les bas de laine et les souliers, avec force camphre et tous les aromates dont abondent les couvents, dans une petite valise qu'il trouva moyen de se procurer. Il mit cette valise sur une chaise près de son lit, et il en avait toujours la clef sur lui. — Père, lui demanda un jour Cosette, qu'est-ce que c'est donc que cette boîte-là qui sent si bon?

Le père Fauchelevent, outre cette gloire que nous venons de raconter et qu'il ignora, fut récompensé de sa bonne action; d'abord il en fut heureux; puis il eut beaucoup moins de besogne, la partageant. Enfin, comme il aimait beaucoup le tabac, il trouvait à la présence de M. Madeleine cet avantage qu'il prenait trois fois plus de tabac que par le passé, et d'une manière infiniment plus voluptueuse, attendu que M. Madeleine le lui payait.

Les religieuses n'adoptèrent point le nom d'Ultime; elles appelèrent Jean Valjean *l'autre Fauvent*.

Si ces saintes filles avaient eu quelque chose du regard de Javert, elles auraient pu finir par remarquer que, lorsqu'il y avait quelque course à faire au dehors pour l'entretien du jardin, c'était toujours l'aîné Fauchelevent, le vieux, l'infirme, le bancal, qui sortait, et jamais l'autre; mais, soit que les yeux toujours fixés sur Dieu ne sachent pas espionner, soit qu'elles fussent, de préférence, occupées à se guetter entre elles, elles n'y firent point attention.

Du reste, bien en prit à Jean Valjean de se tenir coi et de ne pas bouger. Javert observa le quartier plus d'un grand mois.

Ce couvent était pour Jean Valjean comme une île entourée de gouffres. Ces quatre murs étaient désormais le monde pour lui. Il y voyait le ciel assez pour être serein et Cosette assez pour être heureux.

Une vie très-douce recommença pour lui.

Il habitait avec le vieux Fauchelevent la baraque du fond du jardin. Cette bicoque, bâtie en plâtras, qui existait encore en 1845, était composée, comme on sait, de trois chambres, lesquelles étaient toutes nues et n'avaient que les murailles. La principale avait été cédée, de force, car Jean Valjean avait résisté en vain, par le père Fauchelevent à M. Madeleine. Le mur de cette chambre, outre les deux clous destinés à l'accrochement de la genouillère et de la hotte, avait pour ornement un papier-monnaie royaliste de 93, appliqué à la muraille au-dessus de la cheminée et dont voici le fac-similé exact:

Cet assignat vendéen avait été cloué au mur par le précédent jardinier, ancien chouan qui était mort dans le couvent, et que Fauchelevent avait remplacé.

Jean Valjean travaillait tous les jours dans le jardin et y était très-utile. Il avait été jadis émondeur et se retrouvait volontiers jardinier. On se rappelle qu'il avait toutes sortes de recettes et de secrets de culture. Il en tira parti. Presque tous les arbres du verger étaient des sauvageons; il les écussonna et leur fit donner d'excellents fruits.

Cosette avait permission de venir tous les jours passer une heure près de lui. Comme les sœurs étaient tristes et qu'il était bon, l'enfant le comparait et l'adorait. A l'heure fixée, elle accourait vers la baraque. Quand elle entrait dans la masure, elle l'emplissait de paradis. Jean Valjean s'épanouissait et sentait son bonheur s'accroître du bonheur qu'il donnait à Cosette. La joie que nous inspirons a cela de charmant que, loin de s'affaiblir comme tout reflet, elle nous revient plus rayonnante. Aux heures des récréations, Jean Valjean la regardait de loin jouer et courir, et il distinguait son rire du rire des autres.

Car maintenant Cosette riait.

La figure de Cosette en était même jusqu'à un certain point changée. Le sombre en avait disparu. Le rire, c'est le soleil; il chasse l'hiver du visage humain.

La récréation finie, quand Cosette rentrait, Jean Valjean regardait les fenêtres de sa classe, et la nuit il se relevait pour regarder les fenêtres de son dortoir.

Du reste, Dieu a ses voies; le couvent contribua, comme Cosette, à maintenir et à compléter dans Jean Valjean l'œuvre de l'évêque. Il est certain qu'un des côtés de la vertu aboutit à l'orgueil. Il y a là un pont bâti par le diable. Jean Valjean était peut-être à son insu assez près de ce côté et de ce pont-là, lorsque la providence le jeta dans le couvent du Petit-Picpus; tant qu'il ne s'était comparé qu'à l'évêque, il s'était trouvé indigne et il avait été humble; mais depuis quelque temps il commençait à se comparer aux hommes, et l'orgueil naissait. Qui sait? il aurait peut-être fini par revenir tout doucement à la haine.

Le couvent l'arrêta sur cette pente.

C'était le deuxième lieu de captivité qu'il voyait. Dans sa jeunesse, dans ce qui avait été pour lui le commencement de la vie, et plus tard, tout récemment encore, il en avait vu un autre, lieu affreux, lieu terrible, et dont les sévérités lui avaient toujours paru être l'iniquité de la justice et le crime de la loi. Aujourd'hui, après le bagne, il voyait le cloître; et, songeant qu'il avait fait partie du bagne et qu'il était maintenant, pour ainsi dire, spectateur du cloître, il les confrontait dans sa pensée avec anxiété.

Quelquefois il s'accoudait sur sa bêche et descendait lentement dans les spirales sans fond de la rêverie.

Il se rappelait ses anciens compagnons; comme ils étaient misérables; ils se levaient dès l'aube et travaillaient jusqu'à la nuit; à peine leur laissait-on le sommeil; ils couchaient sur des lits de camp, où l'on ne leur tolérait que des matelas de deux pouces d'épaisseur, dans des salles qui n'étaient chauffées qu'aux mois les plus rudes de l'année; ils étaient vêtus d'affreuses casaques rouges; on leur permettait, par grâce, un pantalon de toile dans les grandes chaleurs et une roulière de laine sur le dos dans les grands froids; ils ne buvaient de vin et ne mangeaient de viande que lorsqu'ils allaient « à la fatigue ». Ils vivaient, n'ayant plus de noms, désignés seulement par des numéros et en quelque sorte faits chiffres, baissant les yeux, baissant la voix, les cheveux coupés, sous le bâton, dans la honte.

Puis son esprit retombait sur les êtres qu'il avait devant les yeux.

Ces êtres vivaient, eux aussi, les cheveux coupés, les yeux baissés, la voix basse, non dans la honte, mais au milieu des railleries du monde, non le dos meurtri par le bâton, mais les épaules déchirées par la discipline. A eux aussi, leur nom parmi les hommes s'était évanoui; ils n'existaient plus que sous des appellations austères. Ils ne mangeaient jamais de viande et ne buvaient jamais de vin; ils restaient souvent jusqu'au soir sans nourriture; ils étaient vêtus, non d'une veste rouge, mais d'un suaire noir, en laine, pesant l'été, léger l'hiver, sans pouvoir y rien retrancher ni y rien ajouter; sans même avoir, selon la saison, la ressource du vêtement de toile ou du surtout de laine; et ils portaient six mois de l'année des chemises de serge qui leur donnaient la fièvre. Ils habitaient, non des salles chauffées seulement dans les froids rigoureux, mais des cellules où l'on n'allumait jamais de feu; ils couchaient, non sur des matelas épais de deux pouces, mais sur la paille. Enfin, on ne leur laissait pas même le sommeil; toutes les nuits, après une journée de labeur, il fallait, dans l'accablement du premier repos, au moment où l'on s'endormait et où l'on se réchauffait à peine, se réveiller, se lever et s'en aller prier dans une chapelle glacée et sombre, les deux genoux sur la pierre.

A de certains jours, il fallait que chacun de ces êtres, à tour de rôle, restât douze heures de suite agenouillé sur la dalle ou prosterné la face contre terre et les bras en croix.

Les autres étaient des hommes; ceux-ci étaient des femmes.

Qu'avaient fait ces hommes? Ils avaient volé, violé, pillé, tué, assassiné. C'étaient des bandits, des faussaires, des empoisonneurs, des incendiaires, des meurtriers, des parricides. Qu'avaient fait ces femmes? Elles n'avaient rien fait.

D'un côté le brigandage, la fraude, le dol, la violence, la lubricité, l'homicide, toutes les espèces du sacrilége, toutes les variétés de l'attentat; de l'autre, une seule chose, l'innocence.

L'innocence parfaite, presque enlevée dans une mystérieuse assomption, tenant encore à la terre par la vertu, tenant déjà au ciel par la sainteté.

D'un côté des confidences de crimes qu'on se fait à voix basse; de l'autre, la confession des fautes qui se fait à voix haute. Et quels crimes! et quelles fautes!

D'un côté des miasmes, de l'autre un ineffable parfum. D'un

côté, une peste morale, gardée à vue, parquée sous le canon, et dévorant lentement ses pestiférés; de l'autre, un chaste embrasement de toutes les âmes dans le même foyer. Là les ténèbres; ici l'ombre; mais une ombre pleine de clartés, et des clartés pleines de rayonnements.

Deux lieux d'esclavage; mais dans le premier la délivrance possible, une limite légale toujours entrevue, et puis l'évasion. Dans le second, la perpétuité; pour toute espérance, à l'extrémité lointaine de l'avenir, cette lueur de liberté que les hommes appellent la mort.

Dans le premier, on n'était enchaîné que par des chaînes; dans l'autre, on était enchaîné par sa foi.

Que se dégageait-il du premier? Une immense malédiction, le grincement de dents, la haine, la méchanceté désespérée, un cri de rage contre l'association humaine, un sarcasme au ciel.

Que sortait-il du second? La bénédiction et l'amour.

Et dans ces deux endroits si semblables et si divers, ces deux esèces d'êtres si différents accomplissaient la même œuvre, l'expiation.

Jean Valjean comprenait bien l'expiation des premiers; l'expiation personnelle, l'expiation pour soi-même. Mais il ne comprenait pas celle des autres, celle de ces créatures sans reproche et sans souillure, et il se demandait avec un tremblement : Expiation de quoi ? quelle expiation ?

Une voix répondait dans sa conscience : la plus divine des générosités humaines, l'expiation pour autrui.

Ici toute théorie personnelle est réservée, nous ne sommes que narrateur ; c'est au point de vue de Jean Valjean que nous nous plaçons, et nous traduisons ses impressions.

Il avait sous les yeux le sommet sublime de l'abnégation, la plus haute cime de la vertu possible ; l'innocence qui pardonne aux hommes leurs fautes et qui les expie à leur place ; la servitude subie, la torture acceptée, le supplice réclamé par les âmes qui n'ont pas péché pour en dispenser les âmes qui ont failli ; l'amour de l'humanité s'abîmant dans l'amour de Dieu, mais y demeurant distinct, et suppliant ; de doux êtres faibles ayant la misère de ceux qui sont punis et le sourire de ceux qui sont récompensés.

Et il se rappelait qu'il avait osé se plaindre !

Souvent, au milieu de la nuit, il se relevait pour écouter le chant reconnaissant de ces créatures innocentes et accablées de sévérités, et il se sentait froid dans les veines en songeant que ceux qui étaient châtiés justement n'élevaient la voix vers le ciel que pour blasphémer, et que lui, misérable, il avait montré le poing à Dieu.

Chose frappante et qui le faisait rêver profondément comme un avertissement à voix basse de la providence même : l'escalade, les clôtures franchies, l'aventure acceptée jusqu'à la mort, l'ascension difficile et dure, tous ces mêmes efforts qu'il avait faits pour sortir de l'autre lieu d'expiation, il les avait faits pour entrer dans celui-ci. Était-ce un symbole de sa destinée ?

Cette maison était une prison aussi, et ressemblait lugubrement à l'autre demeure dont il s'était enfui, et pourtant il n'avait jamais eu l'idée de rien de pareil.

Il revoyait des grilles, des verrous, des barreaux de fer, pour garder qui ? Des anges.

Ces hautes murailles qu'il avait vues autour des tigres, il les revoyait autour des brebis.

C'était un lieu d'expiation, et non de châtiment ; et pourtant il était plus austère encore, plus morne et plus impitoyable que l'autre.

Ces vierges étaient plus durement courbées que les forçats. Un vent froid et rude, ce vent qui avait glacé sa jeunesse, traversait la fosse grillée et cadenassée des vautours; une bise plus âpre et plus douloureuse encore soufflait dans la cage des colombes.

Pourquoi?

Quand il pensait à ces choses, tout ce qui était en lui s'abîmait devant ce mystère de sublimité.

Dans ces méditations, l'orgueil s'évanouit. Il fit toutes sortes de retours sur lui-même; il se sentit chétif et pleura bien des fois. Tout ce qui était entré dans sa vie depuis six mois le ramenait vers les saintes injonctions de l'évêque; Cosette par l'amour, le couvent par l'humilité.

Quelquefois, le soir, au crépuscule, à l'heure où le jardin était désert, on le voyait à genoux au milieu de l'allée qui côtoyait la chapelle, devant la fenêtre où il avait regardé la nuit de son arrivée, tourné vers l'endroit où il savait que la sœur qui faisait la réparation était prosternée en prière. Il priait, ainsi agenouillé devant cette sœur.

Il semblait qu'il n'osât s'agenouiller directement devant Dieu.

Tout ce qui l'entourait, ce jardin paisible, ces fleurs embaumées, ces enfants poussant des cris joyeux, ces femmes graves et simples, ce cloître silencieux, le pénétraient lentement, et peu à peu son âme se composait de silence comme ce cloître, de parfum comme ces fleurs, de paix comme ce jardin, de simplicité comme ces femmes, de joie comme ces enfants. Et puis il songeait que c'étaient deux maisons de Dieu qui l'avaient successivement recueilli aux deux instants critiques de sa vie, la première lorsque toutes les portes se fermaient et que la société humaine le repoussait, la deuxième au moment où la société humaine se remettait à sa poursuite et où le bagne se rouvrait; et que sans la première il serait retombé dans le crime, et sans la seconde dans le supplice.

Tout son cœur se fondait en reconnaissance, et il aimait de plus en plus.

Plusieurs années s'écoulèrent ainsi; Cosette grandissait.

TABLE DES CHAPITRES

DEUXIÈME PARTIE

COSETTE

LIVRE PREMIER
WATERLOO

		Pages.				Pages.
I.	Ce qu'on rencontre en venant de Nivelles.	5	X.	Le plateau de Mont-Saint-Jean		39
II.	Hougomont.	7	XI.	Mauvais guide à Napoléon, bon guide à Bulow.		45
III.	Le 18 juin 1815.	14	XII.	La garde.		46
IV.	A.	16	XIII.	La catastrophe.		48
V.	Le *quid obscurum* des batailles.	18	XIV.	Le dernier carré.		51
VI.	Quatre heures de l'après-midi.	21	XV.	Cambronne.		52
VII.	Napoléon de belle humeur.	24	XVI.	*Quot libras in duce?*.		56
VIII.	L'empereur fait une question au guide Lacoste.	30	XVII.	Faut-il trouver bon Waterloo?.		63
			XVIII.	Recrudescence du droit divin.		64
IX.	L'inattendu.	33	XIX.	Le champ de bataille la nuit.		67

LIVRE DEUXIÈME
LE VAISSEAU L'ORION

I.	Le n° 24,601 devient le n° 9,430.	77	III.	Qu'il fallait que la chaîne de la Manille eût subi un certain travail préparatoire pour être ainsi brisée d'un coup de marteau.	85
II.	Où on lira deux vers qui sont peut-être du diable.	80			

LIVRE TROISIÈME
ACCOMPLISSEMENT DE LA PROMESSE FAITE A LA MORTE

I.	La question de l'eau à Montfermeil.	95	VII.	Cosette côte à côte dans l'ombre avec l'inconnu.	119
II.	Deux portraits complétés.	98	VIII.	Désagrément de recevoir chez soi un pauvre qui est peut-être un riche.	122
III.	Il faut du vin aux hommes et de l'eau aux chevaux.	103	IX.	Thénardier à la manœuvre.	143
IV.	Entrée en scène d'une poupée.	106	X.	Qui cherche le mieux peut trouver le pire.	151
V.	La petite toute seule.	109			
VI.	Qui, peut-être, prouve l'intelligence de Boulatruelle.	114	XI.	Le n° 9,430 reparaît, et Cosette le gagne à la loterie.	156

TABLE DES CHAPITRES.

LIVRE QUATRIÈME
LA MASURE GORBEAU

		Pages.			Pages.
I.	Maître Corbeau..............	161	IV.	Les remarques de la principale locataire................	173
II.	Nid pour hibou et fauvette.....	167	V.	Une pièce de cinq francs qui tombe à terre fait du bruit........	175
III.	Deux malheurs mêlés font du bonheur..............	169			

LIVRE CINQUIÈME
A CHASSE NOIRE, MEUTE MUETTE

I.	Les zigzags de la stratégie.....	183	VI.	Commencement d'une énigme....	198
II.	Il est heureux que le pont d'Austerlitz porte voiture.........	186	VII.	Suite de l'énigme...........	201
			VIII.	L'énigme redouble...........	204
III.	Voir le plan de Paris de 1727....	188	IX.	L'homme au grelot...........	206
IV.	Les tâtonnements de l'évasion....	192	X.	Où il est expliqué comment Javert a fait buisson creux.........	211
V.	Qui serait impossible avec l'éclairage au gaz.................	194			

LIVRE SIXIÈME
LE PETIT-PICPUS

I.	Petite rue Picpus, n° 62........	223	VII.	Quelques silhouettes de cette ombre..	247
II.	L'obédience de Martin Verga....	226	VIII.	Post corda lapides..........	249
III.	Sévérités................	233	IX.	Un siècle sous une guimpe......	252
IV.	Gaietés.................	235	X.	Origines de l'Adoration perpétuelle..	255
V.	Distractions..............	239	XI.	Fin du Petit-Picpus..........	256
VI.	Le petit couvent...........	245			

LIVRE SEPTIÈME
PARENTHÈSE

I.	Le couvent, idée abstraite.....	261	V.	La prière................	269
II.	Le couvent, fait historique.....	262	VI.	Bonté absolue de la prière......	270
III.	A quelle condition on peut respecter le passé...............	264	VII.	Précautions à prendre dans le blâme................	272
IV.	Le couvent au point de vue des principes................	267	VIII.	Foi, loi................	278

LIVRE HUITIÈME
LES CIMETIÈRES PRENNENT CE QU'ON LEUR DONNE

I.	Où il est traité de la manière d'entrer au couvent............	279	V.	Il ne suffit pas d'être ivrogne pour être immortel.............	307
II.	Fauchelevent en présence de la difficulté................	287	VI.	Entre quatre planches.........	315
			VII.	Où l'on trouvera l'origine du mot : ne pas perdre la carte........	317
III.	Mère innocente............	290	VIII.	Interrogatoire réussi.........	329
IV.	Où Jean Valjean a tout à fait l'air d'avoir lu Austin Castillejo.....	300	IX.	Clôture...............	333

TABLE DES GRAVURES

	DESSINATEURS	Pages
L'enlèvement de Cosette	E. BAYARD	1
Waterloo. — Après la bataille	DE NEUVILLE	8
Le puits d'Hougomont	BRION	13
Le petit tambour	BRION	22
Napoléon sur la hauteur de Rossomme	BRION	28
La charge des cuirassiers	BRION	33
Le ravin	BRION	36
Le chemin creux d'Ohain	DES BROSSES	37
Le joueur de cornemuse	BRION	41
Napoléon le soir de la bataille	BRION	50
Cambronne	E. BAYARD	53
Le dernier carré	J.-P. LAURENS	57
Les pillards	E. MORIN	69
La revue des morts	BRION	72
Le vaisseau l'*Orion*	SCOTT	75
Boulatruelle cherchant le trésor	BRION	84
Accomplissement de la promesse faite à la morte	ADRIEN MARIE	98
Mis à la question du vin	BRION	104
La boutique de poupées	ADRIEN MARIE	108
Nouveau déguisement	BRION	115
Cosette sous la table	ADRIEN MARIE	128
La grande poupée	ADRIEN MARIE	136
« Je l'appellerai Catherine »	BRION	137
Apprentissage maternel	BRION	140
Le sabot de Cosette	BRION	142
La pièce d'or	ADRIEN MARIE	149
L'évasion	SCOTT	157
La masure Gorbeau	SCOTT	159
Intérieur de la masure Gorbeau	SCOTT	168
Le billet de banque	VALNAY	174
Le faux mendiant	BRION	176
Par le trou de la serrure	VALNAY	178
La poursuite	BRION	180
A chasse noire, meute muette	SCOTT	181
L'impasse Droit-Mur	SCOTT	189
L'escalade	BRION	197
Elle dormait	BRION	203
L'homme au grelot	BRION	205
Causerie	BRION	210
Javert en chasse	DE NEUVILLE	217

TABLE DES GRAVURES.

	DESSINATEURS.	Pages.
Le Petit-Picpus	Brion	221
L'adoration perpétuelle	Brion	229
Les pensionnaires	E. Morin	238
Celle qui passe pour morte	Brion	242
Le jeune homme idéal	E Morin	244
Le couvent à vol d'oiseau	Scott	250
Réception d'un prince	Brion	253
Amour et apothicaires	E. Morin	254
A genoux	Brion	259
La prière	Brion	265
Thalès et ses disciples	Lix	274
Les cimetières prennent ce qu'on leur donne	De Neuville	277
Cosette dans la hotte de Fauchelevent	Brion	285
Madame la supérieure	Brion	289
La chambre des morts	Scott	304
Le cimetière Vaugirard	Scott	308
Le cabaret du *Bon Coing*	Scott	309
Derrière le corbillard	Brion	312
Appel désespéré	Brion	320
La résurrection	De Neuville	325
La fosse comblée	Brion	327
Gribier le fossoyeur	Brion	328
Interrogatoire réussi	Brion	331
La cabane du jardinier	Scott	334
La récréation de Cosette et de Jean Valjean	Brion	336
Jean Valjean rêve en bêchant	Brion	339
Les religieuses	Scott	340
Les forçats	Scott	341

Texte détérioré — reliure défectueuse
NF Z 43-120-11

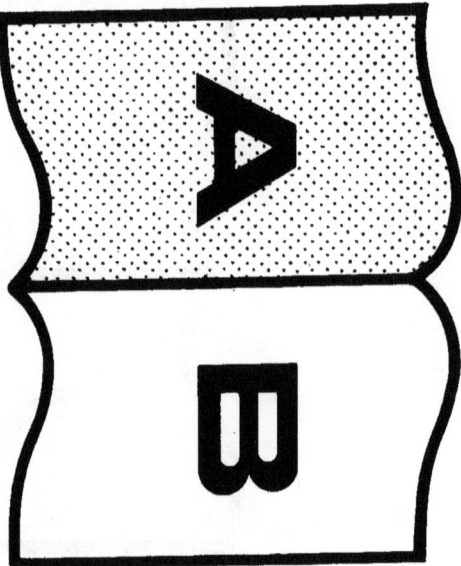

Contraste insuffisant
NF Z 43-120-14

www.ingramcontent.com/pod-product-compliance
Lightning Source LLC
Chambersburg PA
CBHW070901170426
43202CB00012B/2148